# Boris Groys
# U-Bahn als U-Topie

D1857600

Eine Utopie braucht eine gewisse räumliche Isolation, um in allen Einzelheiten sorgfältig erdacht und erbaut und vor der möglichen Korruption durch die übrige, unvollkommene Welt geschützt zu werden. Nicht zufällig ist der Bericht über eine Utopie immer ein Reisebericht. Jemand ist genötigt, einen schwierigen oder verlustreichen Weg im Raum oder in der Zeit zu bestreiten, und entdeckt auf einer Insel, auf einem in hohen Bergen verborgenen Plateau, auf einem anderen Planeten oder in einer anderen Zeit – meistens durch Zufall – eine utopische Welt. Und in der Regel findet der Reisende, sobald er diese utopische Welt verlassen hat, den Rückweg dorthin nicht wieder. Immer passiert etwas, das diesen Weg endgültig versperrt: eine Lawine in den Bergen, ein Schiffbruch, bei dem alte Seekarten verlorengehen, oder ein Brand, bei dem die Zeitmaschine explodiert. Daher ist das erste Gebot für jemand, der eine Utopie erbauen will: einen einsamen Platz zu finden, wo er sich wirklich erlauben kann, alles neu und nach einem einheitlichen Plan zu erschaffen.

Diese Aufgabe ist aber nicht so einfach zu bewältigen. Denn für die Errichtung einer Utopie braucht man Menschen, Materialien und eine gewisse Infrastruktur; eine wirkliche Wüste ist also wenig geeignet dafür. Wenn man die Utopie jedoch inmitten einer bewohnten Gegend aufbaut, wird sie automatisch und fast unmerklich den schon bestehenden Lebensbedingungen angepaßt. Auf einem für das Leben bereits erschlossenen Stück Erde macht sich der Erbauer der Utopie alles ein bißchen zu leicht: Er beginnt zu leben, bevor die Zukunft erscheint und die Utopie fertig ist. Dann wird die Utopie nie fertig. Die richtige Strategie des Utopie-Bauens besteht deshalb darin, inmitten einer bewohnten Welt einen unbewohnten – und am besten einen unbewohnbaren – U-Topos zu finden, um dort die Utopie zu errichten. Auf diese Weise vereint man alle Vorteile des Topischen und des Utopischen: Die ganze für den Bau notwendige Infrastruktur ist vorhanden, aber man kann sie für das Leben nicht benutzen, es bleibt nur das unendliche Bauen. Die Zeit des Utopieaufbaus muß in der Tat unendlich sein, denn keine endliche Zeit reicht aus, um alle Einzelheiten mit der gebotenen Sorgfalt zu überdenken. Es sollte nicht vergessen werden, daß jede Utopie für die Ewigkeit erbaut wird – ihre Errichtung kann deshalb keine geringere Zeit als die Ewigkeit in Anspruch nehmen.

Den ersten Versuch, in Rußland eine utopische Stadt zu erbauen, unternahm Peter der Große Ende des 16., Anfang des 17. Jahrhunderts. Ein geeigneter U-Topos wurde vortrefflich bestimmt – es war ein Sumpf, auf dem die Stadt St. Petersburg gebaut wurde. Dieser Sumpfboden hat sich als der ideale Träger für die westliche Zivilisation in Rußland erwiesen. Ein festerer Boden hätte die Russen mit Sicherheit zu einer Ideologie der Bodenständigkeit verführt. Eine völlig andere Situation entsteht, wenn jeder Versuch, sich auf den Boden zu stellen, unweigerlich zu einem Versinken im Sumpf führt. Hier wird der Mensch vor die Wahl gestellt: entweder utopisch überleben oder topisch, bodenständig, heimatverbunden untergehen. In der Tat haben Tausende im Petersburger Sumpf den Tod gefunden. Die Überlebenden aber waren gegen alle utopischen Träume von einem festen Boden unter den Füßen gefeit und haben sich auf dem einzigen ihnen zur Verfügung stehenden Boden, dem sumpfigen der realen Utopie eingerichtet.

Völlig utopisch war St. Petersburg freilich nicht. Wie schon der Name der Stadt zeigt, wollte Peter der Große lediglich Rom – die Stadt des heiligen Petrus – an die Newa transportieren, um das Römische Reich durch das Russische Reich zu ersetzen oder, besser gesagt, fortzusetzen. Als die sowjetische Regierung nach der Oktoberrevolution die petrinische Epoche der russischen Staatlichkeit beendete und von St. Petersburg nach Moskau umzog, hat sie sich eine viel schwierigere Aufgabe gestellt: eine utopische Stadt aufzubauen, die in der Geschichte keine Vorbilder hätte, denn es konnte früher keine kommunistische Stadt gegeben haben. Der Sumpf als Boden war nicht hinreichend für eine solche radikal utopische Stadt, weil auch ein Sumpf noch Teil der Erdoberfläche ist. Am besten wäre die neue Stadt ein himmlisches Moskau, das über der alten Stadt Moskau schwebt – als Metaebene der geschichtlichen Reflexion.

In diesem Sinne planten einige sowjetische Künstler und Architekten tatsächlich zunächst, die Stadt Moskau im kosmischen Raum zu errichten. So schlug Malewitsch vor, die »Planiten« zu entwerfen und zu bauen, auf denen sich die Menschen – jetzt »Erdeniten« genannt – im Raum über der Erde in alle Richtungen frei bewegen könnten. Im Idealfall sollte jeder einzelne Erdenite ein eigenes kleines Raumschiff von einer sehr einfachen suprematistischen Konstruktion besitzen, damit er sich seinen jeweiligen Partner frei aussuchen könnte. Einige nicht ganz so radikale Projekte der zwanziger Jahre, z. B. von El Lissitzky, sahen Gebäude vor, die wie auf riesigen Beinen hoch über dem geschichtlichen Moskau stehen sollten. Die Bewohner dieser Häuser würden in Aeroplanen von Haus zu Haus fliegen, aber die übrige Zeit in stabilen Räumen verbringen, wenn auch außerhalb der Reichweite des normalen Moskauer Alltags.

Eine andere, gemäßigtere Variante des gesuchten U-Topos bestand darin, jedem konkreten Topos durch ständigen Wechsel des Platzes zu entgehen. Der Poet Velimir Chlebnikow hatte schon früher vorgeschlagen, jeder Stadtbewohner solle eine bewegliche Wohnung aus Glas erhalten, die sich auf der Erdoberfläche in alle Richtungen frei bewegen kann. Damit wäre das Problem, einen U-Topos zu finden, gelöst: der Ort einer solchen Wohnung wäre nirgendwo. Diese Ideen haben sich in den späteren zwanziger Jahren zum Programm des »Desurbanismus« verbunden, das von dem damals sehr bekannten sowjetischen Architekten Leonid Ochitowitsch formuliert worden ist und in den Kreisen der progressiven sowjetischen Architekten breite Unterstützung fand. Gemäß diesem Programm sollte Moskau – und danach auch die übrigen Städte – de-urbanisiert werden. Jeder sollte eine Wohnung bekommen, in der er von einer Stelle zur anderen reisen könnte. Wenn jemand längere Zeit an einer Stelle bleiben wollte, könnte seine Wohnung als Teil eines Hauses, das ganz aus solchen beweglichen Wohnungen bestünde, abgestellt werden.

Diese Projekte blieben unrealisiert, ihre Autoren wurden in der Stalinzeit unterdrückt, zum Teil auch verhaftet und umgebracht. Trotzdem ist die primäre Fragestellung – wie baut man eine Utopie? – auch in der Stalinzeit aktuell geblieben. Und mehr noch: die utopische Stadt Moskau wurde tatsächlich gebaut. Erst nachdem sie gebaut war, wurde deutlich, worin der konzeptionelle Fehler der früheren Projekte lag. Allen diesen avantgardistischen Projekten mangelte es nämlich an Tiefe, und das Wort »Tiefe« soll dabei ganz wörtlich verstanden werden.

Die utopischen Projekte der zwanziger Jahre beschäftigten sich entweder mit der Erdoberfläche oder mit dem Himmel über der Erde. Sie ignorierten die Tiefe der Erde, das Innere der Erde. Oder anders gesagt: sie befaßten sich mit dem Himmelreich und dem Erdreich, aber sie machten sich keine Gedanken über die Hölle, über das unterirdische Reich des Teuflischen. Die früheren Avantgardisten dachten nämlich nicht dialektisch genug und übersahen, daß ein totales utopisches Projekt auch die unterirdische Hölle in sich aufnehmen muß, um nicht einseitig und damit zu »topisch« zu bleiben. Erst die stalinistische Epoche hat den Himmel in die Hölle geführt und die Synthese beider ermöglicht. Das Produkt dieser Synthese ist die wahre utopische Stadt Moskau, das unterirdische Moskau – die Moskauer U-Bahn, die Metro.

Der Topos der U-Bahn ist auf jeden Fall ein U-Topos. Unter der Erde lebt der Mensch gewöhnlich nicht. Der Lebensraum unter der Erde muß erst erschlossen, geschaffen werden. In diesem Raum kann es nichts Vererbtes, Traditionelles, Selbstverständliches, Undurchdachtes geben. Man ist in diesem Raum völlig abhängig von dem Willen derer, die ihn geschaffen haben. Das gibt dem U-Bahn-Planer die Chance, das ganze Leben eines Menschen zu gestalten, sobald dieser die U-Bahn betritt. Besonders wichtig ist, daß die Eingänge und Ausgänge, die den unterirdischen Raum der U-Bahn mit dem gewöhnlichen menschlichen Lebensraum verbinden, leicht kontrollierbar sind: Es gibt keine andere Möglichkeit, in die U-Bahn zu gelangen, als durch diese vorbestimmten Übergänge. Ein normaler Stadtbewohner kann sich gar nicht vorstellen, wie die Tunnels der U-Bahn unter der Erdoberfläche verlaufen. Der U-Topos der U-Bahn bleibt für ihn verborgen; der Weg zur Utopie kann jederzeit abgeschnitten werden, die Übergänge versperrt, die Tunnels zugeschüttet. Obwohl die U-Bahn zur Realität der Großstadt gehört, bleibt sie phantastisch, kann nur »vorgestellt«, nicht richtig erlebt werden.

Ein Bewohner der westlichen Großstädte erfährt die U-Bahn natürlich nicht als utopischen Raum, sondern lediglich als technische Bequemlichkeit. Die Moskauer Metro der Stalinzeit funktionierte völlig anders – und Spuren dieser ihrer anderen, utopischen Funktion sind noch heute in ihr zu finden. Die Moskauer Metro der Stalinzeit war in erster Linie nicht ein normales Transportmittel, sondern der Entwurf einer wahren Stadt der kommunistischen Zukunft. Die überschwengliche, palastartige künstlerische Ausstattung der Metrostationen aus der Stalinzeit kann gar nicht anders erklärt werden als durch ihre eigentümliche Funktion, zwischem dem Reich des Himmels und dem unterirdischen Reich zu vermitteln. Keine anderen Bauten aus der Zeit sehen so prächtig aus wie diese Metrostationen. In ihnen hat die Stalinepoche ihren konsequentesten Ausdruck gefunden.

Diese symbolische Funktion der Moskauer Metro wurde von der Kultur der Stalinzeit ausdrücklich reflektiert. Die erste und stilbildende Linie der Moskauer Metro wurde im Jahre 1935 eröffnet. Ein Jahr zuvor hatte die sowjetische Führung alle früheren Künstlerorganisationen aufgelöst und ein einheitliches System der Kunstverwaltung geschaffen. Zur einzigen erlaubten künstlerischen Methode in allen Bereichen der Kunst wurde der sozialistische Realismus erklärt. Die Forderungen dieser Methode waren aber rein ideologischer Art, wie beispielsweise »das Leben in seiner revolutionären Entwicklung zu zeigen« oder »sozialistisch im Inhalt und national in der Form zu sein«. Der Übergang von diesen etwas abstrakten Forderungen zur künstlerischen Praxis sollte durch die Präsentation gewisser Kunstwerke, denen sich ein modellhafter Charakter zuschreiben ließ, ermöglicht werden. Für den ganzen Bereich der visuellen Künste bekam die Moskauer Metro eben diese Funktion eines universellen Modells. Freilich konnten die Metrostationen weder das Leben in der revolutionären Entwicklung zeigen noch national oder spezifisch sozialistisch sein. Aber sie haben allen gezeigt, was damit gemeint war: die Realisierung des Unmöglichen, das Sich-Einrichten im Nichts.

Der Bau der Metro unterstand der direkten Aufsicht von Lasar Kaganowitsch, der eines der mächtigsten Mitglieder der stalinschen Führung war. Das letzte Wort hatte natürlich Stalin selbst. Es gibt aber viele Zeugnisse dafür, daß für die Architektur zumindest der ersten Metrostationen Vorschläge ausgearbeitet wurden, die Kaganowitsch selbst gemacht hatte. In anderen Fällen überarbeitete er schon vorliegende Pläne so gründlich, daß sie ihre ursprüngliche Gestalt verloren. Die künstlerische Individualität der einzelnen Architekten spielte kaum eine Rolle – nur ihr technisches Können war gefragt. Die stalinsche Führung wollte durch die Gestaltung der Metrostationen ihrem eigenen kollektiven Geschmack Ausdruck geben, ihre eigene kollektive Vision der Zukunft manifestieren. Auch in diesem Sinn ist die Metro utopisch – sie ist ein Werk von kulturellen Außenseitern, von Nicht-Spezialisten, von Nicht-Künstlern, die in der überkommenen Kulturwelt keinen Platz hatten und daher die Chance ihrer kulturellen Selbstverwirklichung nur unter der Erde finden konnten.

Dementsprechend wurde bei den Ausgaben für die Metro nicht gespart: nur das Teuerste, das Beste, das Imponierendste durfte verwendet werden. Und parallel dazu wurde die Moskauer Metro propagandistisch zum Prestigeobjekt par excellence aufgebaut. Der »metrostrojewets«, der Metrobauer, wurde zum Helden der neuen Kultur erklärt. Man schrieb über die Metro und ihre Erbauer Gedichte, Romane, Theaterstücke. Man drehte Filme über sie. Man berichtete ständig über ihre Fortschritte in den Zeitungen des ganzen Landes. Man empfing Delegationen der Metrobauer bei allen wichtigen politischen Ereignissen. Man verlieh ihnen alle möglichen Orden und Medaillen. Die Metro ist in der stalinschen Kultur allgegenwärtig, sie ist zur wichtigsten Metapher dieser Kultur geworden. Ihre gesellschaftliche Rolle bestand darin, dem utopischen Projekt des kommunistischen Aufbaus eine bestimmte Gestalt zu geben.

Sicher könnte man sagen, die Moskauer Metro sei rein künstlerisch gar nicht utopisch, weil die künstlerische Ausstattung ihrer Stationen voller geschichtlicher Reminiszenzen ist. Dieser Vorwurf wurde der stalinistischen Architektur oft gemacht: sie sei zu historizistisch, zu eklektisch, ihr Bruch mit der Vergangenheit sei nicht radikal genug, deswegen sei sie auch nicht wirklich utopisch. In diesem Vorwurf offenbart sich jedoch ein gleiches Mißverständnis der Utopie wie in den Raumvorstellungen der Avantgarde, die nur die Erdoberfläche und den Himmel, nicht aber das Unterirdische berücksichtigt haben. Eine solche räumlich begrenzte Utopie ist nicht wirklich utopisch, sie ist vielmehr topisch, d. h. verortet, insofern sie einen Teil des Raumes ausschließt. Ebenso ist es im Falle der Zeit. Die avantgardistischen Utopien sind auch deswegen nicht utopisch, weil sie einen Ort, einen Topos in der Zeit haben – nämlich die Gegenwart und die Zukunft. Eine in der Zeitdimension tiefer reichende Utopie schließt auch die Vergangenheit in sich ein. Damit hat sie in der Zeit keinen spezifischen Ort mehr und erhebt sich im Ganzen über die Zeit.

So beschwören die Moskauer Metrostationen das Bild einer nie gewesenen, einer utopischen Vergangenheit. Sie ähneln den Tempeln der griechisch-römischen Antike. Oder sie erinnern an herrschaftliche Paläste des alten Rußland in der Zeit des russischen Empire oder des russischen Barock. Oder sie sind Zitate aus der kostbaren Architektur des islamischen Ostens. Und überall sind Marmor, Gold, Silber und andere teure Materialien zu sehen, die mit der prachtvollen Vergangenheit assoziiert werden. Inmitten dieser Pracht sieht man unzählige Fresken, Skulpturen, Mosaiken, Vitragen, die die Atmosphäre ins Sakrale steigern. Allerdings wurden mittels all dieser Künste nicht die Helden der Antike oder der russischen Geschichte dargestellt, sondern meistens Stalin und seine Getreuen sowie Arbeiter und Bauern, Revolutionäre und Soldaten aus der sowjetischen Zeit. Die ganze Vergangenheit wurde auf diese Weise von der utopischen Gegenwart besetzt. Alle traditionellen Kunststile wurden in der Moskauer Metro aus ihren historischen Bindungen gelöst und neu verwendet. Die Vergangenheit verlor dadurch ihren Unterschied zur Gegenwart und Zukunft – auch in der Tiefe der Zeiten bis zur Antike sah man nur Stalin, sowjetische Fahnen und das optimistisch in die Zukunft blickende Volk.

Das Verhältnis des U-Bahn-Besuchers zu dieser Architektur ist aber noch sonderbarer und komplexer. Der Tempel dient der stillen Kontemplation. Der Palast lädt auch zum Verweilen ein: man sitzt in den Innenräumen, betrachtet sie aufmerksam und führt ein langes, geistreiches Gespräch mit dem Besitzer. Nichts dergleichen findet in der Metro statt. Sie ist fast zu jeder Zeit voller Menschen, die sich ununterbrochen in alle Richtungen bewegen. In einer solchen dichten Menschenmenge hat man kaum Zeit und Lust und die Möglichkeit, die Pracht der Metrobauten zu betrachten. Vielmehr wird der Einzelne von der Menschenmenge immer weiter getragen und am Verweilen gehindert. Die meisten sind müde, verbittert, in Eile. Sie wollen nur schnell rein und raus. Die

Züge kommen schnell und in sehr kurzen Zeitabständen. Da die Metro ziemlich tief unter der Oberfläche liegt, wird man lange Zeit von den Rolltreppen befördert – ohne die Möglichkeit, sich umzusehen.

Diese ununterbrochen sich bewegende Menschenmasse scheint die ganze Pracht, die ihr in der Metro angeboten wird, gar nicht zu brauchen. Sie kann und will die Kunst nicht genießen, die kostbaren Materialien nicht richtig einschätzen, die ideologische Symbolik nicht angemessen entziffern. Stumm, blind und gleichgültig zieht diese Menschenmasse an den unzähligen Kunstschätzen vorbei. Die Metro ist eben kein Paradies der stillen Kontemplation, sondern die unterirdische Hölle der ständigen Bewegung. Damit ist sie die Erbin der russischen avantgardistischen Utopie, die ebenfalls eine Utopie der ununterbrochenen Bewegung war. In der Moskauer Metro überlebt der Traum von Malewitsch, Chlebnikow oder den Desurbanisten, der Traum von einem utopischen Menschen, der keinen bestimmten Platz, keinen Topos auf der Erde hat, sondern sich ständig bewegt. Nur hat dieser Traum jetzt einen passenden Ort für seine Realisierung gefunden: unter der Erde.

Die dialektisch-materialistische Utopie des russischen Kommunismus war übrigens von Anfang an keine klassische, kontemplative Utopie wie in früheren, ruhigeren Zeiten. Der dialektische Mensch soll sich immer bewegen, sich immer überwinden, weiter bringen, höher erheben – nicht nur ideell, sondern auch materiell. Deswegen ist auch die unterirdische utopische Stadt des Kommunismus ein Ort der ständigen Bewegung, des ständigen Hinein- und Hinausgehens. Die Bilder der Moskauer Metro sollen gar nicht betrachtet, verstanden oder bewundert werden. Vielmehr betrachten die Bilder ihrerseits die Passanten, die sich bewegende Menschenmasse. Stalin und andere auf diesen Bildern dargestellte Verwalter dieser utopischen Hölle beobachten und beurteilen ständig das Benehmen der an ihnen vorbeiziehenden Menschen. Und die Menschen in der Metro spüren ständig diesen sie beobachtenden und beurteilenden Blick. Heute sind alle Götter gestürzt, aber früher – noch bis vor kurzem – konnte man bemerken, wie die Moskowiter sich völlig anders verhielten, sobald sie die heiligen Stätten der Metro betraten. Alle Gespräche wurden plötzlich sehr leise geführt, man spuckte nicht mehr auf den Boden, ließ keinen Abfall fallen: man »benahm sich kulturell«, wie es damals hieß. Man wurde ja beobachtet. Man war in der Utopie und konnte keinen Platz mehr finden, wo man sich »natürlich« und nicht »kulturell« hätte benehmen können.

Die Metro hat noch eine andere Dimension, die sie direkt mit der Utopie der Avantgarde verbindet: Sie wird von künstlichem und nicht von natürlichem Licht beleuchtet. Der Kampf gegen die Sonne und gegen den Mond für ein künstliches, elektrisches Licht ist vielleicht das älteste

Thema des russischen Futurismus. Nicht zufällig heißt das programmatische Werk der russischen Avantgarde »Der Sieg über die Sonne« (eine Mysterienoper von A. Krutschjonych, K. Malewitsch und M. Matjuschin, 1912). Die Abschaffung der Sonne wurde von den Futuristen als die endgültige Niederlage der alten Ordnung verstanden. Das Licht der Vernunft – sei es ein göttliches oder ein menschliches, natürliches Licht – sollte ausgelöscht werden, weil es ein Licht ist, das die ganze Topik unserer Welt bestimmt. Statt dessen sollte ein neues, künstliches, utopisches Licht aufscheinen, das eine völlig neue Welt schüfe. Anklänge an dieses große Thema finden sich noch in der berühmten Formulierung Lenins: »Kommunismus ist Sowjetmacht plus Elektrifizierung des ganzen Landes.« Das ganze Land zu elektrifizieren bedeutet, »über die Sonne zu siegen« und einen neuen utopischen Raum zu schaffen – jenseits des Wechsels von Tag und Nacht. Die elektrifizierte Nacht ist die einzige richtige Tageszeit der Utopie (nur unvollkommen dargestellt von den »hellen Nächten« St. Petersburgs). Die Moskauer Metro ist die konsequente Verkörperung dieser ewigen, elektrifizierten Moskauer Nacht.

Heute zerfällt die utopische kommunistische Synthese von Himmel und Hölle. Die dämonischen Züge der Metro werden dabei sichtbarer als die himmlischen. Schon früher erzählte man sich, daß hinter der sichtbaren Metro eine unsichtbare verborgen sei – ein geheimnisvolles Netz unterirdischer Verbindungen, das gleichsam einen unterirdischen Kreml bilde und im Kriegsfall von der sowjetischen Führung benutzt werden könne. Die unterirdische Stadt macht den Bewohnern der Erdoberfläche Angst. Man wittert die Möglichkeit der Sabotage, die Herrschaft finsterer Mächte. So wird heute in den Kreisen der russischen Nationalisten behauptet, wenn man den Plan der Moskauer Metro aufmerksam betrachte, könne man erkennen, daß dieser Plan einen sechszackigen Davidsstern bilde und somit die Herrschaft der Juden über die russische Hauptstadt verkünde. Diese Theorie findet angeblich eine historische Unterstützung in der Tatsache, daß die Moskauer Metro, wie gesagt, unter der Leitung von Lasar Kaganowitsch gebaut wurde und in der Stalinzeit sogar »Metropolitain namens Kaganowitsch« hieß; Kaganowitsch aber war der einzige Jude im inneren Kreis der stalinschen Führung. Es paßt in die Gesamtsymbolik der Metro ausnehmend gut, daß die Bauleitung einem Juden übertragen wurde – der Antisemitismus von Stalin war nie ein Geheimnis. Zum einen erinnert diese Ernennung an die Rolle der Juden in Ägypten. Zum anderen stellt sie eine dialektische, utopische Synthese von Ausgestoßenem und Paradieserbauer dar. Vor allem aber verweist sie auf das Vorbild aller utopischen Städte: das himmlische Jerusalem, das eine Stadt aus Steinen ist, kein Paradies mit viel Vegetation. Auch für die

U-Bahn ist charakteristisch, daß man in ihr weder Pflanzen noch Tiere findet. Aus der U-Bahn ist alles entfernt, was an die Vergänglichkeit des Lebens erinnert – allein die Bewegung ihrer Züge ist ewig.

Das Denken des fundamentalistischen russischen Nationalismus richtet sich nach wie vor – positiv und negativ zugleich – auf die utopischen Träume vom russischen Staat. Was aber denkt ein normaler Einwohner Moskaus heute über seine Metro? Für ihn ist sie nicht mehr etwas Besonderes. Seit der Stalinzeit sind viele Jahrzehnte vergangen. Nach Stalins Tod wurde alles entfernt, zerstört oder gründlich verändert, was an seine Herrschaft erinnerte. Die prachtvolle stalinistische Architektur wurde als »Ornament-Architektur«, als undemokratisch und unmodern verurteilt. Die später gebauten Metrostationen sehen schlicht, unprätentiös und rein funktionalistisch aus. Die ganze dunkle Metaphorik der stalinistischen Metro ging dadurch verloren. Außerdem verlassen die neuen Metrolinien, die aus dem Zentrum Moskaus in die Vororte führen, das unterirdische Reich: sie gehen über in die normalen Zuglinien. Eine solche Vermischung von Utopischem und Topischem wäre in der Stalinzeit undenkbar gewesen. Dadurch verschwindet der grundlegende Gegensatz zwischen dem realen und dem imaginären, utopischen Moskau. Die Jahrzehnte der posttotalitären Nutzung der Metro haben sie also prosaisch, bedeutungslos gemacht. Nur wenige Moskowiter, die sich für die Geschichte und ihre Mythen interessieren, suchen immer noch in der Metro nach den Spuren ihrer utopischen Vergangenheit. Darunter sind auch junge Moskauer Soz-Art-Künstler, die die Metro gern zum Schauplatz ihrer Performances machen und damit auf ihre fast vergessene Symbolik verweisen.

# Vittorio Magnago Lampugnani
# Visionen und Kahlschläge

## Le Corbusiers Städtebau 1920-1940

Im Jahre 1920 zeitigten die akquisitorischen und architektonischen Anstrengungen des Schweizer Wahlparisers Charles Jeanneret, der sich nach einem mißlungenen Debut als Unternehmer dem Architektenberuf zugewandt hatte, ein erstes eigenständiges und ausgereiftes Ergebnis: das Projekt der Maison Citrohan, einer prototypischen »Wohnzelle«, deren klare kubische Formen der Mittelmeerarchitektur entliehen sind und die in der zweiten Version durch einen zweigeschossigen Wohnraum bereichert wurde. Der provozierende Vorschlag wurde gleichermaßen provozierend erläutert: »Typenhaus Citrohan (um nicht Citroën zu sagen). Mit anderen Worten, ein Haus wie ein Auto, konzipiert und durchkonstruiert wie ein Autobus oder eine Schiffskabine ... Man muß gegen das Haus von früher handeln, das den Raum schlecht ausnutzte. Man muß (Zeitproblem: Kostenfrage) das Haus wie eine Wohnmaschine auffassen oder wie einen Gebrauchsgegenstand.«[1]

Jeanneret ging es dabei keineswegs nur um ein Haus, und sei es auch industriell als Massenware herstellbar. Seine hochfliegenden Visionen zielten auf ein universales architektonisches Grundelement, das sich unverändert zu einem Wohnblock und zu einer Stadt zusammenfügen lassen sollte. Bald erhielt er Gelegenheit, diese Visionen der Öffentlichkeit zu präsentieren: 1922 wurde er eingeladen, seine Architektur-Arbeit im ehrwürdigen Salon d'Automne auszustellen.

Der Stand, den er als Le Corbusier (von nun an wird er auch seine Entwürfe so unterschreiben) und zusammen mit seinem Cousin Pierre Jeanneret (mit dem in der Folgezeit eine achtzehnjährige Büropartnerschaft bestehen sollte) firmierte, geriet zum schockierendsten Beitrag der gesamten Veranstaltung. Denn neben der weiterentwickelten Maison Citrohan war auch ihre serielle Addition zu einem Wohnblock (Immeuble-Villa) sowie das ebenso großspurige wie großartige Ergebnis ihrer Übertragung in eine urbanistische Dimension zu sehen. Vor den Augen der verblüfften Besucher beschwor ein eindrucksvolles, zwölf Meter langes Diorama nichts geringeres als eine *Ville contemporaine*, eine von Grund auf neu projektierte »Stadt für drei Millionen Einwohner« (s. Abb.).

Der Plan ist offenkundig akademisch: starr geometrisch, etwas schematisch und ausgesprochen dekorativ. Er besteht im wesentlichen aus einem orthogonalen Kreuz von Fernstraßen, welches das Stadtzentrum definiert und weit in die Landschaft hinausgreift, einem um 45 Grad verdrehten, rautenförmigen mittleren Straßenraster als Verbindung der einzelnen Stadtquartiere untereinander sowie einem feinen, orthogonalen Netz von Erschließungswegen. Die »Füllung« des Plans allerdings ist ganz neu: denn die *rue corridor*, mit welcher Le Corbusier düstere Vor-

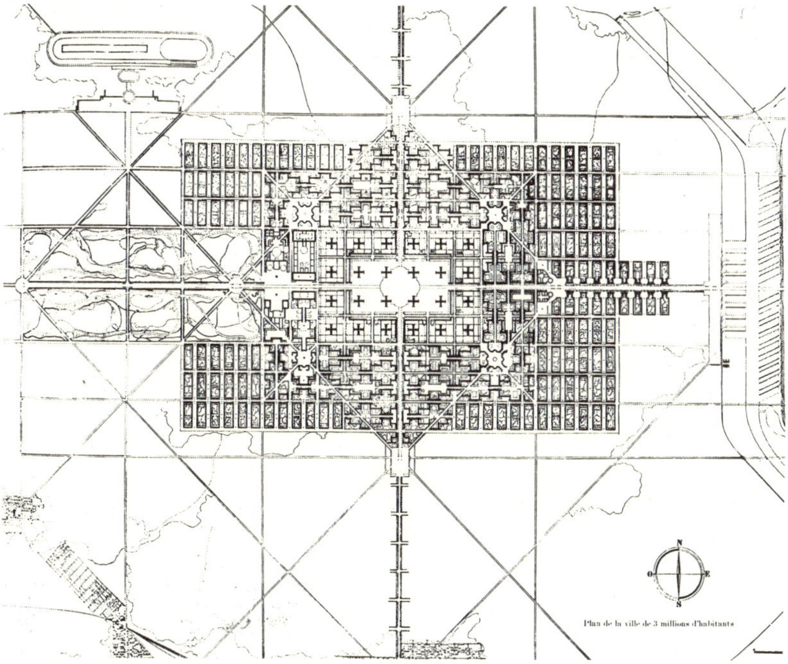


stellungen von Einengung, Dunkelheit und ungesund-stickigem Klima verband, ist eliminiert. Die Straßen begrenzen offene begrünte Grundstücke, auf denen modernistische *objets à réaction poétique* einzeln und frei stehen. Das Zentrum bildet ein Bündel von vierundzwanzig sechziggeschossigen Superwolkenkratzern, die auf kreuzförmigem Grundriß (um ideale Besonnungs- und Belüftungsmöglichkeiten zu schaffen) in den Himmel hineinwachsen; sie dienen tertiären, leitenden und administrativen Nutzungen. Im Osten schließt ein *centre civique* an, hinter dem sich ein dicht bepflanzter städtischer Park erstreckt. Um das Zentrum herum sind die Wohnviertel angeordnet, in denen zwölfgeschossige *immeuble-villas* als *redents* oder als große offene Quadrate größtenteils unabhängig vom Straßenraster artikuliert sind. Die hundertundacht Wohneinheiten, ihrerseits aus unzähligen kleinen Citrohans bestehend, stehen mitten im Grünen. Außerhalb der neuen Stadt liegen Gartenstädte und Industriekomplexe.

Der Verkehr spielt sich auf zahlreichen Ebenen ab und ist streng unterteilt und getrennt: Luftverkehr, schneller Automobilverkehr, langsamer Automobilverkehr, Untergrundbahn, suburbane Eisenbahn, überregionale Eisenbahn; daneben der Fußgängerverkehr auf einem feinmaschigen Wegenetz durch die parkähnlichen offenen Flächen.

Damit hatten Hygienismus und Funktionalismus zu ihrer radikalen urbanistischen Verkörperung gefunden. Le Corbusier schrieb dazu: »Die Stadt ist ein Arbeitswerkzeug. Die Städte erfüllen im allgemeinen diese Aufgabe nicht mehr. Sie sind fruchtlose Gebilde: sie verbrauchen den Körper, sie arbeiten dem Geiste entgegen ... Das konservative System in den Großstädten widersetzt sich der Entwicklung der Verkehrsmittel, hemmt und lähmt die Tatenlust, tötet den Fortschritt, entmutigt den Unternehmungsgeist.«[2]

Die Sensation war nicht nur deswegen gewaltig. Da stellte sich plötzlich ein zeitgenössischer Architekt, der außer ein paar Villen in einem nahezu unbekannten Schweizer Städtchen und einer kleinen Hauserweiterung in Auteuil nichts gebaut hatte, mir nichts dir nichts in die Tradition eines Claude-Nicolas Ledoux und zeichnete etwas, was sich mit der Idealstadt von Chaux (1780) durchaus messen ließ. Ja mehr noch: er komponierte das unerhört anmaßende Projekt aus lauter Versatzstükken der eigenen früheren Entwürfe, so daß sich die »schöne neue Stadt« als nahezu arithmetische Summe seines bisherigen architektonischen und städtebaulichen Denkens darstellte.

Freilich auch des Denkens anderer. Die sich kreuzenden Hauptverkehrsadern, die Neugliederung des Straßensystems nach den unterschiedlichen *espèces de circulation*, die Entlastung des Stadtzentrums und sogar die *redans* (bei Le Corbusier sollten es *redents* werden) bilden die Hauptlösungen der *Études sur les transformations de Paris*, die Eugène Hénard zwischen 1903 und 1909 ratenweise publiziert hatte.[3] Das Beaux-Arts-Parti ähnelte jenem, das Daniel Hudson Burnham und Edward H. Bennett in ihrem berühmten Plan für Chicago (1907-1909) vorgeschlagen hatten.[4] Die Hochhausstadt, die damals *realiter* nur im Loop von Chicago und in Manhattan existierte, war bereits 1914 von Antonio Sant'Elia als »Città nuova« vorgeschlagen worden.[5] Peter Behrens hatte bereits zwei Jahre zuvor für die Großstadt jene »Körperlichkeit« verlangt, »die nur in der Zufügung von kompakten vertikalen Massen gefunden werden kann«, und damit die weitreichende deutsche Debatte über Hochhäuser eingeleitet.[6] Schließlich hatte Auguste Perret, auf Gedanken zurückgreifend, die er schon 1905 öffentlich geäußert hatte, in einem berühmt gewordenen Artikel in *L'Illustration*[7] ein von Wolkenkratzern gesäumtes Achsenkreuz von Boulevards beschworen.

Le Corbusier-Saugnier blieb mit der Aufdeckung seiner Vorbilder sparsam. Immerhin berichtete er im Januar 1921 in *Esprit Nouveau* über Tony Garniers *Cité industrielle* (die er zwei Jahre zuvor zum ersten Mal gesehen hatte)[8] und druckte ein Interview mit Perret über die Stadt der Zukunft ab.[9] Die letztere illustrierte er nonchalant mit eigenen Hochhauszeichnungen. Ein Jahr später erscheinen dieselben Hochhäuser als Bürotürme im Herzen seiner *Ville contemporaine*, Essenz und zugleich Symbol der neuen kapitalistischen Metropole, die das Binom des 19. Jahrhunderts, Hygiene und Verkehr, in die Formen der Moderne gekleidet wiederauflegt.

1923 waren Le Corbusier und Pierre Jeanneret erneut im Salon d'Automne vertreten, und zwar mit der Maison Ribot, einer von der Citrohan-Serie abgeleiteten zweigeschossigen Arbeiterwohnung. Im gleichen Jahr entstanden ihre ersten »modernen« Häuser, die Villa Ker-ka-re für Georges Besnus in Vaucresson und das Atelier-Haus für Le Corbusiers Freund und Malerkollegen Ozenfant in Paris, eine brillante Neuinterpretation des traditionellen Künstlerateliers des 19. Jahrhunderts.[10] Bis 1925 waren drei weitere Bauten und sogar eine kleine Siedlung fertig: die Doppelvilla für den Bankier und Kunstsammler Raoul La Roche und den Komponisten Albert Jeanneret in Auteuil; die Studio-Häuser der Bildhauer Jacques Lipchitz und Oscar Miestchaninoff in Boulogne-sur-Seine; der Rohbau des spitzwinkligen Hauses für den Musiker Paul Ternisien, ebenfalls in Boulogne-sur-Seine; und schließlich die Siedlung in Pessac bei Bordeaux, im Auftrag des Würfelzuckerfabrikanten Henri Frugès für die Arbeiter seiner Werke erbaut.[11]

1925 war kein beliebiges Jahr in Le Corbusiers Werdegang. Auf seine forsch vorgebrachte Offerte hin, sich an der Exposition Internationale des Arts Décoratifs et Modernes zu beteiligen, hatte ihn deren Direktion etwas zögerlich ersucht, auf dem exponierten Ausstellungsgelände zwischen Champs Élysées und Place des Invalides ein modellhaftes »Haus des Architekten« aufzustellen. Die beiden Jeannerets konterten mit dem Vorschlag eines Pavillons der Zeitschrift *L'Esprit Nouveau*. Daraus wurde, fast heimlich, ein gebautes Manifest ihrer neuen architektonischen und städtebaulichen Ideen.[12]

Der Pavillon, der unter dermaßen chaotischen Umständen errichtet wurde, daß die aufgebrachte Ausstellungsleitung ihn zeitweilig durch einen sieben Meter hohen Zaun vom übrigen Schaugelände abschirmte, stellte eine Typenwohnung dar, eine etwas abgewandelte Version der zweiten Maison Citrohan im Maßstab 1 : 1. Es sollte so aussehen, als sei sie aus einer *Immeuble-Villa* wie eine Schublade herausgezogen und auf siebenunddreißig kurzen Stützen auf dem Rasen hinter dem Grand Palais abgelegt worden. Le Corbusier beabsichtigte, den Pavillon als Demonstrationsobjekt für einen Wohnblock zu verwenden, den er in Paris zu bauen gedachte und für den eine Subskription geplant war; außerdem sollte die Typenwohnung nach Ausstellungsschluß verkauft und mit einem Tieflader auf ein ihr zugedachtes Grundstück transportiert werden. Beide Vorhaben scheiterten.

Der Pavillon war gleichwohl ein Erfolg. Die vollständig eingerichtete Wohnung sorgte für Interesse und Verwunderung. Die Zeichnungen der Maison Citrohan und der Immeuble-Villa, welche die wahre Bestimmung des Pavillons verrieten, wurden viel beachtet. Die meiste Aufmerksamkeit (und die meiste Bestürzung) erregte jedoch die dem eigentlichen Pavillon angefügte »Rotunde des Städtebaus«: in ihr wurde das Projekt der Ville contemporaine und, als sensationelle Neuigkeit, dessen Anwendung auf den konkreten Fall Paris gezeigt.

Auf der Suche nach Sponsoren für seinen Pavillon war Le Corbusier an verschiedene große französische Automobilhersteller und Zubehörfabrikanten herangetreten: wenn sie das kleine Gebäude bezahlten, würde er den großen Plan, den er für Paris zu erarbeiten gedenke, mit ihrem Namen zieren. Auch einen Werbeslogan hatte er schon parat: »Das Automobil hat die Metropole getötet, das Automobil rettet die Metropole«.[13] Citroën und Michelin winkten ab. Voisin sagte zu. So entstand der Plan Voisin, nach welchem das historische Stadtzentrum von Paris dem Erdboden gleichgemacht und durch 18 jeweils 200 Meter hohe Superwolkenkratzer ersetzt werden sollte (s. Abb. S. 15).

## *Städtebauliche Idealprojekte 1929-1944*

Seit 1928, als die Congrès Internationaux d'Architecture Moderne (CIAM) begründet wurden, stand Le Corbusier in Kontakt mit den Exponenten des internationalen (und vornehmlich deutschen) »neuen bauens«; im darauffolgenden Jahr nahm er an der Debatte über die »Wohnung für das Existenzminimum« in Frankfurt am Main teil. Ebenfalls seit 1928, dem Datum seiner ersten Reise nach Moskau, sah er sich mit der sowjetischen architektonischen Avantgarde und den von ihr entwickelten städtebaulichen Modellen konfrontiert. Dieser doppelte Einfluß bewirkte eine entscheidende Veränderung seiner eigenen urbanistischen Idealvisionen: Die hierarchische und in sich geschlossene Ville contemporaine verwandelte sich in die »klassenlose« und kontinuierlich erweiterbare Ville radieuse, die großzügig bemessenen Citrohan-Appar-

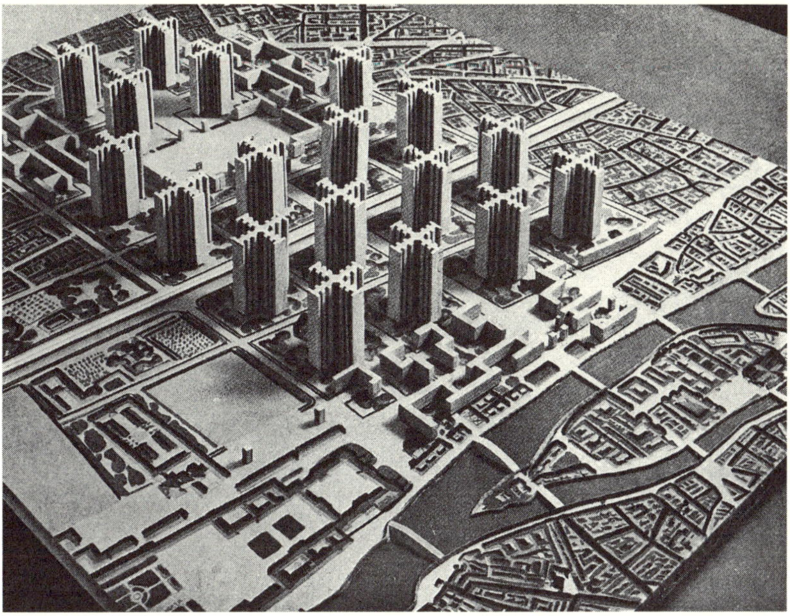

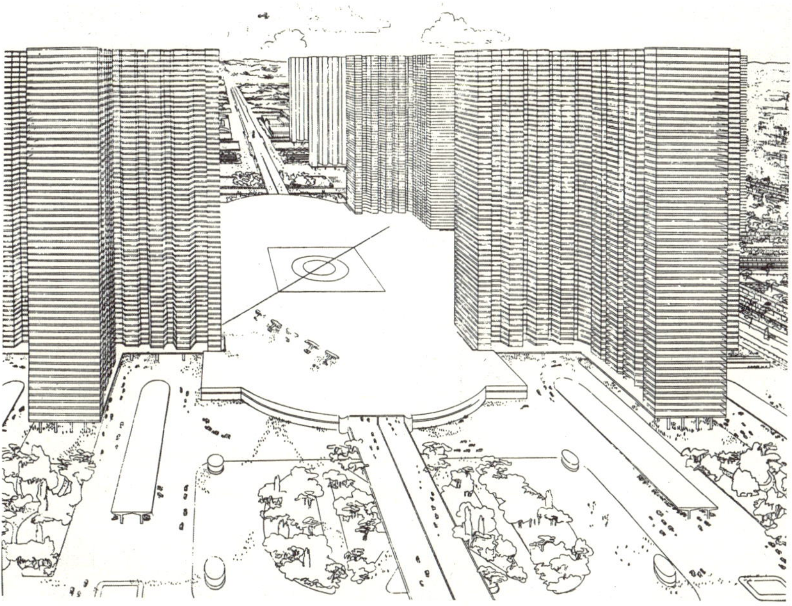

tements mit dem doppelgeschossigen Salon mutierten zu spartanischen Wohnzellen, die jedem Bewohner nur 14 Quadratmeter Lebensfläche gewähren.

Anlaß des Entwurfes der Ville radieuse war ein Fragebogen, mit welchem die Moskauer Stadtverwaltung Anfang 1930 eine Reihe von Architekten aus aller Welt um ihre Stellungnahme zu den urbanistischen Problemen der Hauptstadt der UdSSR ersuchte.[14] Wieder einmal reagierte Le Corbusier auf einen bescheidenen Anlaß mit einem gigantischen Projekt: die *»Réponse à Moscou«* materialisierte sich in den 17 Tafeln zu einer neuen Idealstadt, von welchen nur die letzte flüchtig und fast nebenbei auf den eigentlichen Gegenstand der Frage einging.

Die Ville radieuse (s. Abb.) ist eine Stadt, deren Funktionen nach

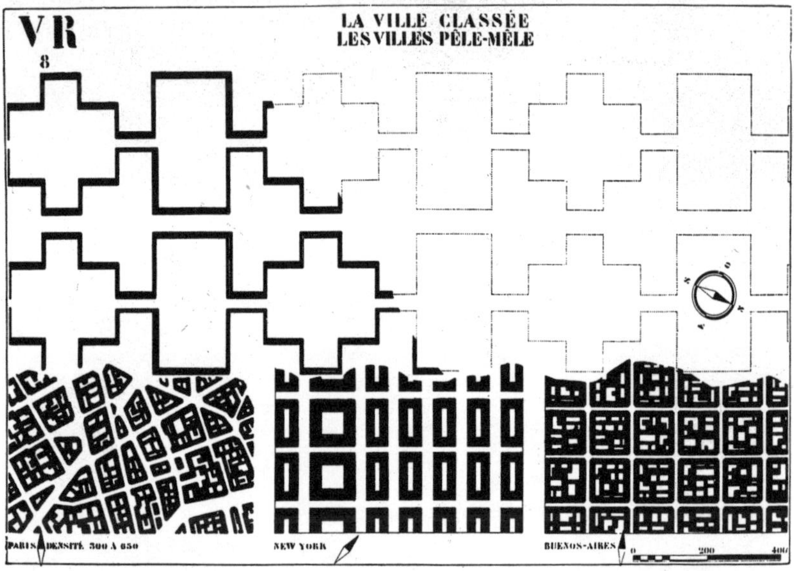


dem Prinzip des *zoning* streng voneinander getrennt sind, die jedoch, Nikolai Alexandrowitsch Miljutins Bandstadt von 1930 nicht unähnlich, theoretisch beliebig erweiterbar ist. Im Norden bilden vierzehn kreuzförmige Wolkenkratzer das Tertiärzentrum, das von Trabantenstädten mit Regierungs- und Erziehungseinrichtungen flankiert ist. Es schließen der Bahnhof und der Flughafen an; dazu ein Grundstücksband mit Hotels und Botschaften. Südlich davon befindet sich das Wohnareal, eine homogene Bebauung mit *redents* (die *immeuble-villas* sind verschwunden), die in der Mitte durch ein senkrechtes Band von Infrastruktureinrichtungen zerschnitten ist. Es folgt ein Band mit Gewerbe, eines mit Lagerhallen und schließlich eine Fläche mit Großindustrie. Bei der selbstverfaßten Exegese der eigenen Stadtkonzeption bemühte Le Corbusier die anthropomorphe

Kursbuch

## ■ Wer jetzt das Kursbuch abonniert . . . spart!

Ein Einzelheft kostet DM 15,-,
im Abo nur DM 12,-.
Ein Jahresabonnement
(vier Hefte) kostet also statt DM 60,-
nur DM 48,- plus Porto.

## ■ Wer als Abonnent einen neuen Abonnenten wirbt . . . bekommt Bücher geschenkt!

Für jedes geworbene (und bezahlte)
Jahresabonnement bedankt sich
Rowohlt · Berlin mit einem Büchergutschein
in Höhe von maximal DM 40,-.
Frei nach Ihrer Auswahl.

---

Ja, ich abonniere das Kursbuch ab ______ als Jahresabonnement zum Vorzugspreis von DM 48,– plus Porto.

Name ______________________ Adresse ______________________

Datum __________ Unterschrift ______________________

Ich wünsche Bankeinzug: Kontonummer __________ BLZ __________

Bank ______________________

Geworben wurde ich durch den Kursbuchabonnenten:

Name ______________________ Adresse ______________________

Als Prämie erhält der Werber nach Bezahlung des Abonnements einen Gutschein für Bücher der Rowohlt Verlage im Gesamtwert von maximal DM 40,-.

Bitte wenden

Kursbuch

*Die nächsten Themen:*

## Deutsche Jugend *Heft 113/September 1993*

*J. Bergmann, C. Leggewie*, Die Täter unter uns / *D. Sturzbecher, P. Dietrich*, Skinheads in Brandenburg / *Bodo Morshäuser*, Nach der Simulation / *Goetz Eisenberg*, Selbstbild und Strafbedürfnis / *Wilhelm Heitmeyer*, Individualisierung und Gewalt / *Christiane Rajewski*, Rückkehr der braunen Pest? / *Katharina Rutschky*, Erziehung nach Mölln I / *Peter Schneider*, Erziehung nach Mölln II / Wie wir uns sehen. Schülerselbstporträts aus Ost und West / *Horst Domdey*, Die neue Elite / *Wolfgang Engler*, Sackgasse Jugendkultur? / *Klaus Hartung*, Anpassung und Aufbegehren

## Todesbilder *Heft 114/Dezember 1993*

*Christoph Ransmayr*, Leichenschau / *Claudia Schmölders*, Das Gesicht der Toten / *Reinhard Merkel*, Die Stunde des Ablebens / *Eckart Britsch*, Todesangstvertreibung in den USA / *Christiane Grefe*, Pietät im Angebot / *Gerald Sammet*, Das nasse Grab / *Jens Reich*, Ein sozialistisches Staatsbegräbnis / *Barbara Kerneck*, Tod in Moskau / *Slavenka Drakulić*, Das Klagen der Frauen / *György Dalos*, Selbstmord in Osteuropa / *Heike Behrend*, Krieg, Aids und Hexerei in Uganda / *Tilman Spengler*, Ein Sarg für Mutter Liao / *Rolf Grimminger*, Das Wort, der Krieg, der Tod

**Das Kursbuch, begründet von Hans Magnus Enzensberger. Herausgegeben von Karl Markus Michel und Tilman Spengler. Redaktion: Ingrid Karsunke.**

Adresse:

____________________

____________________

____________________

Widerrufsgarantie:

*Diese Bestellung kann ich innerhalb von zehn Tagen bei Rowohlt·Berlin, Einsteinufer 63a, 1000 Berlin 10 widerrufen. Zur Wahrung der Frist gehört die rechtzeitige Absendung (Datum des Poststempels).*

An
Rowohlt · Berlin
Einsteinufer 63 a
1000 Berlin 10

____________________

Datum / Unterschrift

Metapher: er deutete das Geschäftszentrum als Kopf, den Wohnbereich als Rumpf und die Industriebänder als Beine.[15]

Jenseits von solcherlei fragwürdigen Analogien stellt die Ville radieuse die konsequente Fortführung der mit der Ville contemporaine eröffneten städtebaulichen Forschung dar. Mit ihrer Dichte von 1000 Einwohnern pro Hektar vermag sie den Vergleich mit jeder eng besiedelten europäischen Großstadt aufzunehmen, ohne daß die von der architektonischen Moderne geforderten Standards der Hygiene und der Lebensqualität dabei Einbußen erleiden müßten. Die gesamte Wohnstadt, die Ville verte, steht einschließlich der Verkehrsstraßen auf *pilotis*, so daß der Boden zu einem durchgängigen Park werden kann. Ihre *redents* bilden kontinuierlich mäandrierende Baukörper mit ebenfalls kontinuierlich mäandrierenden Dachgärten. Die ost-west-gerichteten Scheiben sind durch seitliche Laubengänge, die nord-süd-gerichteten durch einen zentralen Gang erschlossen. Die Fassaden sind mit *curtain-wall* (*pan de verre*) verglast.

Ende 1929 hatte Le Corbusier eine mehrmonatige Reise nach Südamerika unternommen. Mit den Flugpionieren Mermoz und Antoine de Saint-Exupéry war er über die argentinischen und brasilianischen Städte und über die tropische Landschaft geflogen. Die erschütternde Erfahrung der neuen Perspektive hatte auch auf seine städtebaulichen Vorstellungen einen großen Einfluß.

Schon im selben Jahr 1929 entstanden die Projektskizzen für Buenos Aires, für Montevideo, für São Paulo und für Rio de Janeiro. Thronen auf der ersten noch fünf wohlbekannte Superwolkenkratzer, so treten bei den letzteren neue urbanistische Elemente auf: Riesige bewohnte Viadukte, immense kontinuierliche Haus-Scheiben auf *pilotis*, deren flache Dächer als Verkehrsstraßen ausgebildet sind, fressen sich in einer schnurgeraden Linie in die Stadt und reichen als *gratte-mer* bis ins Meer hinein (Montevideo), kreuzen einander orthogonal hoch über dem historischen Stadtzentrum (São Paulo) oder winden sich in sanften Kurven auf halber Höhe an den Bergrücken entlang (Rio de Janeiro). Nur die gigantischen, dreißig Meter hohen Stützen dieser »neuen Städte« greifen in das Gewebe der alten hinein; ansonsten bleiben die zwei urbanen Organismen autonom und separat.

Die Einführung der gekurvten Linie in Le Corbusiers Projekte fiel mit jener von figürlichen Elementen, den *objets à réaction poétique*, in seinen Gemälden zusammen. Sie fiel auch mit seiner persönlichen Neuentdekkung der Weiblichkeit zusammen. In den Vorschlägen für die Neuordnung der expandierenden südamerikanischen Städte erhielt die frei geschwungene Kurve der Dachaufbauten der (kurz vor der Abreise entworfenen) Villa Savoye eine territoriale Dimension. Im Projekt für

Algier wurde sie zu einem konkreten urbanistischen Entwurf durchgearbeitet.

Der Plan Obus (der Name spielt auf die parabelförmige Flugbahn eines Geschosses an), 1931 entstanden, sieht drei Hauptelemente vor: eine *Cité des affaires* als gigantisches gläsernes Doppelhochhaus am Meer, eine damit verbundene Gruppe von zu Arabesken gekurvten *redents* und einen kilometerlangen, am Ufer entlanggeschwungenen bewohnbaren Viadukt für 180 000 Menschen (s. Abb.). letztere ist zweifellos das innovativste Stück Städtebau des Vorschlags für Algier: Die Visionen von Arturo Soria y Mata (Ciudad lineal, 1882), Edgar Chambles (Roadtown, 1910) und Nikolai Alexandrowitsch Miljutin (Schemaskizzen für Bandstädte, 1930) sowie das (Le Corbusier durchaus aus eigener Anschauung

bekannte) Bravourstück von Giacomo Matté Trucco, das Lingotto-Werk von FIAT bei Turin von 1916–1923 mutieren zu einer gewaltigen linearen Megastruktur mit sechs Stockwerken unterhalb und zwölf oberhalb einer kühn gekurvten Autobahn. Die von der Maison Domino abgeleitete Stahlbeton-Deckenkonstruktion mit ihren 5 Meter Geschoßhöhe schafft richtige übereinandergestapelte städtische Grundstücke, die von dem jeweiligen Bewohner in dem von ihm bevorzugten Stil bebaut werden sollen: Schon in seiner Zeichnung schlägt Le Corbusier eine kuriose Mixtur von Pseudorenaissance, Pseudomoreske und Modernismus vor.

Die Vorstellung einer großen öffentlichen Trag- und Ordnungsstruktur, welche die individuelle Aneignung der Benutzer in geradezu anarchistischer Freiheit provozieren und gestatten sollte, wird nach dem Zweiten Weltkrieg Persönlichkeiten wie Yona Friedman und Nicholas Habraken beeinflussen. Dabei wird allerdings die repressive Komponente der Le Corbusierschen Planung für Algier übersehen werden: denn trotz aller Beteuerung der Integration von autochthoner Bevölkerung und kolonialistischer Macht war die Demonstration der Herrschaft der auferlegten fremden Ordnung das Ziel, und wenn auch die alte türkische Kasbah, in der die meisten Araber wohnten, erhalten werden sollte, so nur als folkloristische Kuriosität und unter der Kontrolle einer Elite, die mit ihren schnellen Automobilen jederzeit über sie hinwegzubrausen vermochte.

Der Plan Obus wurde nicht realisiert. Le Corbusier überarbeitete ihn 1933 zum Projekt »B« und »C«, wobei er zunehmend Abstriche machte. 1938 folgte das Projekt »D«, in welchem der anläßlich einer Amerika-Reise entworfene cartesianische Wolkenkratzer auf Y-förmigem Grundriß auftaucht, und ein Jahr später das Projekt »E«, das für das Quartier de la Marine ein innovatives Hochhaus mit einer durch *brise-soleil* plastisch gegliederten Fassade vorsieht. Es nützte nichts: eine der wenigen Anerkennungen, die dem unermüdlichen Stadtplaner ohne Auftrag zuteil wurden, war ein begeistertes Interview, das der damals zweiundzwanzigjährige Journalist Albert Camus 1935 veröffentlichte. So wurde das Projekt für Algier das letzte, in welchem Le Corbusier sein regionalistisch-syndikalistisches Utopia in einer globalen architektonischen Vision vertrat.

Seine theoretischen städtebaulichen Vorstellungen flossen zunächst in die Diskussion der CIAM IV ein, der 1933 stattfand. Zehn Jahre später wurden die dabei getroffenen Resolutionen von Le Corbusier selbst in Zusammenarbeit mit der französischen CIAM-Gruppe überarbeitet und unter dem Titel *La Charte d'Athènes* anonym veröffentlicht.[16] In der vielbeachteten, einflußreichen und immer wieder mißverstandenen Publikation, zu welcher der Schriftsteller Jean Giraudoux ein Vorwort schrieb, sind in 95 Kapiteln folgende Hauptforderungen gestellt:

– Ausgewogenheit zwischen individuellen und gemeinschaftlichen Bedürfnissen;

– Dominanz der Landschaft gegenüber dem Gebauten; Grün als Lebens- und Erholungsraum auch in der Stadt;

– Rücksichtnahme auf klimatische Verhältnisse; Besonnung, Belüftung;

– Erhaltung historischer Bausubstanz;

– Entflechtung, Trennung und Ordnung der vier Hauptfunktionen der Stadt (Wohnen, Arbeiten, Freizeit und Verkehr); Behandlung der Wohnungsfrage als zentrales Problem des Städtebaus; humane Arbeitswelt; großzügiges Freizeitangebot; Unterteilung des Verkehrs in Auto- und Fußgängerverkehr, Schnell- und Zubringerverkehr usw.;

– Gesetze, um diese Forderungen durchsetzen zu können.

Im Buch *Les trois établissements humains*[17], das zusammen mit *Propos d'urbanisme*[18] 1944 in der Einsamkeit der Pyrenäen entstand, faßte Le Corbusier seine Gedanken über die möglichen urbanistischen Konzepte der »neuen Zeit« zusammen. Für jedes städtebauliche Übel hatte er ein städtebauliches Heilmittel: Den wild wuchernden Großstädten setzte er die »cité radio-concentrique d'échange« (Radiokonzentrische Stadt des Austausches) entgegen, den unkontrolliert an den Straßen entlang wachsenden Peripheriestreifen die »cité linéaire industrielle« (Lineare Industriestadt), der diffusen Zersiedelung der Landschaft die *Ferme Radieuse* (»Strahlendes Landgut«), einen industriell vorgefertigten und mechanisierten Bauernhof, in welchem die (herkulischen) Bauern, die frohgemut dem an einem Stahlträger hängenden Radioapparat lauschen, nach wie vor von den guten, einfachen *objets types* ihrer Handwerkstradition umgeben sind.

## *Begegnungen mit der Autorität 1929-1941*

Auf der Suche nach konkreten Gelegenheiten, seine großen Pläne zu realisieren, war Le Corbusier sein Leben lang von der Vorstellung eines ebenso großen, humanistisch-autoritären Bauherrn besessen. Am Ende seines Buches *Urbanisme*, das 1925 erschien, bildete er absichtsvoll einen Stich ab, der Ludwig XIV. bei der Grundsteinlegung für das Hôtel des Invalides darstellt.[19] 1930 gestand er: »Ich werde seit Jahren vom Schatten Colberts verfolgt!«[20] 1931 erschien in einem Aufsatz der Ausruf: »Wir warten auf das ›Ja‹ einer Autorität, die will und wacht«[21]; und ein paar Monate danach: »Regierung, AUTORITÄT, Patriarch, Familienvater,

Weiser des Stammes, Du, der Du weißt – der Du wissen solltest – bist Du Dir der Bedeutung der Wohnungen bewußt?«[22] Vier Jahre später widmete Le Corbusier sein Buch *La Ville Radieuse* »à l'autorité«.[23]

Dem schweizerisch-französischen Architekten ging es um die Planung des kollektiven Glücks, das er in einer hygienischen, technisch einwandfrei ausgerüsteten und künstlerisch qualitätvoll gestalteten Wohnzelle im Grünen verkörpert sah, die für jedermann erschwinglich sein sollte. Die Verwirklichung dieser Planung erforderte eine strukturelle Erneuerung der Macht. In der ersten Hälfte des 20. Jahrhunderts glaubte Le Corbusier, diese Erneuerung in vier Ländern zu gewärtigen: in der jungen Sowjetunion, im faschistischen Italien, im nationalsozialistischen Deutschland und im Frankreich von Vichy.

Le Corbusier nahm in dem Augenblick Kontakt zur Sowjetunion auf, als sich dort mit dem ersten Fünfjahresplan (1928-1932) die Realisierung des seit der Oktoberrevolution Erdachten anbahnte.[24] 1928 fuhr er anläßlich des Wettbewerbs für das Centrosoyuz ein erstes Mal nach Moskau; im Juni 1929 und im März 1930 wiederholte er die Reise. Das endgültige Projekt für das Centrosoyuz war im Januar 1929 fertiggestellt worden, das Gebäude wurde wegen schleppender Bautätigkeit erst 1935 vollendet.[25]

War der Bau des Centrosoyuz ein Erfolg, so waren Le Corbusiers Niederlagen beim Wettbewerb für den Sowjetpalast und den Plan von Moskau um so eklatanter. Für den ersten Wettbewerb, der noch international ausgelobt war, reichte er, ungeachtet des veränderten politischen und kulturellen Klimas, den Entwurf eines modernistischen Bauwerks mit einer eindrucksvollen großen Halle ein, deren Dach auf der Bühnenseite von einem gigantischen parabelförmigen Bogen getragen werden sollte. Für Moskau schlug er wieder einmal vor, die gesamte historische Stadt mit Ausnahme des Kremls abzureißen, um sie als abstraktes, »rationales« Muster neu zu bauen.[26] Beide Projekte wurden nahezu diskussionslos abgelehnt.

Es wundert kaum. Le Corbusier, auf der Suche nach einer modernen Form der Autorität, von der er sich die Möglichkeit erhoffte, seine Ideen und Pläne in die Wirklichkeit umzusetzen, hatte sich in ein Land und in ein politisches System begeben, das er so gut wie nicht verstand. Die sowjetische Avantgarde kannte er nur oberflächlich, so daß er sie in seinen Schriften sogar kurzerhand liquidiert hatte; der Bolschewismus war für ihn eine abstrakte Haltung, von jeglicher politischen Spezifität losgelöst; die junge Sowjetunion war nichts anderes als ein »verheißenes Land«, das der Sozialismus in eine große Baustelle zu verwandeln sich anschickte.[27] Dem Verfasser der großsprecherischen »Réponse à Moscou« entging, daß der sowjetische Staat nach der ersten Phase der ideologischen Abklärung keine Utopien, sondern Pragmatik benötigte, um die Verwirklichung des Möglichen (und nicht des Besten) zu erreichen. So konnte es nicht ausbleiben, daß seine »universellen Lösungen« als »idealistisch« und »kapitalistisch« verworfen und beiseitegelegt wurden.[28]

Mit ähnlicher Unschuld (oder: mit ähnlicher Leichtfertigkeit) näherte sich Le Corbusier auch dem italienischen Faschismus.[29] 1931 lernte er anläßlich der Pariser Kolonialausstellung Guido Fiorini kennen, der 1928–1930 ein ingeniöses Hochhaus als zugbeanspruchte Konstruktion entworfen hatte (die Idee wird 1932 im Projekt B für Algier wieder auftauchen) und der in der fraglichen Ausstellung den Futuristischen Pavillon errichtet hatte. Nach Fiorinis Rückkehr nach Rom entwickelte sich zwischen den beiden Architekten ein reger Briefwechsel; Le Corbusier erbat Fiorinis Unterstützung, um eine offizielle Einladung nach Italien zu erhalten. Fiorini, selbst kein Mitglied des Partito Nazionale Fascista, war ein guter Freund von Bottai. Dennoch stießen seine Bemühungen, die von jenen der Kritiker Pietro Maria Bardi und Carlo Belli flankiert wurden, auf Widerstand: Als im Frühsommer 1934 die Vortragsreise endlich stattfand, fiel sie weitaus bescheidener aus als anfänglich erhofft und vorgesehen. Der Ort des Auftritts in Rom war nicht mehr die Quadriennale, die Universität oder das Augusteum, sondern der schlichte Circolo delle Arti e delle Lettere; das Publikum bestand keineswegs nur aus Honoratioren, sondern war gemischt; vor allem aber kam die Begegnung mit Mussolini, auf die sowohl Le Corbusier als auch seine Unterstützer hingearbeitet hatten, nicht zustande.

Dabei war sie von langer Hand und zielstrebig vorbereitet gewesen. Auf der Patris II, wo CIAM IV stattfand, las Le Corbusier emsig ein Buch von Hubert Lagardelle über Mussolinis Doktrin; in der ihm gewidmeten Sondernummer von *L'Architecture d'Aujourd'hui*, die 1933 erschien[30], erwies er dem »neuen« Italien schriftlich seine Reverenz; ein Jahr später, kurz vor seinem Besuch, übersandte er Mussolini den ersten, ihm dedizierten Band der *Œuvre Complète*. Fiorini hatte seinerseits in einem Aufsatz, den er geschickterweise in Piacentinis Zeitschrift *Architettura* publizierte[31], ein Porträt des schweizerisch-französischen Architekten als einer auf der Linie des Regimes liegenden Persönlichkeit skizziert. Schließlich hatte auch Bardi in *Quadrivio* die politische Orthodoxie Le Corbusiers und dessen mediterranen Geist (eine der Lieblingsvorstellungen der italienischen faschistischen Kultur) herausgestellt.[32]

Le Corbusier kam also in Rom an und stieg ausgerechnet im Albergo degli Ambasciatori ab, das Piacentini an der Via Veneto gebaut hatte. Er hielt zwei Vorträge, die entsprechend der Mahnung seines Freundes Lagardelle äußerst vorsichtig ausfielen: Jeglicher Polemik gegen die akademische Macht der zeitgenössischen architektonischen Kultur Italiens ausweichend, stellte sich Le Corbusier bescheiden als »Techniker« in den Dienst des Regimes.[33] Er besichtigte die neue via dell'Impero (heute via dei Fori Imperiali), während im Abgeordnetenhaus die Debatte über den Wettbewerb für den Palazzo del Littorio aufloderte. Er machte einen Ausflug in die Pontinische Ebene[34] und betrachtete die gerade fertiggestellten Gründungsstädte Littoria (die er schlecht fand) und Sabandia (die ihm verständlicherweise besser gefiel). Er versuchte vergebens, von Mussolini empfangen zu werden. Er fuhr allerdings nicht ab, ehe er Bottai eine Notiz mit dem skizzenhaften Projekt für die dritte, noch zu bauende Gründungsstadt Pontinia hatte zukommen lassen.[35] Und von Paris aus übersandte er dem Duce den zweiten Band der *Œuvre Complète*, der wenige Monate nach der Reise nach Italien veröffentlicht wurde, mit einer (fast überschwenglichen) persönlichen Widmung.[36]

Es war kein Zufall, daß in eben diesem Band das Projekt für die *réorganisation agraire* erläutert wird. »Le Corbusier und P. Jeanneret haben mit extremer Sorgfalt das Problem des Agrarwesens studiert, das sich der Autorität stellt«, heißt es dort.[37] Das Projekt der *ferme radieuse* (der Name taucht in einem Aufsatz auf, der ebenfalls 1934, und ebenfalls nicht zufällig, in *Prélude* erschien)[38] ist mit der Skizze von Pontinia, die Le Corbusier für Mussolini via Bottai angefertigt hatte, so gut wie identisch.[39] Tatsächlich setzte von nun an Le Corbusier alles daran, den Auftrag für Pontinia zu erhalten.

Bekanntlich ohne Erfolg. Ebensowenig Erfolg werden seine Bemühungen haben, ein Hochhaus in Genua mit Savigliano zu errichten, eine Planung für die Peripherie von Rom durchzuführen, ein Hochhaus für Olivetti zu bauen, immer noch in der römischen Vorstadt, eine kleine Olivetti-Siedlung zu realisieren und schließlich Addis Abeba (Bottai war 1936 dort für kurze Zeit Gouverneur) in eine »grüne Stadt« zu verwandeln.[40] Bereits Anfang 1935 stellte er entmutigt fest: »Sei es in Moskau, Genf oder Rom, die Ideen sind weit entfernt davon, klar zu sein.«[41]

Moskau, Genf, Rom; und Berlin? Le Corbusiers Beziehung zum Nationalsozialismus war so gut wie inexistent. Sieht man von einer ausgesprochen unpassenden und zur falschen Zeit (1941) geäußerten Eloge von Hitlers Autobahnpolitik[42] ab, unternahm der schweizerisch-französische Architekt keinerlei Annäherung an das Regime des Dritten Reichs: Zu explizit und zu rasch wurde dort die avantgardistische Architektur abgelehnt, als daß sich ein Auftrag innerhalb der »Neugestaltung der Reichshauptstadt« hätte erhoffen lassen. Andererseits: 1938 schuf Le Corbusier in der überdachten Veranda des Hauses, das Eileen Gray 1927–1929 für Jean Badovici, den Herausgeber von *L'Architecture Vivante*, in Roquebrune-Cap Martin baute, ein großes Wandgemälde. Es stellte zwei erwachsene Figuren und ein Kind dar; in das weitgehend abstrakte Linienlabyrinth ist ein Hakenkreuz eingewoben, beunruhigendes Sinnbild eines unwahrscheinlichen mediterranen Faschismus und persönliche Antizipation dessen, was nach einem anders ausgegangenen Weltkrieg durchaus zum allgemeinen europäischen Bildgut hätte werden können.[43]

Doch der historische und geographische Ort, wo Le Corbusier jene aufgeklärte Autorität gefunden zu haben wähnte, nach der er jahrzehntelang gesucht hatte, war Vichy. Seine ersten ernsthaften Kontakte mit dem französischen Faschismus reichen auf das Jahr 1929 zurück, als er dem anarchistisch-nationalistischen Faisceau von Georges Valois beitrat. Anfang der dreißiger Jahre wurde er einer der vier Redakteure der antiparlamentarischen Monatszeitschrift *Prélude*, die den bezeichnenden Untertitel *Thèmes preparatoires à l'action* trug und unter dem nicht minder bezeichnenden Motto »Amis, ceux qui sont plus traditionnels que la Droite, plus révolutionnaires que la Gauche« stand. Außerdem arbeitete er an der entschieden rechtsradikal ausgerichteten Zeitschrift *Plans* mit; und zwar in Gesellschaft des Philosophen Lagardelle, des Theoretikers einer korporativen Neuorganisation des Staates; des Politologen Philippe Lamour, der mit Le Corbusier die Erfahrung des Faisceau geteilt hatte; und des hygienistischen Arztes Pierre Winter, eines der Begründer der Parti Fasciste Révolutionnaire (und Verfasser des Vorworts zum dritten Band der *Œuvre Complète*). Die gleiche Gruppe hatte sich übrigens seinerzeit auch um *L'Esprit Nouveau* geschart[44], dessen politische Ausrichtung von dem saintsimonistischen Philofaschismus Lagardelles nicht weit entfernt war[45]; hinzu kam François de Pierrefeu, der später, in Vichy, mit Le Corbusier zusammen das Buch *La maison des hommes* verfassen sollte. Fast ausnahmslos alle Genannten oszillierten zeitweilig zwischen der ultrakonservativen Action Française und der Französischen Sozialistischen Partei. Mit dieser Oszillation identifizierte sich auch Le Corbusier, der tatendurstige Techniker auf der Suche nach der tatenfreudigen Autorität.

Von 1939 an hatte er, in spätfuturistischer Manier, die erlösende Kraft des Kriegs und die mit unbeschränkter Macht ausgestattete »Führungselite« gepriesen. Nach dem Fall Frankreichs floh er in die Pyrenäen; aber als nach dem Waffenstillstand das Vichy-Regime entstand, verbrachte er lange Monate in den Vorzimmern der Machthaber der Kollaboration. Bald saß er auch in einem Komitee, das sich mit städtebaulichen und architektonischen Strategien für das wiedervereinigte Frankreich und seine Kolonien beschäftigte.

Auch das währte nicht lange. Im Juli 1941 wurde ihm mitgeteilt, seine Dienste würden nicht mehr benötigt. Seine Bitte um eine persönliche

Unterredung mit Marschall Pétain wurde abgeschlagen. Der »Plan Directeur« für Algier, den er mit großsprecherischem Patriotismus als »Phoenix Frankreichs« bezeichnete[46], wurde endgültig abgelehnt. Keiner der erhofften Bauaufträge materialisierte sich. Le Corbusier zog sich wieder in die Pyrenäen zurück. Viel später, zwei Monate vor seinem Tod, um seine Meinung zu öffentlichen Pariser Bauvorhaben befragt, meinte er melancholisch und resigniert: »Nicht auf dem Laufenden gehalten ... Mit keinem einzigen Wort von den Autoritäten gefragt ... Es ist mir völlig egal.«[47]

## *Anmerkungen*

1 »Maison en série ›Citrohan‹ (pour ne pas dire Citroën). Autrement dit, une maison comme un auto, conçue et agencée comme un omnibus ou une cabine de navire ... Il faut agir contre l'ancienne maison qui mésuait de l'espace. Il faut (nécessité actuelle: prix de revient) considérer la maison comme une machine à habiter ou comme un outil.« Le Corbusier et Pierre Jeanneret, *Œuvre Complète 1910-1929*, Girsberger, Zürich 1929, S. 45.

2 *»La ville est un outil de travail. Les villes ne remplissent plus normalement cette fonction. Elles sont inefficaces: elles usent le corps, elles contrecarrent l'esprit.«* – »Le système conservateur dans les grandes villes s'oppose au développement des transports, congestionne, anémie l'activité, tue le progrès, décovrage les initiatives.« Le Corbusier, *Urbanisme*, Collection de »L'Esprit Nouveau«, Les Éditions G. Crès & C[ie], Paris 1924, S. I und S. 78.

3 Eugène Hénard, *Etudes sur les transformations de Paris. Et autres écrits sur l'urbanisme*, Librairie Centrale d'Architecture, Paris 1903-1909.

4 Daniel Hudson Burnham, Edward Herbert Bennett, *The Plan of Chicago*, Chicago 1909.

5 Antonio Sant'Elia, »L'architettura futurista. Manifesto«, in: *Lacerba* (Florenz), 1. August 1914, S. 228-231.

6 Peter Behrens, o. T. (»Über die bauliche Entwicklung der Berliner City«), *Berliner Morgenpost*, 27. November 1912. Wiedergegeben in: Fritz Hoeber, *Peter Behrens*, Moderne Architektur I, Georg Müller und Eugen Reusch Verlag, München 1913, S. 227-228.

7 J. Labadié, »Les cathédrales de la cité moderne. Un audacieux projet pour résoudre en hauteur la crise de logement et les problèmes de confort et d'hygiène«, in: *L'Illustration*, 12. August 1922, S. 131-135.

8 Le Corbusier-Saugnier, »Trois rappels à MM. les Architectes: le plan«, in: *L'Esprit Nouveau*, H. 4, 1921, S. 463-465.

9 Le Corbusier-Saugnier, »Trois rappels à MM. les Architectes: le plan«, in: op. cit. (Anm. 8).

10 Vgl. (auch für das folgende) Timothy J. Benton, *The Villas of Le Corbusier 1920-1930*, Yale University Press, New Haven und London 1987 (erste französische Ausgabe: Philippe Sers, Paris 1984). Deutsch: *Le Corbusiers Pariser Villen aus den Jahren 1920 bis 1930*, Deutsche Verlags-Anstalt, Stuttgart 1984, S. 31–41; und: Ermanno Ranzani: »Un incontro difficile: Le Corbusier tra linguaggio e contesto«, in: *Domus*, H. 687, Oktober 1987, S. 30-55.

11 Philippe Boudon, *Pessac de Le Corbusier, 1927-1967*, Dunod, Paris 1969. Neue Ausgabe: 1985; B. B. Taylor, *Le Corbusier et Pessac, 1924-1928*, Fondation Le Corbusier, Paris 1972.

12 Giuliano Gresleri, *L'Esprit Nouveau. Parigi – Bologna. Costruzione e ricostruzione di un prototipo dell'architettura moderna*, Electa Editrice, Mailand 1979, S. 45 ff.

13 »L'Automobile a tué la grande ville; l'Automobile doit sauver la grande ville.« In: *Le Corbusier. Une encyclopédie*, Éditions du Centre Pompidou, Paris 1987, S. 470.

14 Vgl. Giorgio Ciucci, »Le Corbusier e Wright in URSS«, in: *Socialismo, città, architettura. URSS 1917-1937. Il contributo degli architetti europei*, Officina Edizioni, Rom 1971, S. 171-193; und: Jean-Louis Cohen, *Le Corbusier et la mystique de l'URRS. Théories et projets pour Moscou 1928-1936*, Pierre Mardaga Editeur, Brüssel o. J. [1987].

15 Le Corbusier, *La Ville Radieuse*, Editions de l'Architecture d'Aujourd'hui, Boulogne-sur-Seine, 1935.

16 (Le Corbusier), *La Charte d'Athènes*, Plon, Paris 1943. Neudruck: Le Corbusier, *La Charte d'Athènes*, Les Éditions de Minuit, Paris 1957.

17 Le Corbusier, *Les trois établissements humains*, ›Collection Ascoral‹, Denoël, Paris 1945.

18 Le Corbusier, *Propos d'urbanisme*, Éditions Bourrelier, Paris 1946.

19 Le Corbusier, *Urbanisme*, op. cit. (Anm. 2).

20 »Je suis, depuis des années, poursuivi par l'ombre de Colbert!« Le Corbusier, *Précisions sur un état présent de l'architecture et de l'urbanisme*, Collection de »L'Esprit Nouveau«, Les Éditions G. Crès et C[ie], Paris 1930, S. 187.

21 »On attend un ›oui‹ d'une autorité qui veuille et qui veille!« Le Corbusier, »Invite à l'action«, in: *Plans*, H. 1, Januar 1931, S. 53 ff.

22 »Gouvernement, AUTORITÉ, patriarche, père de la famille, sage de la tribu, toi qui sais, – toi qui devrais savoir – as-tu conscience de la signification du logis?« Le Corbusier, »Vivre! (Respirer)«, in: *Plans*, H. 3, März 1931, S. 34 ff.

23 Le Corbusier, *La Ville Radieuse*, op. cit. (Anm. 15). Zwei Jahre später schrieb er: »... il faut le bon plan, le plan totalitaire symphonique, qui réponde aux besoins collectifs et assure le bonheur individuel: ... ici est le rôle tout puissant e bienfaisant de l'autorité: l'autorité père de famille.« In: Ders., *Quand les Cathédrales étaient Blanches, Voyage au pays des timides*, Plon, Paris 1937, S. 222.

24 Vgl. Giorgio Ciucci, »Le Corbusier e Wright in URSS«, in: *Socialismo, città, architettura URSS 1917-1937. Il contributo degli architetti europei*, op. cit. (Anm. 14), S. 171-193.

25 Vgl. Le Corbusier und Pierre Jeanneret, *Œuvre Complète 1910-1929*, op. cit. (Anm. 1), S. 206-213; und: Ders., *Œuvre Complète 1929-1934*, Girsberger, Zürich 1934, S. 34-41.

26 Vgl. Le Corbusier, *La Ville Radieuse*, op. cit. (Anm. 15), S. 90-91.

27 Le Corbusier, *Art décoratif d'aujourd'hui*, Collection de »L'Esprit Nouveau«, Les Editions G. Crès & C[ie], Paris o. J. (1925); und auch: Ders., *La Ville Radieuse*, op. cit. (Anm. 15).

28 Svetlov-Gornyi, »La città socialista nella società senza classi«, in: Paolo Ceccarelli, *La costruzione della città sovietica, 1917-1934*, Marsilio, Padua 1970.

29 Vgl. M. Mimita Lamberti, »Le Corbusier e l'Italia (1932-1936)«, in: *Annali della Scuola Normale Superiore di Pisa*, Classe di Lettere e Filosofia, Serie III, Vol. II, 2, Pisa 1972, S. 817-871. Und: Giorgio Ciucci, »A Roma con Bottai«, in: *Rassegna* (I clienti di Le Corbusier), Mailand, H. 3, 1980, S. 66-71.

30 *L'Architecture d'Aujourd'hui*, Sonderheft »Le Corbusier et P. Jeanneret«, o. J. [1933].

31 Guido Fiorini, »L'inventore Le Corbusier poeta architetto della presente civiltà macchinista«, in: *Architettura*, fasc. VI, Juni 1933.

32 Pietro Maria Bardi, »Roma il Fascismo, Littoria, l'architettura«, in: *Quadrivio*, 3. September 1933.

33 Es ist mehr als wahrscheinlich, daß er damit die Hoffnungen der italienischen Avantgardisten auf eine lebhafte Polemik und auf eine Unterstützung ihrer Sache enttäuschte. Bardis Vorstellung war jedenfalls temperamentvoller als das, was danach kam; und die spätere Publikation der Mitschrift in *Quadrante* (H. 13, Mai 1934, S. 5-26) fiel pointierter aus als die Originalvorträge.

34 Laut Bardis Aussage fand die Besichtigung nicht statt. Vgl. Pietro Maria Bardi, »Una polemica di cinquant'anni fa«, Interview von Manolo De Giorgi, in: *Casabella*, H. 495, Oktober 1983, S. 48-49.

35 Vgl. Giorgio Ciucci, »A Roma con Bottai«, op. cit. (Anm. 29).

36 »à S. E. Mussolini.
En souvenir de se harangue aux jeunes architects italiens, en juin 1934, alors que j'étais à Rome pour essayer de prouver qu'il n'y a d'unité dans les gens et les œuvres humains, que par l'équivalence du potentiel d'énergie créatrice. Tout plagiat, tout regard jeté derrière, ne sent que mort et moisissence.
Avec mon respect et mon admiration
Le Corbusier
Paris 1934, nov.«
(»Ihrer Exzellenz Mussolini.
Zur Erinnerung an seine Ansprache an die jungen italienischen Architekten, im Juni 1934, als ich in Rom war, um zu versuchen, den Beweis anzutreten, daß es keine Einheit unter den Leuten und den menschlichen Werken gibt außer durch die Entsprechung des Potentials an schöpferischer Energie. Jedes Plagiat, jeder Blick zurück riecht nur nach Tod und Moder.
Mit meinem Respekt und meiner Bewunderung
Le Corbusier
Paris 1934, November«)
Wiedergegeben als Faksimile in: Hans Girsberger, *Im Umgang mit Le Corbusier. Mes contacts avec Le Corbusier*, Les Éditions d'Architecture Artemis, Zürich/München 1981, S. 39.

37 »... *Le Corbusier* et *P. Jeanneret* ont étudié avec une minutie extrême le problème agraire qui se pose devant l'autorité.« In: Le Corbusier und Pierre Jeanneret, *Œuvre Complète 1929-1934*, op. cit. (Anm. 1), S. 186.

38 Le Corbusier, »La ferme radieuse«, in: *Prélude*, H. 14, November/Dezember 1934, S. 8.

39 Vgl. Giorgio Ciucci, »A Roma con Bottai«, op. cit. (Anm. 29), S. 68, Abbildungen 9 und 10; und: Le Corbusier, *Œuvre Complète 1929-1934*, op. cit. (Anm. 1), Abbildungen S. 187.

40 Vgl. Giorgio Ciucci, »A Roma con Bottai«, op. cit. (Anm. 29). Für das Projekt in Genua, vgl. *Bolletino tecnico Savigliano*, VI, H. 1-2, Januar/April 1932.

41 »Que ce soit à Moscou, Genève ou Rome, le idées sont loin d'être claires.« Brief von Le Corbusier an Alberto Magrini vom 15. Januar 1935. Abgedruckt in: M. Mimita Lamberti, »Le Corbusier e l'Italia (1932-1936)«, op. cit. (Anm. 29), S. 867, 868, Zitat S. 867.

42 Le Corbusier, *Sur les 4 routes*, Gallimard, Paris 1941, S. 136. Zehn Jahre zuvor hatte Le Corbusier auch Primo de Rivera für den Bau einer Autobahn gelobt; vgl. Michel Ragon, *Le livre de l'architecture moderne*, Paris 1958, S. 284.

43 Vgl. Stanislaus von Moos, »Le Corbusier As Painter«, in: *Oppositions*, H. 19/20, 1980, S. 88-107.

44 Vgl. Francesco Tentori, *Vita e opere di Le Corbusier*, Laterza, Bari 1979, S. 61, 62.

45 Es ist bezeichnend, daß Lagardelle eine eigene »Entgegnung« auf Mussolinis theoretische Darlegung des italienischen Faschismus Le Corbusier anbot, damit er sie in *L'Esprit Nouveau* publiziere.

46 Le Corbusier, *Poésie sur Alger*, Falaize, Paris 1950, S. 40.

47 »Pas tenu au courant ... Jamais questionné d'un seul mot par les autorités ... Je m'en fous parfaitement.« Interview mit Hugues Dessalle. Zitiert nach: Stanislaus von Moos, *Le Corbusier, Elemente einer Synthese*, Verlag Huber, Frauenfeld/Stuttgart 1968, S. 269.

## *Bildnachweise*

Abb. 1–6: Fondation Le Corbusier, Paris. © VG Bild-Kunst, Bonn 1993.

# Gert Gröning / Joachim Wolschke-Bulmahn
# »Ganz Deutschland ein großer Garten«

## Landespflege und Stadtplanung im Nationalsozialismus

> »Wenn bereits im Anfang des 19. Jahrhunderts das Ziel formuliert wurde: ›Ganz Deutschland ein großer Garten‹ ..., dann kann und muß dieses Ziel heute endlich und gänzlich verwirklicht werden, nachdem der Führer in seiner letzten großen Rede vor der deutschen Arbeiterschaft den ›Garten des ganzen Deutschland‹ proklamierte.«
> H. F. Wiepking-Jürgensmann, 1941

Der 30. Januar 1993, der 60. Jahrestag der Ernennung Adolf Hitlers zum deutschen Reichskanzler, bietet Anlaß, aus der Sicht von Planungsdisziplinen wie Architektur, Stadtplanung, Landesplanung und Landespflege kritische Rückschau zu halten.

Den genannten Disziplinen kam im nazistischen Deutschland eine maßgebliche Rolle bei der Festigung und dem Ausbau der faschistischen Machtansprüche zu. Die Tatsache allerdings, daß zahlreiche ihrer Repräsentanten auf der Grundlage der gewaltsamen Eroberung und der hemmungslosen Ausplünderung Polens diese Inbesitznahme und die »Eindeutschung« der Gebiete planerisch vorbereiteten, unterliegt bis heute Tabuisierungsbemühungen. Der Zusammenhang zwischen nationalsozialistischer Gewaltherrschaft und räumlicher Planung soll im folgenden primär für den Bereich der Landespflege und ausschnittweise für die Stadtplanung dargestellt werden.[1] Administrativ wurden diese Tätigkeiten während des Zweiten Weltkriegs unter der Oberhoheit des Reichsführers SS, Heinrich Himmler, in dessen Funktion als »Reichskommissar für die eingegliederten Ostgebiete« (RKF), d. h. in den von Polen geraubten Gebieten, durchgeführt.

Demokratische Ansätze bei der Entwicklung der Gartenarchitektur zur Landespflege wurden 1933 brutal und mit weit über die NS-Zeit hinausreichenden Konsequenzen gekappt. Fortschrittliche Repräsentanten der Profession aus der Zeit der Weimarer Republik waren mit der Machtergreifung der Nationalsozialisten durch NS-Karrieristen wie Gustav Allinger, Josef Pertl, Alwin Seifert, Heinrich Friedrich Wiepking-Jürgensmann und andere aus einflußreichen Positionen verdrängt worden. Manch einer wurde frühzeitig in Pension geschickt, bekam Berufsverbot oder sah sich derartigen Repressalien ausgesetzt, daß er Selbstmord beging. Die von dieser professionellen Gruppe vertretenen Vorstellungen von Landschaft, zum Gebrauch und zur Gestalt von öffentlich zugänglichen Parks und privaten Hausgärten wurden aus der nationalsozialistisch geprägten Fachöffentlichkeit ausgeschlossen. An ihre Stelle traten immer deutlicher ›naturtümelnde‹ Tendenzen. So wurde z. B. der Einsatz bestimmter Pflanzen in Gärten und in der Landschaft vorgeschrieben. Sogenannte exotische Pflanzen sollten nicht mehr verwendet werden.

Naturgartenkonzepte, die seit 1900 zunächst auf naturwissenschaftlicher Grundlage durch den Gartenarchitekten Willy Lange entwickelt worden waren, wurden von ihm im Lauf der Zeit immer stärker mit rassistischen und nationalistischen Begründungen durchsetzt. Sie erlangten, nachdem sie in der Weimarer Republik nur partiell erfolgreich gewesen waren, im Nationalsozialismus besondere ideologische Bedeutung.

Bezüglich der nationalsozialistischen Landschaft wurden die Vorstellungen in den dreißiger Jahren unter anderem von der Gruppe der sogenannten ›Landschaftsanwälte‹ konkretisiert. Der 1940 zum ›Reichslandschaftsanwalt‹ ernannte Gartenarchitekt Alwin Seifert und eine Gruppe Gefolgsleute, unter ihnen Gartenarchitekten wie Wilhelm Hübotter, Wilhelm Hirsch, Werner Bauch und Max Karl Schwarz, waren als Landschaftsanwälte durch den Generalinspektor für das deutsche Straßenwesen, Fritz Todt, mit der landschaftlichen Eingliederung der ›Reichsautobahnen‹ betraut. Unter Seiferts Anleitung folgten sie und andere der Doktrin von der ausschließlichen Verwendung sogenannter ›bodenständiger‹ Pflanzen.[2]

Mit Beginn des Zweiten Weltkriegs erlangte der Zusammenhang zwischen NS-Terror und der Wahrnehmung landespflegerischer Aufgaben eine neue Dimension. Das nach dem Überfall auf Polen durch die am 28. 9. 1939 vereinbarte deutsch-sowjetische Demarkationslinie an Deutschland gefallene Gebiet wurde von der nationalsozialistischen Verwaltung in die »eingegliederten Ostgebiete« (als Zone der Neuordnung und Eindeutschung) und das Generalgouvernement (als Zone der Abkapselung und Ausbeutung von Polen und Juden) aufgeteilt.[3] Während das Generalgouvernement die aus den einzugliedernden Gebieten vertriebenen Menschen aufnehmen und als riesiges Arbeitslager dienen sollte, kam den »eingegliederten Ostgebieten«, einem Gebiet von etwa 90 000 qkm mit 10 Millionen Einwohnern, die Aufgabe zu, als neuer Siedlungsraum für deutsche Siedler zu dienen.[4]

In den »eingegliederten Ostgebieten« sahen führende Vertreter der Landespflege ein schier unerschöpfliches Aufgabenfeld, das vermeintlich die Möglichkeit bot, Landschaft in idealtypischer Weise als Lebensraum des deutschen Volkes zu gestalten. Besondere Bedeutung kam diesbezüglich einem Planungsstab zu, der dem Reichsführer SS, Himmler, unterstand. Ein geheimer Führererlaß vom 7. 10. 1939 hatte Himmler als »Reichskommissar für die Festigung deutschen Volkstums« (RKF) mit den folgenden Aufgaben betraut:

»1. Die Zurückführung der für die endgültige Heimkehr in das Reich in Betracht kommenden Reichs- und Volksdeutschen im Ausland,

2. die Ausschaltung des schädigenden Einflusses von solchen volksfremden Bevölkerungsteilen, die eine Gefahr für das Reich und die deutsche Volksgemeinschaft bedeuten,

3. die Gestaltung neuer deutscher Siedlungsgebiete durch Umsiedlung, im besonderen durch Seßhaftmachung der aus dem Ausland heimkehrenden Reichs- und Volksdeutschen.«[5]

Die »Gestaltung neuer Siedlungsgebiete« wurde in der zuständigen nationalsozialistischen Verwaltung als bislang vorbildlose Aufgabe verstanden. Himmler setzte sich mit besonderem Engagement dafür ein. In seinem »Reichskommissariat für die Festigung deutschen Volkstums« zog er einen Planungsstab zusammen, der in der Amtsgruppe C, einer von drei Amtsgruppen beim RKF, angesiedelt und von SS-Oberführer Konrad Meyer geleitet wurde. Als Sonderbeauftragter für Fragen der Landschaftsgestaltung wurde Heinrich Friedrich Wiepking-Jürgensmann in diesen Planungsstab berufen.

Nach dem Gesetz zur Wiederherstellung des Berufsbeamtentums vom 7. April 1933 gelangten nur noch aktive Unterstützer des Nationalsozialismus auf Professorenstellen. Meyer wurde 1934 ordentlicher Professor für Ackerbau und Landpolitik an der Universität Berlin, Wiepking erhielt im selben Jahr den Lehrstuhl für Gartengestaltung an der Landwirtschaftlichen Hochschule in Berlin, der nach dem durch nationalsozialistische Repressalien bedingten Selbstmord des ersten Lehrstuhlinhabers, Erwin Barth, vakant war. Meyer war zur gleichen Zeit Referent im preußischen Kultusministerium. Zu seinen Aufgaben gehörten u. a. »die Personalangelegenheiten der wissenschaftlichen Assistenten, Privatdozenten und Professoren an sämtlichen landwirtschaftlichen Hochschulen«.[6] Diese während des Nationalsozialismus entwickelten Beziehungen sollten sich nach 1945 bewähren, um den einzelnen Beteiligten die Fortsetzung ihrer Karriere in der Bundesrepublik zu ermöglichen. Zehn Jahre nach der Befreiung vom Nationalsozialismus, im Jahr 1955, wurde Meyer, der seinen Lehrstuhl 1945 hatte aufgeben müssen, unter maßgeblicher Mithilfe von Wiepking-Jürgensmann auf den Lehrstuhl für Landbau und Landesplanung an der TU Hannover berufen, den er bis 1968 innehatte. Wiepking, für den es 1945 in Berlin nichts mehr zu tun gab, war es schon 1949 gelungen, wieder einen Lehrstuhl zu bekommen, nun in Hannover, den er bis zu seiner Emeritierung 1958 innehatte.

Einen Einblick in die Kooperation zwischen Himmler und Meyer erlaubt eine Passage aus Meyers Selbstbiographie, in der er das besondere Interesse Himmlers an Fragen der Landschaftsgestaltung hervorhebt:

»Hier gebietet es die Wahrheit, daß Himmler nicht einfach die ihm vorgelegten Entwürfe unterschrieb, sondern jedesmal mich ins Hauptquartier befahl und mit mir Satz für Satz den Text durchging [es handelte sich um Entwürfe zu Landschaftsplanungs-Richtlinien]. Wir haben dann oft um die richtige Formulierung gemeinsam gerungen. Diese Besuche dauerten oft mehrere Tage, an denen ich meistens erst spät abends zum Vortrag kam und tagsüber das Kommen und Gehen in seinem Sonderzug ›Heinrich‹ beobachten konnte. Die Ostkolonisation war ein besonderes Anliegen Himmlers. Wenn ich dann in später Nacht bei ihm vorgelassen wurde, war ihm die Aussprache über die zukünftige Gestaltung der Ostgebiete eine Art Erholung von den sich drängenden Tagesaufgaben und -entscheidungen.«[7]

Wiepking drückte seine Begeisterung über die zu erwartenden landschaftsgestalterischen Aufgaben im Nationalsozialismus folgendermaßen aus: »Heute aber glaube ich, daß nach der endgültigen Sicherung des Reiches eine Blütezeit für den deutschen Landschafts- und Gartengestalter einsetzen wird, die alles das übersteigt, was selbst die heißesten Herzen unter uns erträumten.«[8]

Ein weiteres Mitglied dieses RKF-Planungsstabes war der SS-Obersturmführer Erhard Mäding. Er war dort Referent für Landschaftsgestaltung und -pflege. Für ihn wird die Gestaltung der Landschaft »zur lebensentscheidenden Kulturaufgabe der Gegenwart«:

»Die gestaltende Tätigkeit reicht weit über die physischen und organischen Lebensbedingungen hinaus. Die Deutschen werden als erstes abendländisches Volk in der Landschaft auch ihre seelische Umwelt gestalten und damit in der menschlichen Geschichte zum ersten Male eine Lebensform erreichen, in der ein Volk bewußt die standörtlichen Bedingungen seines leiblichen und seelischen Lebens umfassend selbst bestimmt.«[9]

Des besonderen, d. h. des diktatorischen Charakters der Planungsgrundlagen für diese »lebensentscheidende Kulturaufgabe der Gegenwart«[10] waren sich die Planer bewußt. Bemerkenswert ist ihre Einstellung zur Bevölkerung in den von ihnen zu verplanenden Gebieten. Danach erforderte die Landschaftsplanung in den »eingegliederten Ostgebieten« keinerlei Rücksichtnahme auf die ansässige Bevölkerung und vorhandene Besitzverhältnisse. Frei von solchen Belastungen sollte dort geplant werden. Meyers entsprechende Definition von »echter Planungsfreiheit« verdeutlicht dies: »Es gehört zum Wesen echter Planungsfreiheit, daß

1. Menschen des eigenen Volkes in ausreichender Zahl und entsprechender Eignung zur Besitznahme neuen Raumes zur Verfügung stehen und

2. Grund und Boden, der sich nicht im Besitz von Angehörigen des eigenen Volkstums befindet, in erforderlichem Umfang verfügbar ist.«[11]

Es war den an der Planung Beteiligten klar, daß als Grundlage und Voraussetzung ihrer Tätigkeit die Bewohner in den »eingegliederten Ostgebieten« vertrieben werden mußten. Daran ließen die vom RKF veröffentlichten »Planungsgrundlagen für den Aufbau der Ostgebiete« keinen Zweifel. Auf einer vom RKF veranstalteten Besprechung in Posen teilte Meyer, der Leiter der Planungsabteilung, bereits am 24. 1. 1940, nur dreieinhalb Monate nach Beendigung des Polenkrieges, den für die »eingegliederten Ostgebiete« zuständigen Landesplanern die Voraussetzungen für ihre Planungen mit.[12] In diesen Planungsgrundlagen heißt es u. a.: »Es wird im folgenden vorausgesetzt, daß die gesamte jüdische Bevölkerung dieses Gebietes von rund 560 000 bereits evakuiert ist bzw. noch im Laufe dieses Winters das Gebiet verläßt. Es ist daher praktisch mit einer Bevölkerung von 9 Mill. zu rechnen.«[13] Zusätzlich sollten noch 3,4 Millionen Polen »abgeschoben« werden.

Kassubengehöft im Kreis Bütow.
1,5 Zentner Roggen wird zur Saat auf den Sand „geworfen". Ernte 3—4, höchstens 5 Zentner! Abdichtung der Holzhäuser im Herbst gegen die Winterkälte mit etwa 60 cm Heide! Vorschlag: Aussiedlung der „Bauern" und Verwandlung des Gebietes in Waldland.

Welche Gefahr die damaligen Vorstellungen von einer deutschen Landschaft für viele bedeuteten und wie dicht an den Zentren der Gewalt und der Vernichtung auch Landschaftsgestalter tätig waren, zeigt sich nicht nur darin, daß z. B. der Landschaftsanwalt Werner Bauch für den Reichsführer SS, Himmler, Arbeiten im Zusammenhang mit dem Konzentrationslager Auschwitz durchführte, wie aus Briefen des »Reichslandschaftsanwalts« Seifert hervorgeht. Es wird auch daran ersichtlich, daß der Sonderbeauftragte Wiepking-Jürgensmann in seiner Eigenschaft als Hochschullehrer in Berlin 1943 als Aufgabe für eine Diplomarbeit formulierte, »die neue Stadt Auschwitz in Oberschlesien landschaftlich zu betreuen«, und dabei auch das Besondere dieser Aufgabenstellung, die Berücksichtigung der ›totalen‹ Planungsfreiheit, betonte:

»Der engen Begrenztheit bisherigen städtebaulichen Planens auf (meist nicht ausreichendem) städteeigenem Gelände ist die Möglichkeit gegenüberzustellen, Stadt- und Landbau als eine Einheit zu sehen und sie bis in die Einzelheiten gestalten zu können, wobei die Eigentumsverhältnisse an Grundstücken keine besondere Rolle spielen.«

An der Beseitigung dieser »engen Begrenztheit« des Planens hat Wiepking-Jürgensmann skrupellos mitgewirkt, indem er in diffamierenden Artikeln über polnische Landschaften auch die »Aussiedlung« dort ansässiger Landbevölkerung als Maßnahme einer in seinem Sinne sachgerechten Landespflege vorschlug (Abb. S. 33). Es ging, so hatte Meyer in der Einleitung zu einer Broschüre über ›Planung und Aufbau im Osten‹ formuliert,

»bei der Ostsiedlung nicht zuerst um die Neubildung deutschen Bauerntums oder um den sozialen Wohnungsbau oder um die Heimstätten- oder Kleinsiedlung, sondern um die *Eindeutschung der neuen Gebiete, um die Ordnung, Gestaltung und Entfaltung von Raum und Landschaft als künftige Heimat deutscher Menschen*. Es sind also neue Dörfer mit allen gemeinschaftwichtigen Anlagen zu errichten, ganze Städte neu zu bauen oder nach einheitlichem Plan umzugestalten, einer zum Teil verwahrlosten Landschaft wieder ein vernünftiges Gesicht zu geben und schließlich Stadt und Land in politischer, kultureller und wirtschaftlicher Verknüpfung und Ausgewogenheit in ein geordnetes Verhältnis zu bringen.«[14]

Die folgenden drei Abbildungen mögen diese Planungsvorstellungen verdeutlichen.

Es wird für die nicht Betroffenen wohl nie nachvollziehbar sein, was es bedeutete, abgeschoben, evakuiert zu werden. Der Anspruch, zumindest diesen Teil des von Nationalsozialisten beherrschten Territoriums in einen großen Garten zu verwandeln, Heimat zu schaffen für Deutsche, sollte mit der Heimatlosigkeit von Millionen dort lebender Menschen eingelöst werden. Gewaltsam wurden sie aus ihren Häusern und Wohnungen vertrieben und in Züge gepfercht, die anfangs auf freiem Feld im Generalgouvernement anhielten und sie dort ihrem Schicksal überließen.

Die Planungstätigkeit beim RKF umfaßte verschiedene Bereiche, so z. B. eine umfassende Bestandsaufnahme, die Entwicklung gesetzesähnlicher Planungsrichtlinien sowie Musterplanungen und erste Ansätze zur Realisierung der Planungen nach dem Ende des Zweiten Weltkriegs. Dazu gehörte auch die Anzucht von Gehölzen, um den immensen Bedarf an Pflanzenmaterial für die Anlage von Schutzpflanzungen und für Aufforstungsmaßnahmen abdecken zu können. Es sollte jedoch in den »eingegliederten Ostgebieten« nicht nur eine der deutschen Seele gemäße ›neue Landschaft‹ entstehen; darin eingebettet waren auch neue Städte geplant.

*Zur Stadtplanung in den »eingegliederten Ostgebieten«*

Für »Die Planung und Gestaltung der Städte in den eingegliederten Ostgebieten« war vom Reichskommissar für die Festigung deutschen Volkstums, Reichsführer SS, Heinrich Himmler, die allgemeine Anordnung 13/II 1942 erlassen worden. Sie galt als wichtigstes Mittel zur »Festigung und Mehrung eines blutlich hochstehenden deutschen Volkstums«.[15] An

stadtplanerischen Aufgabenstellungen in den »eingegliederten Ostgebieten« waren unterschiedliche Institutionen sowie viele Architekten und Stadtplaner beteiligt. Dazu gehörten auch die »noch im Winter 1939/40 aufgebauten örtlichen Bauverwaltungen und ›umgesiedelten‹ Architekturbüros – 70 allein im Warthegau« sowie das Reichskommissariat für den sozialen Wohnungsbau und das Reichsheimstättenamt der Deutschen Arbeits-Front (DAF).[16] Mit Hinweisen auf die schlechte Bausubstanz in polnischen Städten und fotografischen ›Belegen‹ für die »minderwertige« Baukultur suchten die verschiedenen Institutionen und Personen ihre umfangreichen planerischen Eingriffe zu legitimieren. In Zeitschriften wie *Neues Bauerntum* wurden vielfach Beiträge veröffentlicht, die entsprechendes ›Beweismaterial‹ liefern und damit den notwendigen totalen Stadtumbau rechtfertigen sollten. Im Organ des Reichskommissars für den sozialen Wohnungsbau, der Zeitschrift *Der soziale Wohnungsbau in Deutschland*, wurde wiederholt mit solchen Belegen aus einzelnen Regionen unter Beweis zu stellen gesucht, daß man ein »kulturell, wirtschaftlich und baulich völlig heruntergekommenes Land« vorgefunden habe.[17]

Aufgrund so vermittelter Eindrücke wurden in den »eingegliederten Ostgebieten« drei planerische Landschaftszonen unterschieden, die sich nach dem Grad der als erforderlich angesehenen Um- bzw. Neubaumaßnahmen unterschieden: eine Ergänzungszone, eine Umbauzone und eine Neubauzone. Diese planerischen Landschaftstypen sollten sich danach ordnen, »inwieweit deutsche Art eine Landschaft kulturell und materiell geprägt, und inwieweit sich diese Prägung bis heute wirksam erhalten hat«.[18] Unter der Neubauzone, der »Zone verfallener oder von jeher niederer Kultur«, wurden die ehemals russischen Gebiete Polens verstanden. Dort war der Neuaufbau vieler Dörfer und Städte vorgesehen:

»Auch zahlreiche Städte, wie z. B. Zichenau, fallen in diese Zone. Sie sind gestaltlose Großdörfer, mit in der Regel minderwertiger Bebauung. Durch die Verbesserung der Bebauung allein erhält die Stadt noch keineswegs deutsche Form, sondern höchstens äußerlich einen deutschen Anstrich. Es ist auch fraglich, ob das Ausflicken der polnischen Hinterlassenschaften den materiellen Aufwand überhaupt lohnt. Deshalb ist es nötig, die deutschen Verwaltungs- und Gewerbemittelpunkte in dieser Zone völlig neu aufzubauen und Zug um Zug die alten Stücke zu beseitigen als allzu eindringliche Zeugen polnischer Wirtschaft.«[19]

Ein Charakteristikum der Planungen in den »eingegliederten Ostgebieten« war, daß weder die vorhandene Kultur noch die soziale Struktur berücksichtigt wurden. Der Leiter der Hauptabteilung Städtebau und Wohnungsplanung im Reichsheimstättenamt der DAF, Neupert, hielt eine »totale Planung und Gestaltung der Aufsiedlung des deutschen Ostens« für notwendig, um »das Ziel einer totalen völkischen Erschließung dieses Raumes«[20] zu erreichen, und wußte sich darin mit vielen führend an der Ostplanung beteiligten Architekten und Landschaftsgestaltern einig.

Die aus einem derart totalen Planungsanspruch hervorgegangenen städtebaulichen Richtlinien waren am 30. Januar 1942 als »Allgemeine Anordnung Nr. 13/II des Reichsführers SS, Reichskommissars für die Festigung deutschen Volkstums, Planung und Gestaltung der Städte in den eingegliederten Ostgebieten« erlassen worden. Die Richtlinien enthielten durchaus eine ganze Reihe sachdienlicher Hinweise für die Planung und Durchführung städtebaulicher Maßnahmen, die unter demokratischen Planungsbedingungen in der Weimarer Republik entwickelt und in einzelnen Städten, z. B. Frankfurt am Main, auch in bemerkenswerter Form realisiert worden waren.

Allerdings sind die Überlegungen dieser ›Allgemeinen Anordnung‹ für die »eingegliederten Ostgebiete« nicht von den dort herrschenden, auf dem nationalsozialistischen Terror beruhenden Planungsbedingungen zu

trennen. Bezeichnend für manche – von der Realität des Lebens nicht nur in polnischen und russischen, sondern auch in deutschen Dörfern und Städten – abgehobene Planervorstellung vom »Gesamtraumkunstwerk« mag die in den Richtlinien vorgesehene Gründung neuer Städte sein. Die Bedeutung, die der Neugründung von Städten letztlich zugemessen wurde, ist schwer einzuschätzen. Während Stadtneugründungen in den Richtlinien ausdrücklich als singuläre Maßnahmen bezeichnet wurden, stellten sie im Zentrale-Orte-Konzept, das auf Überlegungen von Christaller basierte, eine häufiger zu erwartende Aktivität dar. Der Raumplaner Christaller sah in einer Karte der »Zentralen Orte in den Ostgebieten« für die »eingegliederten Ostgebiete« die Gründung von ungefähr 500 Hauptdörfern für 600 Einwohner, 20-30 gehobenen Hauptdörfern für 1200 Einwohner, 10 Amtsstädtchen für 3000 Einwohner und einer Kreisstadt für 30 000 Einwohner vor.[21]

Unabhängig von den Zielvorstellungen des Planungsamtes beim RKF wurden durch verschiedene Planungsbehörden eigene Vorstellungen von »neuen Städten« entwickelt und entsprechende Stadtmodelle erarbeitet. Denn trotz des Einflusses, den die Planungsabteilung des RKF nicht zuletzt durch die Funktion Himmlers als Reichsführer SS hatte, bestanden erhebliche Kompetenzstreitigkeiten zwischen den verschiedenen mit räumlicher Planung befaßten Instanzen.

So konkurrierten z. B. die lokalen Regierungsstellen und die eben genannten Planungsbehörden mit Entwürfen für die geplante »neue Stadt Sosnowitz«. Der Gedanke, eine neue Stadt Sosnowitz zu bauen, um das dicht besiedelte oberschlesische Kohlenrevier aufzulockern und um für die anzusiedelnde deutsche Bevölkerung annehmbare Wohn- und Lebensverhältnisse zu schaffen, scheint von der Raumordnung bzw. Landesplanung ausgegangen zu sein, die eine Großstadt Neu-Sosnowitz mit ungefähr 120 000 Einwohnern plante.[22] Die Stadt Sosnowitz versprach sich offenbar nichts davon und zog eine eigene Planung auf. Das mißbilligte jedoch die Reichsstelle für Raumordnung (RfRO), ohne allerdings viel daran ändern zu können, wie aus einem Vermerk hervorgeht:

> »Als der Oberbürgermeister von Sosnowitz von dieser Idee erfuhr, hat er mit der ihm eigenen Energie den Plan aufgegriffen und mit einem besonderen Planungsstab von etwa 15 Köpfen die Projektierung auf eigene Faust begonnen. Er rechnet mit 200 000 Einwohnern, da nach seiner Ansicht das städtische Groß-Elektrizitätswerk nur dann wirtschaftlich sei. Auch hat er bereits mit Ausbauplanungen begonnen, indem er für das Kraftwerk und für das Wasserwerk Projektierungsarbeiten in Auftrag gegeben hat. Muß schon die Landesplanung wegen der willkürlichen Festsetzung der Groß-Stadt-Größe die eigenmächtige Planung des Oberbürgermeisters verurteilen, so muß sie noch entschiedener den vorliegenden Entwurf ablehnen. Es ist dies nicht anders als eine Haufenstadt, die sich auch noch in unglücklicher Weise über das landschaftlich sehr empfindliche Hügelland legt. Den Meinungsstreit zwischen Landesplaner und Oberbürgermeister hat der Gauleiter dadurch abgeschlossen, daß er dem Oberbürgermeister weitere 100 000,– RM für seine Projektierung zur Verfügung gestellt hat.«[23]

Die Konkurrenz zwischen Stadt- und Landesplanung in der Gestalt der RfRO rief schließlich auch die Planungsabteilung des RKF auf den Plan. So erklärte ein Mitarbeiter dieser Abteilung anläßlich einer Besprechung mit dem RfRO, »daß man beim Reichskommissar die Planung nicht für kriegswichtig ansehe. Es wäre aber angesichts der Initiative des Oberbürgermeisters und des Gauleiters notwendig, einzugreifen«.[24] Der Eingriff schien umso notwendiger, als Himmler für das oberschlesische Industriegebiet den Neubau einer Gauhauptstadt plante, »da Kattowitz schon aus bergbaulichen Gründen nicht in dem notwendigen Umfang ausgebaut werden« könne.[25]

Die unabhängig von den entgegenstehenden Vorstellungen der Planungsabteilung des RKF erfolgende Planung von neuen Städten scheint so ungewöhnlich nicht gewesen zu sein. So hatte z. B. der Gauleiter von Danzig-Westpreußen, Forster, eine Wohnungsbaugesellschaft der Deutschen Arbeitsfront (DAF) mit der vollkommenen Neubildung der Stadt Lipno-Kikol beauftragt. Die repräsentative Begründung für diese und andere Stadtneugründungen und die damit verbundene Zerstörung vorhandener Städte stützt sich auf den angeblich schlechten baulichen Zustand der Stadt. Es heißt, die Stadt Lipno mit ungefähr 15 000 Einwohnern befinde sich »in einem derartig schlechten baulichen Zustand und besitzt weder Wasserleitungs- noch Entwässerungsanlagen, so daß ihr selbst bei größten Investitionen kein deutsches Gesicht gegeben werden kann. Der Gauleiter hat deshalb die vollkommene Neubildung der Stadt Lipno-Kikol, etwa 7 km entfernt angeordnet.«[26]

Für den in den »eingegliederten Ostgebieten« neu gebildeten Regierungsbezirk Zichenau (Ciechanów) plante die preußische Staatshochbauverwaltung den Neuaufbau der Regierungshauptstadt Zichenau mit ungefähr 50 000 Einwohnern. Auch für weitere Kreisstädte wie Mielau (Mlawa) und Ostenberg (Pultusk) entwickelte diese Verwaltung Konzeptionen, die einer vollkommenen Neuanlage gleichkamen.[27] Aufgrund von Anweisungen des Gauleiters von Ostpreußen, Koch, und des Generalbauinspektors, Speer, hatte sich die Staatshochbauverwaltung dafür zuständig gefühlt.[28]

Es gab jedoch noch weitere Gruppen von Architekten, die sich mit der Planung neuer Städte in den »eingegliederten Ostgebieten« befaßten. Unter der Leitung von Speer entwickelte z. B. das Architekturbüro der DAF Modellkonzeptionen für eine Stadt X von 20 000 Einwohnern.[29]

Vergleichbare schematische Planungen anonymer Städte wurden von anderen Mitgliedern dieses Architekturbüros entwickelt, z. B. ein »einheitlich aufgestellter Plan einer Mittelstadt nach heutigen Gesichtspunkten«.[30] Auch in den Gauheimstättenämtern wurde Entsprechendes geplant. So wird z. B. über die Aufgaben der Planungsabteilung des Gauheimstättenamtes Wartheland 1940 berichtet, daß »schon eine ganze Reihe Bebauungspläne von Stadterweiterungen, Stadtverlagerungen und Neuplanungen für den Warthegau in Vorbereitung« seien.[31]

Planungen für »die neue Landstadt Dobrin und ihre landschaftliche Gestaltung«, so der Titel eines 1943 in der Zeitschrift *Neues Bauerntum* veröffentlichten Artikels, maßen der Landschaft und damit dem Landschaftsgestalter eine herausragende Bedeutung zu. Für Löhmer, der Generalreferent für Landschaftspflege[32] im Reichsgau Danzig-Westpreußen war, geriet das, was er als Landschaft wahrnahm, zum Maß aller Dinge: »Die Gesamtlandschaft des Weichseltales mit ihren Weitblicken stromauf, stromab und tief ins Wartheland hinein, ist so gewaltig und urtümlich, daß alle Maßnahmen zum Schutz und zur Ausgestaltung der Stadt und ihrer Umgebung darauf abgestimmt werden müssen.«[33] Mit so abgeleiteten Ansprüchen, die die Planungsrichtlinien des RKF durchaus unterstützten, konnte sich der Landschaftsgestalter dem Stadtplaner übergeordnet wähnen. War schon in der Allgemeinen Anordnung Nr. 7/II zum ländlichen Aufbau betont worden, daß auf die Landschaftsgestaltung größter Wert zu legen sei, so sprach die Allgemeine Anordnung Nr. 13/II dem Landschaftsgestalter die Kompetenz zu, an der Stadtplanung wesentlich teilzunehmen, weil die Landschaft der wichtigste die Planung und Gestaltung der Stadt beeinflussende Faktor sei. Es heißt dort:

»Die Landschaft ist derjenige Gestaltungsfaktor, der am stärksten die Abwandlung allgemeiner Planungsgrundsätze im Einzelfall und damit die praktische Gestaltung bestimmt. Die Einordnung der Stadt in die Landschaft ist daher für die Gestaltung entscheidend ... Je mehr die charakteristischen Merkmale der Lage in ihrer jeweiligen Besonderheit in der Stadtgestaltung zur Geltung gebracht werden, umso stärker trägt die Landschaft zur Ausprägung großer, einmaliger Gesamtbilder bei.«[34]

So lieb es den Landschaftsgestaltern gewesen wäre, wenn die Landschaft das Gesetz geworden wäre, so wurde doch solch einem Absolutheitsanspruch schon innerhalb des Planungsamtes von Himmler entgegengetreten. Dazu merkte der Stadtplaner Umlauf kritisch an: »Es führt zu einer besonderen Art von Formalismus, wenn versucht wird, die städtebauliche Gestaltung in erster Linie aus der Landschaft abzuleiten. Städte werden nicht um der Landschaft willen gebaut, sondern um des Volkes willen.«[35] Diese kritische Position war offenbar nicht stark genug, um sich den umfassenden Ansprüchen des Landespflegers zu widersetzen.

Die Allgemeine Anordnung Nr. 20/VI/42 des Reichskommissars für die Festigung deutschen Volkstums über die Gestaltung der Landschaft in den »eingegliederten Ostgebieten«, die sogenannten »Landschaftsregeln«, die im Dezember 1942 erlassen wurden, stellt den diesbezüglichen Höhepunkt der nationalsozialistischen Landschaftsplanung dar.

## *Die »Landschaftsregeln«*

Da die Landschaftsgestaltung als in der Entwicklung begriffene Planungsdisziplin meinte, auf keine Erfahrungen und keine gesetzliche Handhabe zur Durchführung zurückgreifen zu können, erschien die Erarbeitung der »Landschaftsregeln« für eine im Sinne des RKF planvolle Landschaftsgestaltung unumgänglich. Den »Landschaftsregeln« wurde von führenden Mitarbeitern des Planungsamts beim RKF bahnbrechende Bedeutung beigemessen. Sie waren als erster Schritt zu einem »Reichslandschaftsgesetz« anzusehen. Im Entwurf eines Briefes an Himmler vom 8. 1. 1942 heißt es: »In den neuen Siedlungsgebieten besteht die große einmalige Gelegenheit, ein vorbildliches und richtungsweisendes Gesetz über die Landschaft zu schaffen; denn es fehlt – auch im Altreich – an einer Rechtsgrundlage für positive Maßnahmen der Gestaltung und Pflege.«[36] Himmler selber waren diese »Landschaftsregeln« so wichtig, daß er eine »Sonderausführung der gedruckten Landschaftsrichtlinien für einen kleineren Kreis« veranlaßte.[37] Diese Sonderausführung »in entsprechend guter Ausfertigung« sollte aller Wahrscheinlichkeit nach Hitler präsentiert werden. Wie beständig die Vorstellung von der Landschaft als Gesetz ist, mag ein ›Die Technik‹ überschriebener Vortrag zeigen, der, bereits 1960 gehalten, 1985 auszugsweise als immer noch aussagekräftig angesehen wurde und forderte: ›Die Landschaft muß das Gesetz werden‹.[38]

Als eine Voraussetzung für die »Festigung deutschen Volkstums« wird in den »Landschaftsregeln«, neben der Ansiedlung deutscher Bevölkerung und der Gestaltung der Landschaft, ausdrücklich die »Ausschaltung« sogenannten fremden Volkstums mit den folgenden Worten gefordert: »Es genügt also nicht, unser Volkstum in diesen Gebieten anzusiedeln und fremdes Volkstum auszuschalten. Die Räume müssen vielmehr ein unserer Wesensart entsprechendes Gepräge erhalten, damit der germanisch-deutsche Mensch sich heimisch fühlt, dort seßhaft wird und bereit ist, diese seine neue Heimat zu lieben und zu verteidigen.«[39] Als Begründung für die Notwendigkeit der »Ausschaltung« sog. fremden Volkstums dient ein rassistisches Landschaftsverständnis. So wird einleitend behauptet: »Die Landschaft in den eingegliederten Ostgebieten ist auf weiten Flächen durch das kulturelle Unvermögen fremden Volkstums vernachlässigt, verödet und durch Raubbau verwüstet.« Dieser Behauptung wird der (angeblich) kulturell hochstehende »germanisch-deutsche« Mensch, dessen Heimat von seinem harmonischen Naturverhältnis Zeugnis ablege, gegenübergestellt:

»Dem germanisch-deutschen Menschen aber ist der Umgang mit der Natur ein tiefes Lebensbedürfnis. In seiner alten Heimat und in den Gebieten, die er durch seine Volkskraft besiedelt und im Verlauf von Generationen geformt hat, ist das harmonische Bild von Hofstatt und Garten, Siedlung, Feldflur und Landschaft ein Kennzeichen seines Wesens ... Sollen daher die neuen Lebensräume den Siedlern Heimat werden, so ist die planvolle und naturnahe Gestaltung der Landschaft eine entscheidende Voraussetzung.«[40]

Dieser abstrusen Ideologie zufolge konnte nicht nur die kriegerische Eroberung der polnischen Gebiete, sondern auch die Vertreibung der dort lebenden Bevölkerung als im Sinne eines ›völkischen Umweltschutzes‹ notwendig gerechtfertigt werden. Eine Gesundung der Landschaft, die »Wiederherstellung des biologischen Gleichgewichts der Natur«, wie es der Wiepking-Schüler Junge 1942 formulierte[41], oder die »Harmonie alles Lebendigen in der heimatlichen Landschaft«, wie es ein Mitarbeiter des Planungsamtes im RKF ausdrückte[42], konnte nur durch die »Ausschaltung« fremden Volkstums, die die »Landschaftsregeln« forderten, gesichert werden. Bei der Entwicklung dieses rassistischen Feindbildes nahm Wiepking-Jürgensmann eine führende Position ein. In maßloser Selbstüberschätzung und wie aus einem Kaffeesatz meinte Wiepking aus dem, was er als Landschaft wahrnahm, herauslesen zu können, was ganze Völker dachten, fühlten, schafften und handelten. So schrieb er z. B. in seiner 1942 veröffentlichten *Landschaftsfibel*:

»Immer ist die Landschaft eine Gestalt, ein Ausdruck und eine Kennzeichnung des in ihr lebenden Volkes. Sie kann das edle Antlitz seines Geistes und seiner Seele ebenso wie auch die Fratze des Ungeistes, menschlicher und seelischer Verkommenheit, sein. In allen Fällen ist sie das untrügliche Erkennungszeichen dessen, was ein Volk denkt und fühlt, schafft und handelt. Sie zeigt uns in unerbittlicher Strenge, ob ein Volk aufbauend und Teil der göttlichen Schöpfungskraft ist, oder ob das Volk den zerstörenden Kräften zugerechnet werden muß. So unterscheiden sich auch die Landschaften der Deutschen in allen ihren Wesensarten von denen der Polen und Russen, – wie die Völker selbst. Die Morde und Grausamkeiten der ostischen Völker sind messerscharf eingefurcht in die Fratzen ihrer Herkommenslandschaften.«[43]

Wiepking-Jürgensmanns Verständnis von Landschaft und sein durch rassistische Einstellungen und soziale Desorientierung geprägtes Menschenbild sollte Fragen danach, warum beispielsweise Erosion und ähnliche Erscheinungen in bestimmten Gegenden auftreten und welche historischen gesellschaftlichen Bedingungen möglicherweise dazu geführt haben, nicht mehr zulassen. Eine aus Wiepking-Jürgensmanns Sicht unfruchtbare Landschaft war eben ein Zeichen für die Minderwertigkeit der Bewohner und deren kulturelles Unvermögen. Die menschentötende »Ausschaltung« fremden Volkstums, in den »Landschaftsregeln« gefordert und tatsächlich auch vollstreckt, wurde so zur wichtigsten Grundlage der Landschaftsgestaltung.

Mit dieser Planungsideologie von Wiepking, Meyer und anderen war es durchaus vereinbar, wenn gleichzeitig einer »naturnahen Gestaltung der Landschaft«[44] das Wort geredet wurde. Bezüglich der dazu erforderlichen Pflanzenauswahl heißt es in den »Landschaftsregeln«:

»Nur heimische und standortgerechte Pflanzen aus Sämlingen bester Rasse, die größte Holz- und Fruchtleistungen sichern, sollen verwendet werden. Ausgefallene Varietäten mit rotem, gelbem, blauem oder buntem Laub sind ebenso zu vermeiden wie erbkranke Pflanzen, die sich nur ungeschlechtlich vermehren lassen und Hänge-, Dreh-, Kümmer- oder Steilwuchs zeigen.«[45]

Konkrete Gestaltungsmaßnahmen wurden in den »eingegliederten Ostgebieten« wegen der sich ab 1942/43 ändernden Kriegslage nicht durchgeführt. Die ideologischen Grundlagen allerdings, die in dieser Zeit entwickelt wurden, scheinen in Teilen durchaus nach 1945 innerhalb der Landespflege weitergewirkt zu haben. Darauf weisen nicht zuletzt die personellen Kontinuitäten zwischen nazistischer und bundesrepublikanischer Landespflege hin, die sich an Hochschullehrern wie Wiepking und Meyer aufzeigen lassen. Ob und wie sich deren Einfluß noch in späteren Planungsvorstellungen widerspiegelt, bedürfte allerdings einer differenzierten Untersuchung der Entwicklung landespflegerischer Aufgabenbereiche seit Beginn der Bundesrepublik.

## *Anmerkungen*

1 Das kann hier nur andeutungsweise geschehen. Wir verweisen deshalb auf die ausführliche Darstellung in: G. Gröning und J. Wolschke-Bulmahn: Der Drang nach Osten. Zur Entwicklung der Landespflege im Nationalsozialismus und in den »eingegliederten Ostgebieten« während des Zweiten Weltkriegs, Die Liebe zur Landschaft, Teil III, U. Herlyn und G. Gröning (Hg.), Arbeiten zur Sozialwissenschaftlich orientierten Freiraumplanung Bd. 9, Minerva-Verlag, München 1987.

2 Das Interesse einiger Mitglieder dieser Gruppe, so z. B. Max Karl Schwarz und Alwin Seifert, an einer nationalsozialistischen Landschaft scheint durch deren Nähe zur Anthroposophie und zur Lehre vom biodynamischen Gartenbau befördert worden zu sein. Zwar hatten Anthroposophie und biodynamischer Gartenbau im Nationalsozialismus nicht nur Befürworter, doch hatten biodynamische Anbaumethoden nachweislich bis in höchste NS-Kreise Anhänger. Bei der Vermittlung zugunsten biodynamischer Wirtschaftsweise spielte Seifert eine besondere Rolle, die er selber so beschrieb: »Im Herbst 1933 brachte mich eine englische Bauherrin, die 1939 in die Schweiz ging, mit der Frau von Rudolf Heß in Beziehung um mir die Möglichkeit zu geben ihn als Schutzherrn für die biologisch-dynamische Wirtschaftsweise zu gewinnen, die damals

schon in Thüringen von Partei wegen verboten war. Dieser Plan führte auch zum Erfolg. Noch im Februar 1934 gelang es mir, jene denkwürdige Unterredung zwischen Heß, Darré, Dreidax und Dr. Bartsch zusammen zu bringen, in der Darré das Thüringer Verbot zurücknehmen mußte und gegenseitige Duldung vereinbart wurde. Ich war von da ab der Vertrauensmann von Rudolf Heß für die biologisch-dynamische Wirtschaftsweise, da ich nicht Mitglied der anthroposophischen Gesellschaft und damit äußerlich neutral war.« (Brief Alwin Seiferts an von Harling, 19. Dezember 1950, Seifert-Nachlaß)

3 Vgl. Broszat 1961, 32.

4 Vgl. Broszat 1961, 24ff.

5 Bundesarchiv Koblenz, im folgenden BAK abgekürzt, R 49/2.

6 BDC, Akte Meyer, Schreiben Stuckart, 21. 8. 1934.

7 Meyer o. J., 108.

8 Wiepking-Jürgensmann 1939, 193.

9 Mäding 1943, 24.

10 Mäding 1943, 24.

11 Meyer o. J., 12.

12 Vgl. Staatsarchiv Hamburg, A 148.

13 BAK, R 113/10.

14 Meyer 1941: Zur Einführung.

15 Allgemeine Anordnung 13/II 1942, 68.

16 Vgl. Teut 1976, 343.

17 Reiser 1941, 502.

18 Liedecke 1940, 135.

19 Liedecke 1940, 135f.

20 Neupert 1940, 130.

21 Vgl. Christaller 1941, Anhang.

22 Vgl. BAK R 113/1523, Vermerk der RfRO vom 20. 1. 1941.

23 BAK, R 113/1523, Vermerk der RfRO vom Dez. 1942.

24 BAK, R 113/1523, Vermerk der RfRO vom Dez. 1942.

25 BAK, R 113/594, Niederschrift über Vortrag beim RfSS betr. Neubau einer Gauhauptstadt, 14. 3. 1941.

26 Lochmann 1940, 926.

27 Vgl. Reck 1940, 226ff.

28 Vgl. Reck 1940, 226.

29 Vgl. Stephan 1942, 76f.

30 Vgl. Kratz u. a. 1940, 120.

31 Schmitter 1940, 321.

32 Die Generalreferenten für Landschaftspflege waren von den Reichsstatthaltern eingesetzt worden und hatten die Aufgabe, auf der Grundlage der Allgemeinen Anordnungen des RKF »die übergeordnete Planung der Landschaftsgestaltung zu entwickeln, die Fachplanungen der Sonderverwaltungen und die örtlichen Bereichsplanungen auf den Gesamtplan abzustimmen und die Durchführung zu lenken« (BAK, R 49 III/43, 1. Arbeitsbesprechung ..., 13. 5. 1943).

33 Liedecke/Löhmer 1943, 207.

34 Allgemeine Anordnung 13/II 1942, 70.

35 Umlauf 1941, 117.

36 BAK, R 49/511.

37 Vgl. BAK, R 49/509.

38 Vgl. Pfender 1960.

39 Allgemeine Anordnung 20/VI/42, 1942, 51.
40 Allgemeine Anordnung 20/VI/42, 1942, 51.
41 Junge 1942, 248.
42 Mäding 1943, 22.
43 Wiepking-Jürgensmann 1942, 13.
44 Allgemeine Anordnung 20/VI/42, 1942, 51.
45 Allgemeine Anordnung 20/VI/42, 1942, 56.

## *Literatur*


Allgemeine Anordnung Nr. 7/II des Reichsführers SS, Reichskommissar für die Festigung deutschen Volkstums vom 26. November 1940. Betr.: Grundsätze und Richtlinien für den ländlichen Aufbau in den neuen Ostgebieten, zit. nach: Neues Bauerntum, *33*, 1941, 1, 36-38

Allgemeine Anordnung Nr. 13/II des Reichsführers SS, Reichskommissars für die Festigung deutschen Volkstums vom 30. Januar 1942, Planung und Gestaltung der Städte in den eingegliederten Ostgebieten, zit. nach Raumforschung und Raumordnung, *6*, 1942, 2/3, 68-73

Allgemeine Anordnung Nr. 20/VI/42 des Reichsführers SS, Reichskommissars für die Festigung deutschen Volkstums, über die Gestaltung der Landschaft in den eingegliederten Ostgebieten vom 21. Dezember 1942, zit. nach Mäding, Erhard 1943: Regeln für die Gestaltung der Landschaft, Berlin, 49-62

Broszat, Martin 1961: Nationalsozialistische Polenpolitik 1939-1945, Schriftenreihe der Vierteljahreshefte für Zeitgeschichte, 2, Stuttgart

Christaller, Walter 1941: Die zentralen Orte in den Ostgebieten und ihre Kultur und Marktbereiche, Gemeinschaftswerk der Reichsarbeitsgemeinschaft für Raumforschung, Struktur und Gestalt der Zentralen Orte des deutschen Ostens, Teil 1, Leipzig

Junge, Werner 1940: Das Grün im Dorf und in der Landschaft, Neues Bauerntum, *32*, 7, 247-249

Kratz, Walter, Julius Schulte-Frolinde und Werner Lindner 1940: Die landschaftlichen Grundlagen des deutschen Bauschaffens, Band III, Der Osten, München

Liedecke, Ewald und Helmut Löhmer 1943: Die neue Landstadt Dobrin und ihre landschaftliche Gestaltung, Der Landbaumeister, 10/12, 201-207, Beilage der Zeitschrift Neues Bauerntum, *35*

Liedecke, Ewald 1940: Der neue deutsche Osten als Planungsraum, Neues Bauerntum, *32*, 4/5, 135-137

Lochmann, Hans 1940: Die Aufgaben der »Neue Heimat« im Reichsgau Danzig-Westpreußen, Bauen/Siedeln/Wohnen, *20*, 24, 922-926

Mäding, Erhard 1943: Regeln für die Gestaltung der Landschaft. Einführung in die Allgemeine Anordnung Nr. 20/VI/42 des Reichsführers SS, Reichskommissars für die Festigung deutschen Volkstums, über die Gestaltung der Landschaft in den eingegliederten Ostgebieten, Berlin

Mäding, Erhard 1943: Die Gestaltung der Landschaft als Hoheitsrecht und Hoheitspflicht, Neues Bauerntum, *35*, 1, 22-24

Meyer, Konrad 1941: Zur Einführung, Reichskommissar für die Festigung deutschen Volkstums, Stabshauptamt, Hauptabteilung Planung und Boden (Hg.) 1941: Planung und Aufbau im Osten, Erläuterungen und Skizzen zum ländlichen Aufbau in den neuen Ostgebieten, Berlin

Meyer, Konrad o. J.: Reichsplanung und Raumordnung im Lichte der volkspolitischen Aufgabe des Ostaufbaus, o. O.
Meyer, Konrad o. J.: Über Höhen und Tiefen. Ein Lebensbericht, o. O.
Neupert, Karl 1940: Die politischen und organisatorischen Grundlagen der totalen Planung und Gestaltung, Bauen/Siedeln/Wohnen, *20*, 5, 130-135
Pfender, Max 1960: Die Technik, zit. nach Andresen et al. (Hg.) 1985: Bauen in der Landschaft, Landzerstörung – Landeskultur, Ausstellungskatalog, 144-145, Lamspringe
Reck, Artur 1941: Städtebau im deutschen Osten. Arbeiten der preußischen Staatshochbauverwaltung, Die Baukunst, 220-230
Reiser, Dietrich 1941: Wohnungsbau als volkspolitische Waffe erläutert am Beispiel des Regierungsbezirks Zichenau, Der soziale Wohnungsbau in Deutschland, *1*, 14, 502-506
Schmitter, Ernst 1940: Aufgaben der Planungsabteilung des Gauheimstättenamtes Wartheland, Bauen/Siedeln/Wohnen, *20*, 9, 320-321
Stephan, H. 1942: Gründung einer neuen Stadt, Der soziale Wohnungsbau, *2*, 3, 76-81
Teut, Anna 1967: Architektur im Dritten Reich 1933-1945, Frankfurt/M.
Umlauf, Josef 1941: Zur Stadtplanung in den neuen deutschen Ostgebieten, Raumforschung und Raumordnung, *5*, 3/4, 100-123
Wiepking-Jürgensmann, Heinrich Friedrich 1939: Der deutsche Osten. Eine vordringliche Aufgabe für unsere Studierenden, Die Gartenkunst, *52*, 10, 193
Wiepking-Jürgensmann, Heinrich Friedrich 1940: Aufgaben und Ziele deutscher Landschaftspolitik, Die Gartenkunst, *53*, 10, 89
Wiepking-Jürgensmann, Heinrich Friedrich 1941: Raumordnung und Landschaftsgestaltung. Um die Erhaltung der schöpferischen Kräfte des deutschen Volkes, Raumforschung und Raumordnung, *5*, 1, 17-23
Wiepking-Jürgensmann, Heinrich Friedrich 1942: Die Landschaftsfibel, Berlin

## *Abbildungen*

S. 33 In landschaftsplanerischen Artikeln wurde die Vertreibung der polnischen Bevölkerung gerechtfertigt (Wiepking-Jürgensmann 1940, 89)
S. 35 Modell und Textpräsentation zum ländlichen Aufbau im Osten (Bundesarchiv Koblenz)
S. 37 Plan zur Landschaftsgestaltung in den »eingegliederten Ostgebieten«
S. 39 Vorstellungen des Architekten Walter Wickop zur Dorfgestaltung in den »eingegliederten Ostgebieten« (1940)

# Simone Hain
# Die andere »Charta«

## Städtebau auf dem Prüfstand der Politik

Im ersten Jahr der DDR, im Frühjahr 1950, reist eine Delegation des Ministeriums für Aufbau zu Studien der Erfahrungen und Grundsätze des Wiederaufbaus und der Stadtplanung für sechs Wochen in die Sowjetunion. In der Folge wird das »Aufbaugesetz« mit seinem Kernstück, den »16 Grundsätzen des Städtebaus«[1], vom Ministerrat verabschiedet. Dieses Dokument gibt Urbanität als unverzichtbaren kulturellen Wert und strukturell am historischen Stadtgrundriß orientierte Rekonstruktion als verbindliches städtebauliches Leitbild vor. Nach dem Vorbild der Sowjetunion wird damit die kompakte, ausdrucksmächtig und monumental komponierte, zentral strukturierte und vertikal akzentuierte Stadt als wirtschaftlichste und kulturreichste Siedlungsform zum bevorzugten Stadttypus der ersten Wiederaufbaujahre, des »sozialistischen Realismus« im Städtebau der DDR. Der Grundsatz »Berücksichtigung der historisch gewachsenen Stadt bei Beseitigung ihrer Mängel« alias »kritische Rekonstruktion« läßt vorangegangene, modern und letztlich antiurban konzipierte, radikal stadterneuernde Wiederaufbaupläne wie den weiterentwickelten Berliner »Kollektivplan« oder die bereits bestätigte Planung von Mart Stam für das zerstörte Dresdener Stadtzentrum nahezu im Handumdrehen Makulatur werden.

Hier soll versucht werden, ein wichtiges Kapitel europäischer Städtebaugeschichte in ersten Umrissen als einen mehrfachen Ost-West-Transfer von Planungsideen und städtebaulichem Know-how zu rekonstruieren. Damit ist der Vorschlag verknüpft, den »sozialistischen Realismus« im Städtebau nicht länger als isoliertes, osteuropäisches Sonderereignis oder dezidiertes ideologisches Gegenmodell zur Moderne zu betrachten, sondern sich verstärkt den ursprünglichen historischen Argumentationszusammenhängen und langfristigen resortinternen Konfliktverarbeitungsprozessen zuzuwenden. Möglicherweise eröffnet sich durch die relative Entkoppelung der Vorgänge aus ihrer bisherigen historiographisch strengen Bindung an die politische Ereignisgeschichte eine neue Sicht, die es gestattet, systemübergreifende Erkenntnisprozesse und die ihnen folgenden Paradigmenwechsel in ihrem gesamteuropäischen Kontext und Jahrhundertzusammenhang zu interpretieren. Wo bislang nur schroffe Brüche der Überlieferung wahrgenommen wurden, zeichnen sich nunmehr vielfach Vermittlungsachsen ab, die den Blick dafür schärfen, geographisch und politisch weit voneinander entfernt geführte Debatten als spezifische historische Sequenzen einer bis in die Gegenwart reichenden internationalen Theoriediskussion zum Problem der modernen Stadt zu erkennen.

1.

Zur Erinnerung: Eine »Charta von Moskau« kam nie zustande. Dabei hätte der vierte Kongreß der CIAM zum Problem der funktionellen Stadt und der Lebensreform, die bis dahin bedeutendste Veranstaltung in der Geschichte des modernen europäischen Städtebaus, eigentlich vom 1. bis 10. Juni 1933 in Moskau stattfinden sollen.[2] Die Sowjetunion war bekanntlich damals zum bedeutendsten Experimentierfeld und praktischen Betätigungsgebiet der Moderne avanciert. In nach amerikanischem Muster organisierten »staatlichen Trusts« für die gesamte Projektierungsarbeit waren zwischen 1926 und 1939 Pläne für 213 neue Städte und 1327 Werkssiedlungen mit stadtähnlichem Charakter in Arbeit. Besonders bei der Auseinandersetzung um die Gründung der Bergarbeiterstadt Magnitogorsk trafen alle denkbaren zeitgenössischen Stadtkonzeptionen aufeinander, die der Desurbanisten ebenso wie die der ins Land gerufenen deutschen Siedlungsbau-Praktiker. Am konkreten Planungsfall wurde hier heiß um Miljutins Socgorod, Band-, Garten- sowie Kommunestadtkonzepte gestritten. Letztlich wurde in diesem Prozeß in der Planungsstufe von 1932 für Magnitogorsk gegen die (vor allem von Mart Stam und Walter Schwagenscheidt zunächst vertretene) extreme Zeilenbauvorstellung von Mitarbeitern der Gruppe May der Urtyp des »sozialistischen Wohnkomplexes« erfunden. Durch Hans Schmidt 1934 für Orsk kultiviert, sollte er nach 1954 schließlich als »schtamp«, als »Stempel«, auf den Plänen für industriell produzierte Großwohnsiedlungen zwischen Wladiwostok und Hoyerswerda Schule machen.

Die große Herausforderung aber bot 1932 vor allem der Wettbewerb für die Umgestaltung von Moskau, zu dem die namhaftesten westeuropäischen Planer persönlich eingeladen worden waren. Gegen die radialkonzentrische, übereinstimmend als kapitalistisch-disfunktional bewertete, überkommene Struktur Moskaus wurden alle denkbaren radikal stadterneuernden Rekonstruktionsmodelle entwickelt. Neben den Stern-, Raketen- und Bandstadtkonzepten versuchte vor allem das Wettbewerbsprojekt von Ernst May am konsequentesten, das alte Moskau aus den Angeln zu heben. Während schon Le Corbusier 1931 für Moskau den Umbau der Stadt auf ein streng gezontes Rechteckschema mit einem neu situierten Zentrum und Industrie an der Moskwa vorgeschlagen hatte, suchte Ernst May die Lösung durch vollständige Auslagerung des Wohnens aus der Kernstadt in ein »Kollektiv« von Trabantenstädten. Von den ausländischen Projektverfassern lehnte sich vor allem Kurt Meyer am engsten an die bestehende Struktur der Stadt an und lag damit tendenziell auf der Leitlinie, die sich bis 1935 schließlich als die einzig verbindliche durchsetzen sollte.

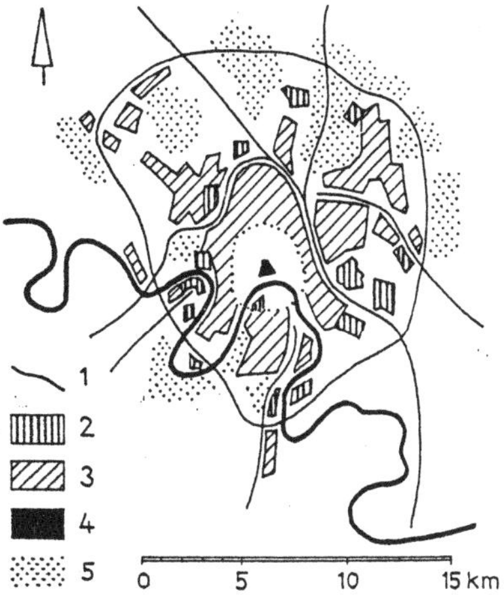


Moskau, Anf. 20. Jh.: 1 Eisenbahnen, 2 Industrie, 3 Wohngebiet, 4 Zentren, 5 Grün (die Legende gilt auch für Plan May und Plan Meyer).

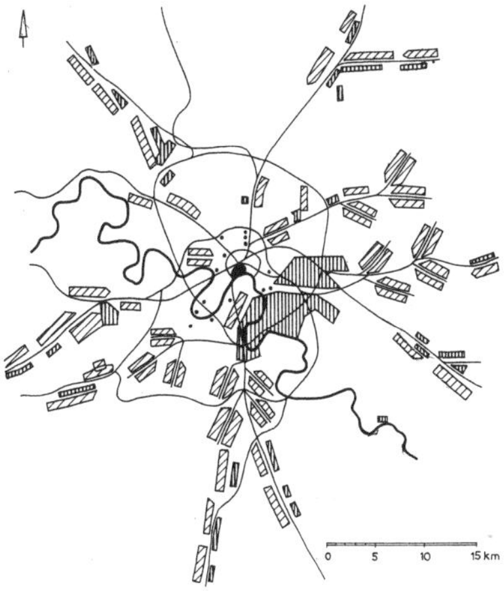


Moskau. Wettbewerbsprojekt Ernst May 1932

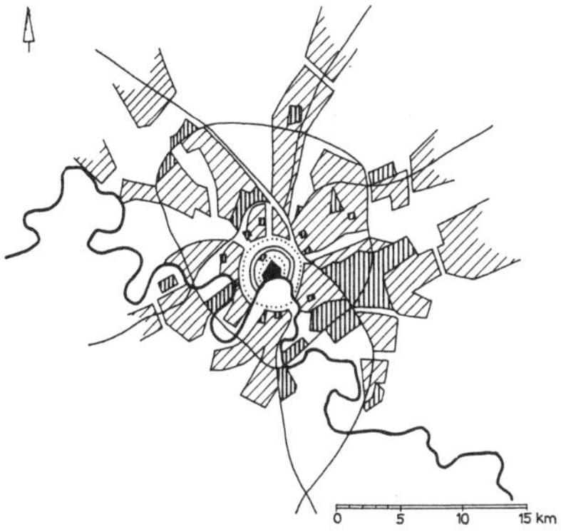


Moskau. Wettbewerbsprojekt Kurt Meyer 1932

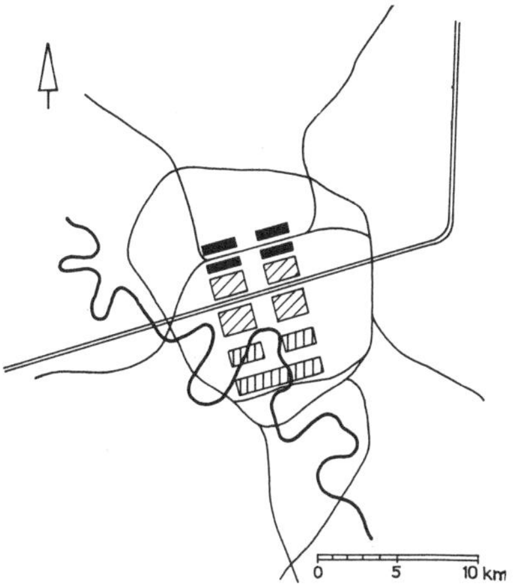


Moskau. Plan Le Corbusier 1931: 1 Wohngebiet, 2 Industrie, 3 Zentrum

1933 jedoch, als die CIAM zu ihrem vierten Kongreß rüsteten, waren alle diese Entwicklungsfragen trotz wachsenden politischen Druckes in Richtung auf ökonomisch machbare und propagandistisch anschauliche

Lösungen noch offen. Es hätte also nahegelegen, hier, vor Ort, die Debatte um einen konsensfähigen Begriff der modernen Stadt und ihrer wesentlichen Strukturprobleme zu führen. Das hätte allerdings bedeutet, sich auf politische Fragestellungen einzulassen, sich den konfliktgeladenen Problemen der Ästhetik, Gesellschaftskonzeption und Volkswirtschaft zu stellen. Es ist bislang nicht hinreichend geklärt worden, was das Schweizer Sekretariat der CIAM veranlaßt hatte, der von der russischen CIAM-Gruppe angesichts der eminenten Bedeutung des Kongresses geäußerten Bitte um einen Aufschub nicht stattzugeben. Aus »Aktualitätsgründen« wählte man absurderweise nicht Moskau, sondern Athen zum Tagungsort. Der in den CIAM damals dringend gewünschte Dialog mit den »Eliten politischer Veränderung« fiel buchstäblich ins Wasser. Es brannte längst auf dem Kontinent, und ein kleines Häuflein Weltverbesserer trieb, politisch heimatlos geworden, auf einem Schiff über das Mittelmeer. Wie zerstritten sie selber untereinander waren, zeigt schon die Tatsache, daß es am Endpunkt der Kreuzfahrt, in Marseille, eigentlich zu keiner aktiven Entschließung mehr kam. Der später als »Charta von Athen« bekannt gewordene Bericht von der Tagung war eine harmonisierte, für alle denkbaren politischen Verfaßtheiten anwendbare Fassung aus der Feder von Le Corbusier. Die »am Kommunismus interessierten Mitglieder« der CIAM, die Engländer, Jugoslawen und Spanier, hatten über einen eingeschleusten »blinden Passagier« eine ganz andere Version erarbeitet. Auch die Italiener waren, aus gleichfalls politischen Gründen, von Le Corbusier abgerückt. Sie alle hatten mit Nachdruck darauf hingewiesen, daß die Stadt mehr sei als ein riesiges Wirtschaftsunternehmen, das es nur nach energieökonomischen und hygienischen Gesichtspunkten zu rationalisieren gelte. Komplizierte soziokulturelle, gesellschaftskonzeptionelle und historische Belange seien im Stadtmodell Le Corbusiers nicht annähernd hinreichend berücksichtigt, die Rolle des subjektiven Faktors gänzlich ausgeblendet worden.[3]

2.

Keiner konnte 1933 ahnen, daß die vom harmoniebedürftigen Le Corbusier damals bereinigte und durch Faschismus, Krieg und Nachkrieg verschüttete Debatte ganze sechzehn Jahre später nicht allein bei der Tagung der CIAM in Bergamo[4], sondern auch in Deutschland aufs neue aufbrechen sollte. Anlaß war hier der im November 1949 zur Beschlußvorlage gediehene Generalaufbauplan für Berlin und der bereits beschlossene Zentrumsplan für Dresden. Wenige Wochen nach Gründung der DDR hatte es sich der erste Mann im neugeschaffenen Ministerium für Aufbau, Minister Lothar Bolz, angelegen sein lassen, sich über den Stand der Wiederaufbauplanungen in den kriegszerstörten Großstädten zu informieren. Der Ministerpräsident, Otto Grotewohl, übernahm es daraufhin persönlich, die für Berlin zugrundegelegte Stadtlandschaftskonzeption mit »eigenhändig« zusammengestellten Auszügen aus der »Charta von Athen« zu erklären. Auch Oberbürgermeister Friedrich Ebert ließ vernehmen, daß man mit der nunmehr vierjährigen Arbeit des Planungsamtes der Stadt überaus zufrieden sei. Der ursprünglich unter Leitung von Hans Scharoun entwickelte Plan »bricht mit der alten deutschen städtebaulichen Tradition und stellt im fortschrittlichen Sinne den arbeitenden Menschen in den Mittelpunkt der Gesamtplanung«. Davon »dürfte eine starke Beeinflussung des gesamten Bauwesens Westeuropas im demokratischen und fortschrittlichen Sinne« ausgehen. Berlin wähnte sich für die geplante Wiederaufbaukonferenz in Rotterdam bestens gerüstet. Während vor allem die stadthygienischen Prämissen durch Martin Vogler bereits beim Kongreß der CIAM in Bergamo detailliert dargelegt worden waren, wollte man sich in Rotterdam möglicherweise mit einer Ausstellung beteiligen.

Für das kriegszerstörte Berlin war die vollkommene Neuordnung der Wohn- und Arbeitsstadt in Bändern längs des Spreelaufes vorgesehen, was eine grundsätzliche Neuregelung des Eigentums an Grund und Boden voraussetzte. Im Zentrum des Lebens sollte wieder die Familie stehen, die neue Wohnung wurde zum Instrument und Hort eines moralischen Neubeginns erklärt. In einer Modellplanung für die »Wohnzelle Friedrichshain« waren die einzelnen Häuser, unter entschiedener Vermeidung cartesianischer Ordnungsstrukturen und Aufgabe jedweder Suprematie, locker gestreut und »nestartig« aufeinander bezogen. Peter Friedrich errechnete ein Modell zur Optimierung der Verkehrsabläufe und legte über das radiale und konzentrische Netz des überkommenen Berliner Verkehrssystems ein elastisches rechtwinkliges Gitterband von anbaufreien Schnellstraßen für den überörtlichen Verkehr. Während Wils Ebert die Verteilung der Arbeitsstätten im Stadtraum zu korrigieren suchte, plante Reinhold Lingner in Abstimmung mit Martin Vogler und Gustav Hassenpflug die Anlage neuer Außenlungen, innerstädtischer Grünbänder und Parks auf aufgelassenen gründerzeitlichen Baublöcken, um Berlin in einen Garten zu verwandeln und es zu seinen Gewässern hin zu öffnen. An allen Standorten der Stadt sollte egalitär und konsequent derselbe Wohnreiz erwirkt werden.

3.

Der gesellschaftspolitische Hintergrund des im »Generalaufbauplan« von 1949 transformierten »Kollektivplanes« wird in einem aufschlußreichen Diskussionspapier erhellt, das wegen seines manifestartigen Charakters hier ausführlicher zitiert sei. Die Bezirksfraktion der SPD

Friedrichshain hatte sich in einem »Ergänzungsvorschlag zur Neuplanung der Stadt Berlin« aus der Feder des Bürgermeister Gustav-Adolf Werner an der am 15. Juli 1949 eröffneten Debatte des demokratischen Blocks beteiligt. Auf der Basis einer denkbar breiten Öffentlichkeit sollte als »Bestandteil der Nationalen Front« die Bevölkerung für den »nationalen Gedanken der Siedlung« gewonnen werden. In dem Text hieß es:

»Im Gegensatz zur bisher unorganisch und zügellos gewachsenen Stadt [für die Berlin als warnendes Beispiel angeführt wird] tritt ... als kleinste Einheit die Siedlungswohnzelle ..., (das) ›Stadtdorf‹. Dieses Stadtdorf soll eine Synthese sein aus Gartenstadt, Industriesiedlung und Landstadt. Mit ihm wird an eine Lösung gedacht, die zeitentsprechend den Boden zu neuem Denken und neuer Kultur vorbereitet ... Wirtschaftlich wird das Stadtdorf stets dort gerechtfertigt sein, wo mit der Errichtung der Normalstadtteile begonnen wird. Der Normalstadtteil soll je 1000 genormte Wohnungen enthalten ... Wesen und Aufgabe der neuen Wohnung erfordert biologisch gesundes Wohnen im Heim, das Erholung und Freude bieten muß. Bedingung für das neue Wohnen wird das genormte Reihenhaus, mit genormter Wohngröße, mit genormtem Grünraum sein. Durch die künstlerische Hand des Architekten sind die Reihenhausgruppen so anzuordnen, daß jeder Eindruck des Kasernenmäßigen und Unschönen entfällt ... Das ohne besonders hinausragende Bauten in Grün gebettete ›Stadtdorf‹ soll als äußeres Kennzeichen des Friedens und der Kultur den Turm der Kirche zeigen. Die Kuppel des Volks- und Festhauses wird das Ganze als Symbol der Einheit und des ›Wir‹-Wollens überwölben ... Mit der Planung der ›Stadtdörfer‹ sollte die Genossenschaft oder die Stiftung öffentlich rechtlichen Charakters die gegebene Form sein. Auf diese Art und Weise wird erreicht, daß Grund und Boden Gemeineigentum bleibt; durch Erbmietrecht kann ferner der einzelne Stadtdorfgenosse an der Erhaltung seiner Wohnung interessiert werden. Grundsätzlich soll Grund und Boden nicht der Stadtdorfgenossenschaft gehören, sondern Grundeigentum der Städte bleiben, denn Gemeineigentum ist die Vernichtung der Klassenherrschaft! (Mehring). Auf diese Weise wird die alte sozialistische Forderung der Verhinderung der Spekulation mit Grund und Boden erfüllt und die Möglichkeit genommen, von Neuem durch die Errichtung von Klassenwohnungen Zwietracht und Neid zu stiften ... Eine solche ideale Aufgabe, wie sie sich bei dem neuen Siedlungswerk bietet, ist wohl seit Jahrhunderten nicht mehr vorhanden gewesen ... Nur auf der Grundlage der Nationalen Front und der Blockpolitik gibt es die Möglichkeit, den deutschen Menschen neu zu formen. Unser künftiges Leben muß innerlich heimatgebunden, heimatgeformt sein. Das kann nur durch die Wohnung innerhalb der neuen Stadtdorfsiedlung geschehen ... Geschlossene Erziehung der kommenden Generation in stadtdörflicher Gemeinschaft und im Rahmen der Neuplanung der Städte wird den neuen Menschen formen. Er soll vorurteilsfrei, sozialistisch und demokratisch auf freiem deutschen Boden wohnen. Er soll berufsausgerichtet auf Handwerk, Kunst, Garten und Land in Achtung vor allen Religionen und religiösen Bestrebungen erzogen sein. Er soll Kenntnisse deutscher und fremder Kulturen, insbesondere derjenigen unserer Nachbarvölker, übermittelt erhalten ... Mit alten und veralteten Baumethoden wird man zukünftig den Bauaufgaben nicht gewachsen sein ... Die Neuplanung der Stadt Berlin kann nur durch die Begründung einer Forschungsstelle für Leistungssteigerung im Bauwesen erreicht werden.«[5]

Das bezeichnenderweise in der Akteneinheit »Grundsatzfragen« des Stadtplanungsamtes überlieferte sozialdemokratische Positionspapier darf als zeitgenössischer Beleg für eine spezifische Nachkriegsmentalität gelesen werden, die sich von zivilisationskritischen, von deutscher Innerlichkeit wie weitgreifenden sozialpädagogischen Gedanken gleichermaßen geprägten Gesellschaftskonzeptionen leiten ließ.[6] Ein substitutionswirtschaftlicher Ansatz verband sich hier beachtenswerterweise mit einer »staatsbejahenden und völkerverbindenden Lebensanschauung auf demokratischer Grundlage«. Reale Erfahrungen des sozialen Wohnungsbaus wie der Heimstätten- und Volkshausbewegung der Vorkriegszeit gingen eine Synthese ein mit Idealen des Heimatschutzes. So wird Berlin gewissermaßen als ein riesiges Hellerau präsentiert, erbaut in normierten Strukturen des Siedlungsbaus der Weimarer Republik. Die außerhäuslichen Lebensbedingungen des Industriearbeiters wurden bezeichnenderweise ebensowenig erörtert wie die der Angestellten und Beamten. Das »Stadtdorf« schien sich ihren kollektiv strukturierten Lebenswelten gegenüber zu verschließen. Es wies damit der Mehrheit der Berliner Bevölkerung außer Reihenhaus und Garten lediglich Kirche und Volkshaus als kommunal zentrierte Orte selbstorganisierter Interaktion zu. Der behauptete »staatsbejahende« Ansatz des Konzeptes blieb ohne jede raumordnerische Konkretisierung. Auch wenn der »Generalaufbauplan« im Vergleich mit dem Manifest der SPD letztlich weitreichendere Ansätze zur räumlichen Neuordnung der Stadt aufwies, bot er in seinem grundlegenden lebensreformerischen Ausgangspunkt sowohl in politischer wie in volkswirtschaftlicher Hinsicht genügend Angriffsfläche. Er mußte gerade vom kommunistischen Flügel in seinem Kampf um die Hegemonie gegenüber der sozialdemokratischen Mehrheit in der SED als Herausforderung wahrgenommen werden, sich mit einem anderen Stadt- und Gesellschaftskonzept zu profilieren, das bezeichnenderweise gerade staatliche Raumansprüche und überkommunale Assoziationsformen in den Vordergrund urbaner Sozialisation rückte.

So erlebte die schon 1929 so verhängnisvolle brudermörderische These vom »Sozialfaschismus« letztlich, nach jenem symbolischen Handschlag zwischen Grotewohl und Pieck, ihre aktualisierte Fortsetzung, indem nun – mit dem Berliner Plan zum Beispiel – der Reformsozialismus und Konzeptionen eines möglichen spezifisch deutschen, eines dritten Weges unter Entladung alter Affekte stigmatisiert wurden. Bezeichnenderweise wurde das Gegenkonzept zum genossenschaftlich und subsistenzwirtschaftlich strukturierten »Stadtdorf« nicht im kritischen Dialog oder auch produktiven Streit selbst entwickelt, sondern importiert. Was lag für die Gruppe um Ulbricht näher, als in Konfliktsituationen eine Reise nach Moskau zu unternehmen, um den »großen Bruder« zu konsultieren? Wozu auch Diskussionen, wenn man sich doch in der Lage wähnte, mit beiden Beinen in die vollendete Städtebautheorie der Sowjetunion springen zu können![7]

4.

Die Entscheidung über die dringende Notwendigkeit einer Intervention hinsichtlich des Dresdener und des Berliner Planes fiel im Ministerium für Aufbau, das sich vom ersten Tag an massiv über die Planungshoheit der Kommunen hinwegsetzte. Der vom Aufbauminister zur Begutachtung der Berliner Pläne herangezogene Abteilungsleiter, Kurt Liebknecht, beurteilte das Konzept wie die ersten eingeleiteten Maßnahmen als besorgniserregend zurückgeblieben, ja geradezu »unmodern«. Die Regierung an den Fehrbelliner Platz, durch die Friedrichstadt eine Autobahn und Gehag-Häuschen an der Stalinallee! – der Herr Minister möge ihm bitte nachsehen, daß er aus seiner Kenntnis gerade der sowjetischen Städtebautheorie in der Presse gegen die Kollegen des Berliner Planungsamtes aufgetreten sei. Lothar Bolz, 1949 Gründungsvorsitzender der NDPD, wie Liebknecht langjähriger UdSSR-Emigrant und ehemaliges KPdSU-Mitglied zudem, machte sich die seitens seines Abteilungsleiters vorgebrachten Argumente schnell zu eigen. Mit Berlin entscheide sich das Schicksal der durch Spaltung bedrohten Nation. Es ginge ganz und gar nicht an, berichtete er an Walter Ulbricht, die Hauptstadt Deutschlands zu verniedlichen durch ein Idyll friedfertiger Kaninchenzüchter, sei es auf noch so freier Scholle. Im Flächennutzungsplanentwurf für die Mitte der Stadt würden die Exekutivorgane der Regierung gar auf periphere Standorte im Westteil der Stadt verwiesen, der als Machtinstrument definierte Staat aus dem Herzen der Stadt verbannt. Gegen den lokalen Eigensinn der Berliner Planer und der ehemaligen Sozialdemokraten um Otto Grotewohl und Friedrich Ebert könne nur noch Moskau helfen ...[8]

Die Hinwendung nach Moskau war jedoch nicht eindeutig und ausschließlich politisch motiviert. Bereits 1946 hatte Martin Mächler, unter dem für ihn deprimierenden Eindruck der Dresdener Wiederaufbauausstellung, in einem Schreiben an Otto Grotewohl auf die fortgeschrittenen sowjetischen Konzepte verwiesen und in der Anlage »Grundsätze der Rekonstruktion Moskaus« von 1935 beigefügt. Neben Warschau und Rotterdam galt Moskau in den Nachkriegsjahren unter den Städtebauern tatsächlich als Modellfall von großer Bedeutung. Dieses Sachinteresse bot allerdings einen idealen Schirm, hinter dem es möglich war, endlich eine alte Rechnung zu begleichen.

Schon einmal hatte sich Ulbricht durch den Weltverbesserungsanspruch jener anderen »Avantgarde« persönlich brüskiert gesehen. Nicht ihnen, den deutschen Politemigranten nach 1933, hatten die russischen Genossen seinerzeit Willkommensovationen entgegengebracht, sondern der vor ihnen in die Sowjetunion gekommenen »Roten Bauhausbrigade« und der Garde der Frankfurter Siedlungsbau-Schule. Von persönlicher

Eifersucht getragenes Sektierertum hatte Mitte der dreißiger Jahre tiefe Gräben zwischen den zwei Wellen von »Rußlandfahrern« aufgerissen, obwohl die Architekten unter ihnen oft genug das selbe Städtebauseminar bei Bruno Taut oder die MASCH-Vorlesungen bei Hugo Häring und Arthur Korn besucht hatten. Ein ganz persönlicher Affront zwischen Hannes Meyer und Walter Ulbricht in der Moskauer Emigration wird bislang nur mündlich überliefert, 1950 wurde die Aversion offensichtlich durch eine behauptete Verbindung von Meyer und Ruth Fischer aktualisiert.[9]

5.
In einem Arbeitszimmer des sowjetischen Ministeriums für Städtebau lagen am 17. April 1950 Pläne aus, die seit Kriegsende im Auftrag des Magistrats von Berlin von einem »Planungskollektiv« um Scharoun, später um Wils Ebert und Heinrich Starck für den Neuaufbau des kriegszerstörten Berlin entwickelt worden waren.

Edmund Collein referierte die Grundgedanken des Berliner Planungskonzeptes und benannte wohl auch präzise die bisherigen Konflikte: Spaltung der Stadt, Hauptstadtfrage, Bodenrecht, Wirtschaftsstandort – Gartenstadt oder Metropole?

Die sowjetischen Gesprächspartner der deutschen Delegation, besonders die Abteilungsleiter des neugegründeten Städtebauministeriums, verfügten während der tagelangen Vorträge und Diskussionen souverän über die Kenntnis der ausländischen und der eigenen sowjetischen, sehr kontroversen Theorieentwicklung in den vergangenen zwei Jahrzehnten. In der Auseinandersetzung über die künftigen Aufgaben in der DDR fand die 1933 in Moskau durch den Beschluß des CIAM-Sekretariats vertagte Debatte über die ästhetischen, kulturellen und politischen Fragen des neuzeitlichen Städtebaus somit eine überraschende Fortsetzung.

»Wir fühlen eine große Verantwortung für Sie in Berlin. Sie sollen nicht alle unsere, auch durch fremden Einfluß gemachten Fehler wiederholen.«[10] »Hier soll nichts gegen Ernst May und Hannes Meyer gesagt werden. Wir haben ihnen Ehrenpforten geflochten, als sie uns zu Hilfe kamen. Aber sie haben uns einen sehr schlechten Dienst erwiesen.« »Man muß nicht ohne Notwendigkeit alles neu erfinden wollen.« Nichts für ungut, aber was Ihre Berliner Planer motiviert, ist die Schule von Jean Jacques Rousseau, ist utopischer Sozialismus. Ersetzen Sie ihn durch sozialistischen Realismus!

»In der Sowjetunion ist man unter allen Umständen gegen die englisch-amerikanische Theorie von der Güte und der Wirtschaftlichkeit der aufgelösten Stadt. Sie ist unwirtschaftlich. Sie ist auch nicht gegen Luftangriffe gesichert, isoliert den Arbeiter vom politischen Leben und macht ihn zum Kleinbürger ... Man darf auch eine Stadt nicht vom Auto her planen und nur an den Schnellverkehr von Autos denken. Die Straße hat nicht nur Verkehrsfunktionen, sie hat die festliche Bevölkerung aufzunehmen. Die Straße ist ein Mittel zum festlichen Leben. Sie muß das Bewußtsein der Bevölkerung, sie muß die politische Bedeutung der Massen unterstreichen. Die Autostraßen haben die Stadt und die Bevölkerung nicht zu stören. Das sagen wir gegen die Behauptung Abercrombies, daß das Auto entscheide. Die Idee der kleinen und großen Wohnzellen ist gut, aber die Wohnzelle darf nicht unabhängig vom Ganzen und seiner Aufgabe sein. In Berlin hat man bei der Planung der Wohnzellen das amerikanisch-englische Prinzip zugrunde gelegt. Hier wird der Mensch vom Ganzen isoliert und dem politischen Leben entfremdet.« »Das Auflösen der Stadt in ein Gewebe ist falsch. Es ist auch zu teuer, selbst England und Amerika können sich das nicht leisten ... Seele der Stadt ist das Zentrum. Wo ist die Idee der Hauptstadt? Im Zentrum ... Bei der Berliner Verkehrslösung ist nicht mehr ersichtlich, was

Hans Scharoun (ca. 1950): Skizze eines Demonstrationszuges durch die Wohnzelle Friedrichshain

Zentrum und Vorstadt ist ... Wo gehen die Demonstrationen hin? Wo ist der Aufmarschplatz? Wo sind die Aufmarschstraßen? Wo sind die Regierungsinstitutionen und zentralen Kulturstätten? Das ist das Zentrum. Man darf beim Zentrum einer Stadt nicht vom Auto ausgehen, sondern

1. Mai 1951: Demonstration auf dem durch den Schloßabriß entstandenen Platz

vom Menschen, vom Demonstranten, der das Zentrum durchschreitet. Man muß sich jedenfalls davor hüten, das Zentrum als Händler oder als Tourist zu betrachten. Der Appetit der Industrie auf zentrale Lagen ist auf das Notwendigste zu begrenzen.«

Zunächst fast unmerklich übrigens spiegelt sich in den überlieferten Dokumenten der Moskauer Diskussion der vermutlich differente doppelte Gesprächshintergrund. Der Diskurs war qualitativ jeweils ein anderer, je nachdem, ob man mit den Experten im Städtebauministerium oder aber mit den Architekten konferierte. Sprach mit Baburow und Simonow der aus praktischer Erfahrung argumentierende, gewissermaßen »transmoderne« Stadtplaner, so kamen mit den hochdekorierten Akademiearchitekten die Verkünder »postmoderner« Historismen zu Wort. Daß diese Koexistenz zweier Berufsgruppen nicht unbedingt konfliktfrei war, klingt in einem eher nebenbei geäußerten Satz Baburows an: »Selbstverständlich werden wir in einigen Jahren anders bauen als heute.« Möglicherweise liegt in dieser hier nur andeutungsweise festgehaltenen Divergenz der zwei ressortspezifischen Konsultantenkreise die Erklärung für die relativ disparate Übernahme der sowjetischen Leitbilder im Text der »16 Grundsätze des Städtebaus« wie in der späteren Baupraxis der DDR. Einerseits gab es allenthalben Akzeptanz für die städtebaulich durchaus progressive Erkenntnis »Synthese gegen Auflösung, Urbanität und historische Kontinuität«, andererseits konnte der fragwürdige, auf Monumentalität, demagogische Sprachgesten und »reich« anmutende Ornamentik verengt ausgelegte Kunstanspruch in Deutschland nicht wirklich nachhaltig durchgesetzt werden. Am allerwenigsten gelang das bei der »werktätigen Bevölkerung«, die entweder ein Modernitätsideal der zwanziger Jahre tradierte oder sich modisch an der aktuellen Produktwelt des Westens orientierte.

6.

In der Kritik am Berliner Planungsfall, die die Moskauer Gesprächspartner 1950 äußerten, brachen alle Konflikte des 4. CIAM-Kongresses wieder auf, die Le Corbusier mit seiner persönlichen Fassung der »Charta von Athen« geflissentlich übergangen hatte. Wenig bekannt ist geworden, daß der Kongreß beim Abschlußmeeting in Marseille gegen ihn gestimmt hatte und er daraufhin entschlossen gewesen war, seinen »Hut zu nehmen«. Wie Thilo Hilpert[11] minutiös herausgearbeitet hat, war es in seinem geradezu zwanghaften Bemühen, Städtebau als rein »technisches Werk« zu definieren, die Konsequenz des Stadtkodes der Charta gewesen, ein universelles Modell für alle Planungsfälle vorzugeben. Wie Hilpert überliefert, hat Le Corbusier immer einen »Schrecken« davor gehabt, über »Volkswirtschaft, ... über Politik zu diskutieren«, Gebiete, »über die ich nichts weiß«.[12] Ein letzter Versuch, die CIAM auf den Boden der Realität von volkswirtschaftlichen Überlegungen und kulturellen Verpflichtungen zu zwingen, scheiterte schließlich beim Kongreß in Bergamo 1949.[13] Nicht Le Corbusier nahm schließlich den »Hut«, sondern die Vertreter aus den volksdemokratischen Ländern. Sie brachen »nach heftigen Auseinandersetzungen zwischen Ost und West« – wie sich die inneren Demarkationslinien der CIAM unter Bedingungen des Kalten Krieges vereinfacht geographisch beschreiben ließen – die letztlich unfruchtbar gewordene Debatte ab.

Gerade im sich politisch neu zu definieren suchenden Nachkriegseuropa wäre eine Debatte über die demokratische Verfaßtheit der Stadt dringender denn je gewesen. Vermutlich hat gerade das Ausweichen vor der Frage nach dem Geist der jeweiligen Kommune, nach der politischen Kultur und Identität städtischer Gesellschaften nicht unwesentlich dazu beigetragen, die Straße dem Fetisch Auto und die städtischen Mitten dem Kommerz preiszugeben. Dabei hatte Sigfried Giedion bereits 1933 die Konsequenz dieser politischen Selbstentmündigung der Architekten hellsichtig vorhergesehen. Argumentiere man in Städtebaufragen politisch, hatte er in einem Brief an Le Corbusier geschrieben, so müsse man sich »klar gegen den Kapitalismus erklären«. Damit aber begebe man sich jeglicher Möglichkeit der Einflußnahme »im Moment«, katapultiere sich aus der planerischen Praxis der Gegenwart. Beschränke man sich aber aus taktischen Gründen auf die Rolle des Technikers, um einen internationalen Einfluß zu behalten, so verschließe man sich künftiger Veränderung. »Aber in dem Moment, wo eine wirkliche soziale Bewegung wirksam wird, wird man uns vor die Tür setzen, ohne Zweifel.«[14] Das Versagen der CIAM an der sozialen und politischen Spezifik der real existierenden Stadt war also klar kalkuliert.

Hilpert konstatiert vollkommen zutreffend: »In der ›Charta‹ ist die

›Funktion‹ gesellschaftlicher Zentren nicht definiert worden.«[15] Dieses maßgeblich Le Corbusier anzulastende Defizit, die Nichtbezeichnung der Prozesse und Akte kollektiver wie auch solidarischer Interaktion und der historisch bestimmten Orte mentaler Identifikation, war zuerst bei der Rekonstruktionsplanung Moskaus offenbar geworden. Hier wurde – man lasse sich von den konkreten architektonischen Bildern jenes stalinistischen Akademismus nicht täuschen – die »Charta« in einem der wesentlichen Punkte gewissermaßen vom Kopf auf die Füße gestellt. Der Städtebau des sozialistischen Realismus hat – bei aller Seelenverwandtschaft mit dem radikal stadterneuernden Wesen der Moderne – ein synthetisches Modell von Stadt entwickeln helfen, das sich letztlich von der Nutzungsqualität und -vielfalt der öffentlichen Räume her definiert. Die auf der Kreuzfahrt der Patris sehr wohl diskutierte, von Le Corbusier aber bewußt vergessene fünfte Funktion, das selbstbestimmte Handeln der Bürger einer Kommune, die sich im städtischen Raum treffen, um zu kommunizieren und, wie Sert 1942 präzisiert[16], »ihre Umwelt zu verändern«, ist 1935 in Moskau allerdings etatistischer und parteipolitischer Interpretation anheimgefallen. Die Inbesitznahme der Stadt, ihrer Straßen und Plätze, durch die Bewohner war unter den Bedingungen des Staatssozialismus fatal instrumentalisiert. Daß in den staatlich organisierten Festen, Umzügen und Massenereignissen aber auch ein elementares Lebensbedürfnis sich ausspricht, klingt im Bericht der deutschen Delegationsmitglieder von der Feier des 1. Mai 1950 in Moskau an:

»Am Abend sind wir noch einmal durch Moskau gegangen. Da waren die Straßen wieder voll. Jetzt waren auch die Fahrdämme der Straßen von Menschen übersät. An den Alltagen haben die Fußgänger nichts auf den Fahrbahnen zu tun. Heute aber, am Abend des ersten Mai, war diese Ordnung aufgehoben. Alles strömte auf den Roten Platz, an die Moskwa-Ufer, auf die Brücken, auf den Revolutionsplatz oder in die Gorkistraße, wo um 10 Uhr Feuerwerk war oder von wo aus man es sehen konnte. Da sah man keine bedrückten Gesichter, da gab es Scherze hin und her, ein Geschiebe die Straße hinauf und herunter, da waren die Restaurants gefüllt bis zum letzten Platz und es sah aus, als ob Moskau, obwohl von früh an auf den Beinen, überhaupt nicht schlafen gehen wollte.«[17]

Der Versuch einer Redefinition von Straße, Platz und architektonisch als bedeutsam bezeichneten städtischen Interieurs bleibt ein Gewinn des Moskauer Kapitels in der Geschichte des modernen Städtebaus. »Die Straße ist nicht nur ein Verkehrsband, der Platz nicht nur ein Verkehrsknotenpunkt, das Wohnhaus keine Wohnmaschine, sondern Straße, Platz und Gebäude sind in ihrer äußeren Erscheinung Ausdruck einer gesellschaftlich-künstlerischen Idee.«[18]

Die deutsche Delegation transportierte diese Erfahrung im Reisegepäck nach Berlin. Ein Grundsatzpapier, bis in »erprobte Formulierungen« abgestimmt mit den sowjetischen Experten, wurde im Herbst 1950 durch Ministerratsbeschluß zunächst richtungsweisend für den Wiederaufbau in der DDR. In diesem Licht betrachtet, gibt es sie wohl doch, die »Charta von Moskau«. Mit den »16 Grundsätzen des Städtebaus« in der DDR wurde 1950 in Auseinandersetzung mit einer Berliner Adaption der »Charta von Athen« noch einmal der aus konkreter Planungserfahrung erwachsene kritische Reflex der sowjetischen Theoretiker festgeschrieben. Daß es zu keiner aktiven und kritischen, spezifisch deutschen Aneignung dieser sowjetischen Vorgabe kam, die Diskussion von 1950 unvollendet blieb, gehört zur tragischen Seite der Entwicklung.

7.
Nach dem Buchstaben der »16 Grundsätze« entstanden die Stalinallee in Berlin, Eisenhüttenstadt, die Lange Straße und der wiederaufgebaute Rathausplatz in Rostock, der Roßplatz in Leipzig, der Altmarkt in Dresden, Ensembles in Dessau, Senftenberg, Neubrandenburg, Calbe und die zentralen Plätze jeder größeren Stadt.

Es wird darauf ankommen, die hier und auch später in der DDR geschaffenen öffentlichen Räume nicht im Zuge allgemeiner Revision der sie begründenden Gesellschaftskonzeption zu verbauen, sondern neuen städtischen wie politisch demokratischen Nutzungen zuzuführen. Eigenartig berührt es schon, mit welchem »horror vacui« insbesondere jene städtischen Plätze gegenwärtig mit Rückbauplänen bedeckt werden, an denen Tausende Menschen 1989 in selbstbestimmter politischer Aktion Sternstunden ihres Lebens erfahren haben. Wo aber Filetgrundstücke locken, werden bald die Pflastersteine knapp. Jeder Wettbewerbsentscheid ein »Ausgeträumt«. Ab in die Nische, Citoyen!

Die Überzeugung, daß eine zivile Gesellschaft ihren Anspruch auf Freiräume, auf eine Bühne ihrer Leidenschaften und ihrer Konfliktbewältigung, definieren und entschieden verteidigen muß, sei hier mit einer Überlegung aus dem Jahre 1949 unterstrichen:

»neben den bisher definierten vier grundfunktionen, wohnung, arbeit, bildung und freizeit und verkehr, gibt es aber noch eine andere funktion, die das leben der gemeinschaft eigentlich bestimmt in der eindeutigsten form prägt es sich im forum aus, besonders, wenn es sich um einen versammlungsplatz mit rednertribühne handelt. ein wort macht die runde, gefühle werden angeregt, wir verlassen unsere individuellen aufgaben oder sektionsinteressen und strömen hinaus auf die straße. kleine, aufgeregte gruppen haben sich gebildet, sie verschmelzen mit anderen gruppen, bis eine große menschenansammlung sich vorwärts bewegt in richtung auf ... was? den marktplatz? den platz um die kathedrale? die alkoholfreie wirtschaft? den schlackenhaufen hinter dem gaswerk? irgendwo ist ein konzentrationspunkt für den ausdruck der kollektiven gemütsbewegung als herz des organismus. auf einer weniger ausgesprochenen ebene kann man ihm auf der ›promenade‹ wieder begegnen, der abendlichen oder wöchentlichen ansammlung von bürgern aller altersstufen und lebensbedingungen, die hinausgehen, um sich gegenseitig anzuschauen, bekannte zu grüßen, mit freunden zu schwatzen oder liebesgeflüster mit ihrer liebsten auszutauschen. dies ist die funktion des herzens der stadt.«[19]

Mein entschiedenes Plädoyer für die Vitalisierung der aus den sozialistischen Gesellschaften überkommenen und bislang verödeten öffentlichen Räume bedeutet keineswegs den Versuch, etwa stalinistische Pathosformeln einzubürgern oder die Praxis verordneter Aufmärsche neu zu beleben. Es geht allein um die Sicherung eines sehr wesentlichen räumlichen Elementes urbaner Kultur, die Bewahrung von Alternativen zur gegenwärtig eskalierenden Entsolidarisierung der Mitglieder der städtischen Gesellschaft. Man kann diesen aktuell dramatischen Prozeß planerisch sehr wohl sanktionieren – auch durch Schlösser, die im Monde liegen, wo selbst der Spatz in der Hand nicht zu haben sein wird.

Eines sei hier abschließend festgehalten. Der ewige stereotype Vorwurf, die Moderne – nicht etwa Krieg – hätte die deutschen Städte ursächlich zerstört, und heutige Architekten seien allesamt außerstande, neue städtische Mitten zu gestalten, geht an die falsche Adresse. Es äußert sich in diesem Umstand weniger das Versagen der Architekten als vielmehr der Mangel an kommunaler Identität und Solidarität und die wirklich erschütternde Deformation aller Formen nichtkommerzieller städtischer Öffentlichkeit. Die gegenwärtige Planungspraxis ist im Begriff, diesen Zustand als unabwendbare Tatsache bis ins nächste Jahrhundert hinein festzuschreiben. Hier liegt das Problem.

## *Anmerkungen*

1 Zuletzt in der kommentierten Fassung bei J. F. Geist, K. Kürvers, *Das Berliner Mietshaus. 1945-1989*, S. 312-317.

2 Vgl. Kapitel 6, »Vorbereitungen für einen Städtebau-Kongreß«, in: Th. Hilpert, *Die funktionelle Stadt. Le Corbusiers Stadtvision – Bedingungen, Motive, Hintergründe*, Braunschweig 1978, insbesondere S. 221.

3 Ernest Weissmann, der »blinde Passagier« an Bord der Patris II, hat diese Vorgänge in einem Text in kroatischer Sprache überliefert: E. Weissmann, »Imali smo drugu verziju povelje«, in: *Arhitektura*. Casopis saveza arhitekata Hrvatské, Broj 189-195, Zagreb 1984/85.

4 Giedion berichtet von den »heißesten Debatten« in der Geschichte der CIAM, »Debatten zwischen Ost und West«: S. Giedion, *A decade of New Architecture*, Zürich 1951.

5 Gustav-Adolf Werner, »Ergänzungsvorschlag zur Neuplanung der Stadt Berlin«, Stadtarchiv Berlin, Rep. 110, Nr. 99.

6 Vgl. auch Otto Friedrich Bollnow, *Neue Geborgenheit*.

7 Vgl. »Der ›Wahnsinnsmarathon‹. Eine unvollendete Diskussion und die Folgen«, in: S. Hain, »Reise nach Moskau: Wie Deutsche ›sozialistisch‹ bauen lernten«, *Bauwelt* Nr. 45, 33. Jg., 27. November 1992, S. 2556 ff.

8 S. Hain, »Reise nach Moskau. Erste Bemerkungen zur politischen Struktur des städtebaulichen Leitbildwandels des Jahres 1950 in der DDR«, erscheint im Protokollband des 6. Internationalen Bauhaus-Kolloquiums Weimar 1992, Architektur und Macht, *Wiss. Zeitschrift der Hochschule f. Arch. und Bauw. Weimar.*

9 Nach Mitteilungen von Martin Wimmer und insbesondere Kurt W. Leucht, der sich erinnert, 1950 in Moskau nach seiner Haltung zu Hannes Meyer und Ruth Fischer befragt worden zu sein.

10 Alle hier wiedergegebenen Gesprächspassagen sind entweder wortwörtliche Übernahmen oder zusammengefaßte Grundaussagen der in den Akten des Ministeriums für Aufbau überlieferten Berichte, Gesprächsprotokolle und persönlichen Notate der Mitglieder der Regierungsdelegation. Eine Quellendokumentation des Instituts für Regionalentwicklung und Strukturplanung ist in Vorbereitung.

11 Th. Hilpert, *Die funktionelle Stadt*, a. a. O.

12 Zit. Hilpert, a. a. O., »7.9. Technik oder Politik – Auseinandersetzung über die Abschlußerklärung«, S. 249.

13 *7 Ciam Bergamo 1949, documents*, Kraus Reprint, Nedeln 1979.

14 Brief Giedions an Le Corbusier, Zürich, 4. IX. 33. Zit. Hilpert, a. a. O., S. 250.

15 Ebenda, »8.2. Entflechtung des kollektiven Lebens«, S. 260.

16 Josep Lluís Sert, *Can our cities survive? An ABC of urban problems, their analysis, their Solutions*, Cambridge 1943, S. 224.

17 Walter Pisternik, Reisebericht, 1950. Unveröffentlichtes Manuskript, Bundesarchiv Coswig, Ministerium für Aufbau, Akten Ministerbündel 1254-1259.

18 Edmund Collein, »Der Aufbau der Stadtzentren in der Deutschen Demokratischen Republik«, *Deutsche Architektur*, 1955, H. 12, S. 532.

19 Godfrey Samuel in einem Diskussionspapier der Londoner Mars-Gruppe zu den Ergebnissen des CIAM-Kongresses in Bergamo, 8. 11. 1949, gta-Zürich Archivnr. 42-RS-2-53.

**Axel Schultes**
in Bangert Jansen
Scholz Schultes
Projekte/Projects
1980–1990
Herausgegeben von
Charlotte Frank.
207 Seiten mit 237 Abb.
Text: Deutsch/Englisch.
Format: 24 x 27 cm.
Edition Axel Menges.
Geb. DM 78,–
ISBN 3-433-02328-X

# Von Häusern und Städten – Architektur bei Ernst & Sohn

Walter Kieß
**Urbanismus im Industriezeitalter**
Von der klassizistischen Stadt zur Garden City.
496 Seiten mit
480 Abbildungen,
davon 10 in Farbe.
Format: 23,3 x 30 cm.
Edition Axel Menges.
Ln. DM 198,–
ISBN 3-433-02038-8

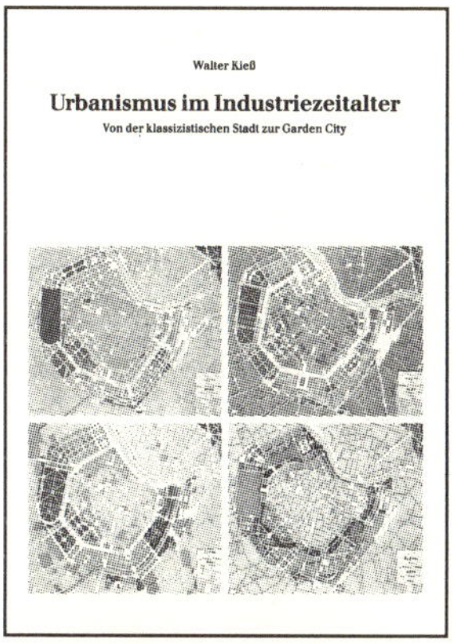

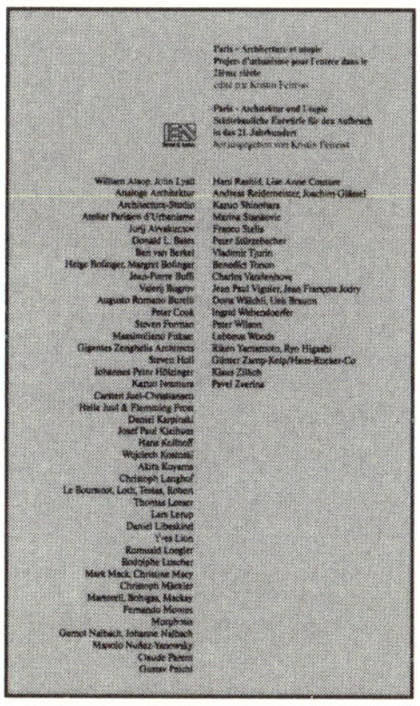

Paulhans Peters
**Paris – die großen Projekte**
151 Seiten mit
200 Abbildungen,
davon 150 in Farbe.
Format: 24 x 29,3 cm.
Edition Axel Menges.
Ln. DM 78,–
ISBN 3-433-02391-3

Tomáš Valena
**Stadt und Topographie**
Katalog mit 192 Seiten
und 191 Plänen
mit zusammen ca.
850 Abbildungen.
Format: 27 x 32 cm.
Katalog und Stadtpläne in Kassette.
DM 178,–
ISBN 3-433-02121-X

**Ernst & Sohn**
Verlag für Architektur
und technische Wissenschaften
Hohenzollerndamm 170
1000 Berlin 31
Telefon (030) 86 00 03-19
Fax (030) 86 00 03 70
*Ein Unternehmen*
*der VCH-Verlagsgruppe*

Ernst & Sohn

© Design: Büro Hilbrecht plus GO.

## Europa bauen

Die Begegnung Europas mit dem Meer in drei Jahrtausenden ist das Thema des vorliegenden Buches. Michel Mollat entführt den Leser darin auf eine Entdeckungsreise durch die Geschichte der europäischen Seefahrt. Er zeigt uns an einer Fülle von Beispielen, wie vielfältig Atlantik und Mittelmeer, Nord- und Ostsee die soziale, wirtschaftliche und kulturelle Entwicklung unseres Kontinents geprägt haben.

*1993. 320 S., 19 Karten, 2 Abb., Ln. DM 48,-*

Die Epoche der Aufklärung ist als das "philosophische Zeitalter" in die Geschichte eingegangen. Mit ihr beginnt das Projekt der Moderne, das Europa und die Welt bis in die Gegenwart prägt. Ulrich Im Hof entwirft in diesem Band der Reihe "Europa bauen" ein eindrucksvolles Panorama dieser großen Epoche der europäischen Geistesgeschichte.

*1993. 270 S., Ln. DM 48,-*

Mit diesem Band der Reihe "Europa bauen" legt der international renommierte Stadthistoriker Leonardo Benevolo eine ebenso kurzweilige wie lehrreiche Geschichte der europäischen Stadt von der Antike bis zur Gegenwart vor. Städtebau und Architektur stehen im Zentrum seiner reich illustrierten Darstellung. So ist zugleich ein vielseitiger Führer durch die europäische Städtelandschaft entstanden.

*1993. 316 S., 149 Abb., Ln. DM 48,-*

**Verlag C.H.Beck**

# Winfried Hammann / Klaus Strohmeyer
# Großstadt am Stadtrand

Modell einer zukünftigen Stadtentwicklung

Die Stadt – wie immer auch ihr Name sei –, sie existiert noch nicht. Ihr Standort wird der Stadtrand Berlins im Nordosten sein. Ausgehend von der Bebauungskante des Bezirkes Pankow wird die neue Stadt über den Stadtteil Französisch Buchholz hinaus, über die S-Bahn-Trassen und die Autobahn hinweg sich im offenen Gelände ausbreiten.

Die Flächen, zu 98 Prozent im Besitz des Landes Berlin, stellen ein Entwicklungspotential dar, das ausreichte, um alle Fehler der Vergangenheit bei dem Aufbau großstädtischer Siedlungen noch einmal zu machen. Rein rechnerisch könnte hier langfristig eine kleine Großstadt mit 100 000 Einwohnern und 40 000 Arbeitsplätzen entstehen.

Hobrechtstadt wäre ein denkbarer Name, denn die neue Stadt wird auf den ehemaligen Rieselfeldern entstehen, jenen Flächen rings um Berlin, in die der Stadtbaumeister James Hobrecht mit einem sternförmigen Kanalsystem die Abwässer pumpen ließ, damit sie dort versickern konnten und dem natürlichen Kreislauf wieder zugeführt wurden. Hobrechtsfelder Chaussee, so heißt denn auch die baumbestandene Landstraße, die das Gelände durchschneidet und in das Dörfchen Hobrechtsfelde führt.

Die Peripherie von großen Städten ist heute Versorgungslandschaft, geprägt von den Bedürfnissen der Städte, instrumentell überformt von Ver- und Entsorgungsfunktionen, im schlimmsten Fall gezeichnet von Resten, Auswürfen, Ablagerungen der städtischen Ökonomie. Die Landschaft um Buchholz herum ist davon nicht frei und doch noch relativ unbeschädigt. Gewächshäuser bestimmen den Dorfrand, auch Kleingärten mit einer Mischbebauung aus Lauben und Einfamilienhäusern, je nach Gusto und Geltungssucht, Autobahnauffahrten begrenzen dahinter den Horizont, Starkstromleitungen überspannen die Felder, Müllkippen sind unzureichend hinter dünnem Baumbestand verborgen.

Früher hätte die Beschreibung des Stadtrandes mit den Worten »Vor den Toren ...« begonnen, hätten Landschaftsformation und Stadtsilhouette die Blicke des Sich-der-Stadt-Nähernden, des Aus-der-Stadt-Heraustretenden auf sich gezogen und begrenzt, heute ist Peripherie kaum noch ästhetisch definiert, nur Zone eines unsichtbaren Netzwerkes von Kommunikationssträngen. Niemand weiß, wo Stadt endet und Peripherie beginnt, es gibt keine Tore mehr. Sie ist der Ort der Übergänge, des Zerfließens unserer alten, ans Zentrum gewöhnten Stadtvorstellung, sie ist vom Auto beherrschte und von diesem abhängige, antiurban verbaute Fläche, die immer von neuem über sich hinauswächst.

Auch für den Standort der zukünftigen Stadt treffen diese Merkmale des Stadtrandes in ihrer ganzen unaufhebbaren Ambivalenz zu. Doch seine Vorteile liegen in der Gunst der Lage zu Berlin-Mitte, in seiner stadttechnischen Erschließung und verkehrstechnischen Anbindung durch S-Bahn, Eisenbahn, Autobahn, in seiner Angrenzung an einen weiten, nur dünn besiedelten Natur- und Landschaftsraum.

Der Bezirk Pankow ist das Ostberliner Gegenstück zu Zehlendorf, eine bessere Wohnlage, lange unter sozialistischem Regierungseinfluß, mit Grün und Künstlern durchmischt, ein Einzugsgebiet mit gut und überdurchschnittlich hoch qualifiziertem Arbeitsmarkt, dessen Potentiale zur Zeit brachliegen und entwertet werden. An seinen Rändern, im Stadtteil Buch, war und ist Pankow auch der traditionelle Standort eines der größten Klinikkomplexe Europas.

Nach dem Fall der Mauer richteten sich zunächst alle Blicke auf die alte Mitte Berlins mit ihren traditionsbelasteten Wüstungen. Am Potsdamer Platz begann der Streit um die überkommene und künftige Städtebautypologie Berlins. Parzelle und Traufhöhe sollen die Maßstäbe wahren helfen und urbane Dichte erzwingen; Architekten und Bauherren werden bei ihren Bauvorhaben an die Charakteristika der »Berliner Fassade« gemahnt, an Strenge, Schlichtheit, vertikale Gliederung. Turmbauten sind verpönt. Ob dieses Instrumentarium ausreicht, die Investorenwünsche zu zähmen und der baulichen Gestalt Berlins Kontinuität zu garantieren, das sei dahingestellt. Jedenfalls werden geniale Architekten und Städteplaner nötig sein, die nunmehr die Größenvorstellungen von multinationalen Unternehmen auf die Berliner Traufhöhe begrenzen und ihre Entwürfe auf den Grundflächen der historischen Parzellenstruktur in die gewünschten Häuserblöcke umgießen.

Zu hoffen bleibt, daß die Impressionen von städtischer Tradition, die Berlin-Mitte noch zu geben vermag, von diesen Kompressionen nicht erdrückt werden, daß der traumatisch belastete Vorteil großer Entwicklungspotentiale im Stadtinnern, den Berlin vor allen anderen europäischen Metropolen besitzt, der Stadt nicht zum Nachteil gereicht. Die Schlüsselfrage nach dem sinnvollen Maß und der angemessenen Form von Verdichtung ist keineswegs nur eine Frage ästhetischer Qualität und von der Frage nach der Funktionsmischung nicht zu trennen. Das wird deutlich, wenn man sich vergegenwärtigt, daß allein in Charlottenburg für 3 Millionen Quadratmeter Bürofläche Bauanträge vorliegen. Aus Charlottenburg ließe sich mühelos eine Bürostadt machen. (Zum Vergleich: Der Messeturm in Frankfurt am Main hat 63 000 qm Bürofläche, ganz Berlin z. Z. 12 Millionen qm.) Dabei fängt Mischung nicht erst im großen Maßstab an und zielt auch keineswegs auf die bedingungslose Aufhebung aller Trennungen, sondern korrespondiert mit Trennungsnotwendigkeiten, umfaßt sehr differenziert Geschoßmischung, Gebäudemischung, Nachbarschaftsmischung, Quartiermischung, Ortsteilmischung[1] sowohl nach funktionellen als auch nach sozialen Gesichtspunkten.

Über dem Streit um urbane Verdichtung im Stadtinnern droht die öffentliche Aufmerksamkeit von der Außenentwicklung abgezogen zu werden. Doch der Gefahr einer zu hohen Verdichtung im Zentrum steht die Gefahr der Zersiedelung der Stadtränder gegenüber, eines so unwirtlich wie das andere. Allen Bemühungen um eine strenge Stadtkante zum Trotz ist die Peripherie der Städte immer schon der Anfang vom Ende des Landes. Hier beginnt die flächenzerschneidende triste Umgestaltung von Landschaft zu Verkehrslandschaft, die scheinbar unbegrenzt ausdehnbare Ausstülpung von kommerziellen Funktionen und diffuse Streuung von Teilbereichen des Lebenszusammenhangs, die Verstädterung des Landes ohne den Zwang und die Kraft zur Verdichtung. Diese Wucherungen diktieren der Landschaft ein unersättliches Trassennetz, das unentwegt anschließt, ohne wirklich zusammenzuschließen.

Das geht über den Stadtrand hinaus, wird flächendeckend und paradox: In den Vereinigten Staaten inszenieren Shopping Malls Scheinzentren im Irgendwo der Verkehrslandschaft und realisieren ersatzweise, was den Stadtzentren zusehends abgeht: Urbanität. Auch bei uns droht diese Auslagerung und Verkehrung. An den Stadträndern von Berlin und im weiteren Umland werden von den Gemeinden extensiv Siedlungs- und Gewerbeflächen ausgewiesen, an den Verkehrsknotenpunkten warten Geschäftsleute wie Geschäftemacher auf Expansionsgewinne. Die Äcker rund um die Stadt, mit Ausnahme der Stadtgüter Berlins, sind mit Optionsverträgen hoffnungsvoller Investoren belegt. Das reicht buchstäblich bis an den Zaun des Flughafens Schönefeld. Kaum einer wird damit über Nacht zum Millionär werden, den meisten droht eher der Konkurs. Viele dieser Projekte werden nur Scheinblüten tragen, ihre beste Zeit auf dem Papier haben oder als Spekulationsruine die Landschaft verschandeln; doch ohne eine steuernde Kraft wird so der Agglomerationsbrei angerührt, der langfristig die Ausmaße von Los Angeles annehmen könnte.

In Potsdam und Berlin wünscht man sich, daß die Zuwächse nach einem Schlüssel sinnvoll verteilt werden: Berlin stehen 30 Prozent zu, der Region 40 Prozent und dem weiten Land 30 Prozent. Um einen »Speckgürtel« zu verhindern, soll ein Ringstadtsystem die größeren Städte um Berlin entwickeln und diese über eine Schnellbahn an Berlin andocken. Damit würde der Hauptstadt im Umland Luft verschafft, Raum freigehalten. Doch diesen Wünschen fehlt kurzfristig die Realisierungschance.

Die brandenburgische Umgebung Berlins ist »Entwicklungsland«, das Zerrbild einer Wirtschaftsregion. Ihr fehlt ein tragfähiges ökonomisches Skelett, sie ist auf ihre Rolle als Hinterland einer modernen Metropole nicht vorbereitet worden. Gemessen am Umland anderer Metropolen ist die Region ein zurückgebliebenes Gebilde, beschädigt, aber reizvoll. Noch ist der Übergang von der Stadt (3000 E/qkm) auf das Land (unter 100 E/qkm) spürbar. Doch dieser nostalgische Reiz kann nicht darüber hinwegtäuschen, daß die Annehmlichkeiten großstädtischen Umlandes fehlen: gute Wohnstandorte, Ausflugslokale, Freizeiteinrichtungen, qualitativ gute Arbeitsplätze.

Das alles kann nicht von heute auf morgen geschaffen werden. Was nötig ist? Ein neuer »Gesellschaftsvertrag« zwischen Haupt und Gliedern, Metropole und Provinz, Stadt und (Um-)Land, in dem die Aufgaben, Lasten und Pflichten zugewiesen und verteilt werden. Doch die Vereinigung von Zentrum und Region, die Vereinigung der Länder Berlin und Brandenburg findet zur Zeit nicht statt. Abstimmungsversuche scheitern an den Verwaltungsgrenzen und den sich überschneidenden Interessensphären der Akteure und »Entwicklungshelfer« vor Ort, die ostdeutschen Länder leeren sich weiter in Richtung Westdeutschland.

Manchmal gewinnt man den Eindruck, Berlin werde noch immer aus der Perspektive der Mauer betrachtet, dabei stellt sich die Frage nach der Berliner Entwicklung noch in einer anderen Dimension. »Wo in Europa ist Berlin?« So fragte Bernhard von Brentano 1927, als zwei amerikanische Piloten nach einem Non-Stop-Rekordflug ihr anvisiertes Ziel Berlin nicht finden konnten und irrtümlich in Cottbus landeten. Doch die Orientierung im nach Osten geöffneten europäischen Raum war und ist nicht nur aus amerikanischer Sicht schwierig. Berlin liegt plötzlich nicht mehr an der Peripherie Europas, sondern in dessen alter Mitte. Mit dieser Schwerpunktverlagerung verschieben sich auch die unsichtbaren und sichtbaren Kraftfelder der Stadt; es wird um weitreichende Einflußsphären gerungen. Das Verhältnis Berlins zu seinem Umland ist nur ein exemplarischer Ausschnitt des Ost-West-Verhältnisses.

In Berlin überlagern sich drei tiefgreifende Wandlungsprozesse: Systemwandel, Strukturwandel, Wertewandel. Die Gleichzeitigkeit dieser Vorgänge macht eine verläßliche Voraussage unmöglich. Weder gibt es für den Umbau eines zentralistischen Systems vergleichbare Erfahrungen, noch gibt es für den Zusammenbruch der industriellen Basis in Ost-Berlin (und den ostdeutschen Ländern), für die Erhaltung alter Industriekerne und den Aufbau stadtverträglicher Zukunftsindustrien verläßliche Konzepte. Und wie sich schließlich der Umbau im Kopf vollziehen wird, wie sich die unterschiedlichen Werteskalen des Lebens in Ost und West einander angleichen werden, ist überhaupt nicht voraussehbar. Noch nicht einmal, wann die seismographischen Ausschläge der inneren Umwälzung ihren höchsten Stand erreichen und schließlich abebben werden und ob der Nachholbedarf an Wohnraum und Lebensqualität den westlichen Standards blind folgen wird.

Städtebau ist heute keine Planungs-, sondern eine fachübergreifende Kompositionsaufgabe. Gefordert ist die Skepsis gegenüber dem singulären Entwurf, ist die Kunst des Offenhaltens, die Toleranz des Unfertigen, das Beharren auf Nischen und Brüchen, die Wahrung des Pluralismus im Widerstreit der unterschiedlichen Entwicklungsmöglichkeiten.

Die Illusion, daß sich formelle Gleichheit in der Demokratie zur inhaltlichen Gleichberechtigung entwickle, daß sich mit der Hinwendung zu den Rändern Entmarginalisierungen erzielen ließen, ist brüchig geworden; eher scheint es, daß sich in der Anerkennung der Verschiedenheit ein Weg öffnet, der das Gleichheitsgebot als Akzeptanz verschiedener kultureller Identitäten und ihrer Ausdrucksformen zu realisieren in der Lage ist. Städte für alle, Städte, die allen gleiche Bedingungen bieten, sind ein Paradox, wo sich zeigt, daß verschiedene Bedingungen vorhanden sind, verschiedene Lebensstile und Wirklichkeiten gewünscht werden.[2]

»Soziale Gruppendifferenzierungen florieren gerade in der Stadt. Es gibt genug Belege dafür, daß Gruppenunterschiede durch das Stadtleben oft auch verstärkt werden, ja daß die Stadt die Bildung neuer Gruppenaffinitäten fördert.«[3]

In der geplanten Großstadt am Stadtrand, die nicht mehr nur wildgewachsener Notbehelf finanziell motivierter Randwanderung ist, Siedlungsmonotonie mit Gartenstadtideologie, stoßen zwei Sphären aufeinander, die unterschiedlichen Werten und Orientierungsmustern folgen: aus der Gruppenidentität erwachsene Mutualität geschlossener Gemeinschaften und die belebende Konfrontation einer ebenso offenen wie anonymen reibungsvollen Lebensform mit den Unterschiedsreizen der Stadt.

Die Peripherie als eine »weltoffene Provinz« und damit ein höherer Grad von Gleichberechtigung zwischen metropolitaner Konzentration und vitaler Ausstrahlung der Stadt auf der einen Seite und von Gemeinschaftsgefühl und Naturläufigkeit auf der anderen Seite; ein hoher Grad von Eigenständigkeit ohne hierarchische Abhängigkeit, eine Nahtstelle zwischen hohen Flexibilitätsansprüchen und Gemeinschaftsrückhalt: So könnte das in Haßliebe gespannte Verhältnis von Metropole und Provinz sich lösen und entkrampfen.

Doch angesichts der zwangs-, da geldläufigen Entwicklung zur Stadt am Rande der Stadt müssen Gesetzgeber und Verwaltung, müssen die Stadtplaner und Architekten, müssen aber auch die Investoren umdenken und lernen, sich einerseits großräumig, sektorenübergreifend zu verhalten, sich andererseits in ihrem Planungsehrgeiz zu bescheiden, sich neuen Planungsmodellen zu öffnen. Nicht nur quantitativ, sondern auch qualitativ sind die Desiderate angestauten Stadtbedarfs zu erfüllen. Städte anders als nur funktionalistisch zu denken und sich auf ihre unsichtbaren und unbewußten Strukturelemente zu besinnen, um sich oberflächlicher Festlegungen und Ordnungsgedanken zu erwehren und einer Architektur der Machtbehauptung zu widersprechen, Spiel- und Freiräume offen zu halten, ist die Aufgabe:

»Es gibt eine Tiefendimension der Stadt, und es kommt darauf an, für sie die totemistische Bedeutung der Architektur zurückzugewinnen, denn es ist das, was als selbstverständlich betrachtet wird. Es ist das Unbewußte, die Unterdrückung des Bewußten, das sich in diesen lichtscheuen Gebäuden niederschlägt und das alle repressiven Staatsmächte sich zunutze zu machen wissen, um ein Szenario der Stabilität zu entwerfen, das scheinbar jeden Wunsch, die Rituale der Macht zu verändern, im Keim erstickt.«[4]

Seit Jahren erschöpfte sich der Städtebau im wesentlichen in der Stadtreparatur, in der Sanierung und Modernisierung, dem Schließen von Brachen, in Ersatz und Verschönerung von baulichen Altlasten. Die Planung ganzer Städte ist kaum mehr gewagt worden. Das rührt nicht zuletzt von den negativen Erfahrungen her, die in den sechziger Jahren mit den »Trabantenstädten« gemacht wurden: Grüne Witwen erzeugende Schlafstädte, kommunikationsarme, krankmachende Wohngettos ohne angemessene Infrastruktur und Verkehrsanbindung, lieb- und farblose Würfel- und Quaderarchitektur, isolierte Polenden eines zerrissenen Lebenszusammenhanges, so lauteten die Beschreibungen jener dürftigen funktionsteiligen Stadtplanungs- und Architektenphantasien bedarfsgerechter Bedürfnislosigkeit. In Berlin-West galt lange das Märkische Viertel in dieser Hinsicht als ununterbietbar: eine massiv gestaffelte, erdrückende Wohnöde im Abseits.[5] Viele Städte hatten ihr Märkisches Viertel; das war auch in anderen Ländern so. Nur angesichts der quadrierten Plattenmonotonie des sozialistischen Wohnungsbaus durften sich die Erbauer der westlichen Trabantenstädte noch für phantasievoll halten.

Oft konnten allein mit verstärkter Sozialarbeit die Defizite der Stadtplanungen bewältigt werden; Vandalismus, Bandenbildung, suicidale Freizeitmoden, psychosomatische Krankheitsbilder, lieblose, gewalttätige Umgangsformen und vertraute Entfremdungsrituale, eine reiche Kriminalität infolge von Kommunikationsstörung und psychischer Verelendung gehören zum Alltag solcher Stadtmißbildungen. In Filmen wie »Clockwork Orange« und »Tee im Harem des Archimedes« spiegelt sich das Ineinandergreifen von ästhetischer und sozialer Verwahrlosung. Sicher sind nicht Architektur und Stadtplanung die alleinigen Ursachen der sozialen Krankheitssymptome der Städte, aber sie haben das Mißlingen von Kommunikation in den modernen Gesellschaften mitgestaltet, sie haben lange Zeit der Vermeidung dieser Symptome zu wenig Aufmerksamkeit geschenkt, sich der sozialen Verantwortung für die Fehlprodukte ihrer Arbeit zu wenig gestellt, für die materielle Gestalt des Wohnens und ihre Korrespondenz mit Arbeit, Konsum, Freizeit usw. zu wenig neue Konzepte entwickelt, mit der Ästhetik des Bauens auch die ethische Verantwortung vernachlässigt.

Eine Konsequenz gleichermaßen aus diesen negativen Erfahrungen von gestern wie aus der Ohnmacht gegenüber den technologisch variierten und vervielfältigten sozialen Grundfunktionen ist das selbstverordnete Utopieverbot der Architekten und Stadtplaner. Visionen sind verpönt, neue Städte kann es nicht geben. Jeder, der daran sich versucht, wird als Größenwahnsinniger oder Dilettant angesehen. Doch wie sind die vielfältiger gewordenen Teilfunktionen des Lebens miteinander in Einklang zu bringen, wenn nicht durch einen höheren, komplexeren Organisationsgrad und das Wagnis eines Leitbildes, eines in die Zukunft weisenden Entwurfs?

Wer heute Städte bauen will, muß die Funktionsteilung schon in der Planung überwinden. Der Wohnungsbau kann nicht mehr von den neuen – womöglich »sauberen« – Industrien getrennt gedacht werden, der auch flächenmäßig immer dominanter gewordene Dienstleistungsbereich darf die Zentren nach Feierabend nicht veröden lassen. Städte am Rand der (großen) Stadt müssen größere Autonomie erhalten, tendenziell verkehrsfrei gedacht werden. Die Stadt von morgen muß eine »Stadt der kurzen Wege« sein, in der die verschiedenen Lebensfacetten dicht nebeneinander liegen. Die Stadtrandlagen von heute liegen morgen möglicherweise schon im Stadtinnern; es wäre Verschwendung, sie erst im zweiten oder dritten Anlauf nachzuverdichten.

Was der Glaube an die Planungsallmacht, die ingenieurmäßig verkürzte Sicht auf den städtischen Körper, die von den Normen der Serienproduktion geformte Fortschrittsvorstellung lange unterschlugen, war die Besinnung auf die Materialität ihrer Produkte und das Bewußtsein ihrer Endlichkeit. Auch Gebäude werden verbraucht und bilden den Bauschutt von morgen; manche sind so sorg- und gedankenlos und für kurze Dauer geplant, daß sie schon im Entstehen eine zukünftige Entsorgungslast darstellen. Und das gilt auch für den ästhetischen Bereich, für die rücksichtslos banale Architektur von der Stange, die überwiegend das Alltagskleid unserer Städte bildet und die Landschaft begräbt.

Zu große Träger, zu große Strukturen, die unendliche Wiederholung des gleichen Grundschemas, rigorose Entmischung, die fraglose Unveränderbarkeit der vorausgesetzten Prämissen, der Mangel an öffentlicher Diskussion, die systematische und gedankenlose Verhinderung von Identifikation und mentaler Aneignung – diese Fehler der Vergangenheit, erwachsen aus grundlegend anderen Rahmenbedingungen, wurden lange fortgeschleppt, ohne daß eine ernsthafte Auseinandersetzung über den Städtebau stattfand.

Doch das Lamento führte seit 20 Jahren nicht zu neuen Konzepten. Der Städtebau wurde nach der unüberhörbar gewordenen Kritik wegen Nachfragestops zugunsten der Stadtreparatur eingestellt. Der unversehens auftretende Bedarf an Stadterweiterungen und der plötzliche Quantitätensprung von der Kiezplanung zur Stadtentwicklung stellt die ungelösten alten Fragen neu. Dabei täte es gut, sich der großen Stadterweiterungen alter Tradition zu entsinnen.

Freilich, den großen Entwurf, der alle Kritik mit einem Mal aufhebt, wird es nicht geben, die Beschreibung, wie hier vor Pankow eine neue Stadt sich entwickeln könnte, ist allenfalls ein Werkstattbericht in einem Stadium, in dem es noch mehr Probleme als Lösungen gibt. Noch existieren sie nicht, die Bewohner. Wo sind die Akteure und Investoren, die bereit sind, an der Entwicklung einer Stadtstruktur mitzuarbeiten, deren Interesse sich nicht erschöpft in der Errichtung eines Wohngettos oder eines »Gewerbeparks«? Die Aufgaben sind vielfältig: Es müssen Verkehrskonzepte zum Tragen kommen, die ansatzweise mit der Peripherie der Stadt umgehen, als sei sie Mitte; es müssen Wege gefunden werden, die Energie-Wasser-Abwasser zu neuen vernetzten Stadttechnikstrukturen verbinden; es müssen Modelle für stapelbare Fabriken erarbeitet werden, die Flächen sparen und in städtisches Leben integrierbar sind; es müssen klare Stadtkanten geschaffen werden. Mit einem Satz: Es muß möglich sein, großstädtisch am Stadtrand zu leben und von jeder Haustür aus zu Fuß in Frei- und Naturräume zu gelangen.

Wir sind wieder am Ausgangspunkt. Der Stadtkörper, der entstehen soll, wächst aus der Altstadt Pankow-Buchholz in West-Ost-Richtung über Auto- und S-Bahn in die »Neustadt«. Er wird nicht als isolierter Satellit in die Landschaft gesetzt, sondern verbindet sich organisch mit der bestehenden Stadtstruktur. Er hat großstädtischen Charakter. Fast 30 qkm Fläche sollen gefüllt werden. Darin hätten Platz: Teile der Siemensstadt, die Technische Universität, ein Stück Charlottenburg zwischen Steinplatz, Savignyplatz und Ernst-Reuter-Platz, die Jungfernheide, das Internationale Congress-Centrum, der SFB, die Deutsche Oper, der Spreebogen mit dem Produktionstechnischen Zentrum, das Bundesausgleichsamt, das Mommsenstadion und die Deutschlandhalle.

Apropos Savignyplatz: seine komplexe Mischung mit vielfach sich überschneidenden Funktionen, mit hochgelegter S-Bahn-Trasse und den Platz durchschneidender Hauptverkehrsstraße, mit Wohn-, Einkaufs- und Freizeitbereichen wäre nach Maßgabe der heutigen Verordnungen nicht herstellbar. Das zeigt, wie wichtig es ist, sektorale Flächenausweisungen zu verhindern, durch die Nutzungsstrukturen festgeschrieben werden, wie wichtig es ist, sich von den herkömmlichen Trennungen und Aufspaltungen zu verabschieden. Sonst ist das Leitbild einer vitalen gemischten Stadt der kurzen Wege nicht realisierbar. Die heute gültige Baunutzungsverordnung basiert noch auf der Logik einer eminent emissions-, verkehrs- und lärmintensiven Produktion, die zur radikalen Trennung der Funktionen führte.

Es ist in der Illustration der Dimensionen, der Mischung und der Urbanität nicht von ungefähr das Bild des alten Berlin, zumindest das Bild der Stadt vor ihrer großen Zerstörung enthalten, das in dem der neuen Stadt wiedererkennbar sein soll. Und dort, wo nichts Altes, Identifizierbares existiert, muß es gebaut, aus Berlin heraus fortgebaut werden. Das Bild der neuen Stadt in ihrer Entstehung ist kein fertiges, komplettes, sondern eines, das sich zunächst aus dem Skelett sinnvoller Raumzuordnungen zusammensetzt. Keine Kreise und Ellipsen, keine Wagenburgen und Hufeisen, keine dekorativen Zeichen und Symbole sollen der neuen Stadt die Form geben, sondern die visuelle Kommunikation mit der Umgebung.

Landschafts- und Gebäudebrücken überwinden die von Verkehrstrassen versperrten Raum- und Sichtachsen, lassen die Landschaftskonturen in der neuentwickelten und doch fortgebauten Stadt erkennbar bleiben, öffnen den Blick auf die alten Dorfkerne und Kirchtürme der Umgebung.

Die neue Stadt entwickelt sich in drei großen Bauabschnitten, die jeweils für sich eigenständig errichtet werden können. Das größte Stadtquartier entsteht im Umfeld des großen Brückengebäudes, über das die Straßenbahn den Besucher zum »Central Park« bringt, um den herum alle wichtigen Stadtverwaltungen und öffentlichen Einrichtungen sich gruppieren. Von hier aus wächst die Stadt, wachsen Wohnquartiere mit einer Vielzahl unterschiedlicher Haustypen: Stadthäuser, Geschoß- und

Maisonettewohnungen, schaltbare Wohnungen, die mit den Familien sich vergrößern und schrumpfen können. Sie mischen sich mit modernen Gewerbehöfen, in denen Handwerk, Software-Unternehmen und die Back-Offices von Industrie, Baugewerbe, Handel und Verkehr sich niederlassen.

Das Gewerbegebiet ist eng mit dem Wohngebiet verbunden, es geht ja darum, wie unter den Vorzeichen moderner Produktions- und Informationstechnologien eine Stadt gebaut werden kann. Soll urbane Mischung wieder die Regel werden, müssen die Flächenausweisungen und Abstandserlasse zumindest fallbezogen überprüft werden. Die Übergänge von Produktion und Dienstleistungen sind fließend geworden. Bürohaus und Fabrik unterscheiden sich in Zukunft selbst optisch kaum noch. Die Architektur, wenn sie wirklich von der Aufgabe her gefordert wird, weist gerade im Industriebau neue Wege. Normalerweise große Flächen beanspruchende Gewerbezweige, die ihre alten Stammsitze in der Berliner Innenstadt hatten und dort noch über eine Adresse verfügen, können sich hier in flächensparenden, mehrgeschossigen Produktions- und Distributionsgebäuden einrichten.

Eine flächen- und energieschonende Integration vieler Arbeitsplätze in ein städtisches Umfeld ist nicht nur schon mittelfristig ökologisch sinnvoll, sondern auch ökonomisch. Qualifizierte Arbeitskräfte werden in Zukunft lange Anfahrten zu monostrukturierten Gewerbeparks nicht hinnehmen. Verkehrsüberflüsse können nur vermieden werden, wenn die unabdingbaren Facetten hoher Lebensqualität dicht nebeneinander liegen.

Dazu gehört heute auch, daß die lange ins Unbewußte abgedrängten unsichtbaren Strukturen der Stadt sichtbar und zu einem öffentlichen Gegenstand gemacht werden. Ein wichtiger Strukturgeber der neuen Stadt wird ein Entsorgungs- und Recyclings-Zentrum (ERZ) sein, über dessen Größe und Struktur es unterschiedliche Einschätzungen gibt. Doch die herkömmlichen Deponien und Verbrennungsanlagen früherer Jahre werden neuen Entsorgungs- und Verwertungstechnologien weichen. Durch die ökologische Diskussion und nach Verabschiedung eines Kreislaufwirtschafts- und Abfallgesetzes bilden sich neue Industriezweige des Anlagenbaus für spezifische Abfallarten heraus, die Berlin systematisch fördern will. So kann das ERZ Zentrum und Ausgangspunkt für einen zukunftsträchtigen Standort von neuartigen Demontagefabriken und umwelttechnischen Dienstleistungen werden. Nicht Emissionen und Lärm, sondern die Probleme der Logistik – des Rückführens der Produkte und des damit verbundenen Verkehrs – werden trotz Schienenanbindung die größten Schwierigkeiten verursachen.

Umkämpft ist ein weiteres Projekt: Das EWA-Projekt[6] (Energie-Wasser-Abwasser), das einen ressourcensparenden Beitrag als Kompensation für dic dem Ökosystem »Stadt« aufgetragenen Lasten leistet. Das Projekt beschäftigt sich mit dem tabuisierten Abfall aus den »heimlichen Orten« des Stadtlebens, betreibt Recycling im Stadtmaßstab – im städtebaulichen Verbund mit Schmutzwasser, Regenwasser, Trinkwasser, Brauchwasser, Wärme, Strom, Klärgas und Erdgas. Die Elemente sind der Einsatz von »Klarwasser« aus Abwasser des Klärwerkes für das Brauchwassernetz von Industrie und Haushalten zur Stabilisierung des natürlichen Gewässerhaushalts, für die Rückgewinnung von Abwasserwärme zur dezentralen Wärme- und Stromversorgung der Stadt, für energiegewinnende Bauweisen, energie- und wassersparende Haustechnik, für emissionsarme Energietechnologien.

Ein wesentlicher Bestandteil des Images von »Hobrechtstadt« wird das Wasser sein, doch gemeint ist nicht, in ebenso vielversprechender wie vager Anspielung auf Venedig oder Amsterdam noch eine neue »Wasserstadt« zu propagieren, beabsichtigt ist, Wasser als wertvolles integrales Element des Stadtlebens durch beispielhaft schonenden Umgang in seinen verschiedenen Bedeutungen, Funktionen, Wirkungen wieder zu Bewußtsein zu bringen.

Anstelle der üblichen Degeneration des Stadtpanoramas durch »Horizontverschmutzung«[7] bedarf die neue Großstadt einer Identifikationssilhouette, einer (wieder-)erkennbaren, charakteristischen visuellen Gestalt. Ohne gebaute Merkmale und Kennzeichen, ohne gediegene Form und Signatur ihrer »Ansicht« werden Städte heute bis zur Verwechselbarkeit entstellt, ohne Funkturm, Siegessäule, Fernsehturm als Gesamtberliner Orientierungszeichen, ohne das Brandenburger Tor, aber auch ohne das Rathaus für Schöneberg, den Verwaltungsturm der Borsigwerke für Tegel, den Behrensturm für Oberschöneweide, wäre die Stadt, wären die Städte in der Stadt, ihres besonderen Profils beraubt. Besonders Turmbauten geben seit altersher dem schweifenden, orientierungssuchenden Blick Halt, bieten meist auch Plattformen für den Überblick, sind panoramastiftend. Sie sind magische Male im Häusermeer. Doch sollte nur an der Identifikationssilhouette der Stadt mitbauen, wer sich auch für ihr Funktionskonzept verantwortlich fühlt.

Wer zieht in die Großstadt am Stadtrand? Um ein Mißverständnis gleich auszuräumen: auf den Idealbürger bauen wir nicht. Er ist eine zu rare und blasse Spezies und hat den entscheidenden Nachteil, nicht von unserer Welt zu stammen, immer erst in der Zukunft heranzureifen, womöglich nur in der dünnen Luft utopischer Entwürfe und Prognosen existieren zu können; letztlich ist er ein unvitaler Typ. Nein, die Urbanität der Stadtrandstadt fordert die aktive Mitwirkung an der Gemeinwesenentwicklung von höchst unterschiedlichen Individuen mit den verschiedensten Bedürfnissen, Eigenschaften, Lebensstilen.

Ganz falsch wäre es, die den meisten einsichtige und vernünftige Forderung nach der autofreien Stadt, die von vielen im Kopf bewegt und dann an den Nächsten oder »nach oben« weitergereicht wird, durch strikte Parkraumverknappung erzwingen zu wollen. Damit wäre eine 100 000-Einwohner-Stadt in naher Zukunft wohl kaum zum Leben zu erwecken. Vielleicht aber wäre es schon denkbar, die Parkräume aus dem Gesichtskreis der Wohnhäuser zu verbannen und damit das Auto aus dem Zentrum des Alltagsbewußtseins zu schieben, es an den »kurzen Wegen« nicht teilhaben zu lassen.

»Unser Bewohner« von Hobrechtstadt ist gelernter Großstädter, der nicht länger verdrängen will, der aber auch nicht verzichten will, der bei seiner Entscheidung, an den Stadtrand zu ziehen, gewinnen will, der weiß, daß er sich zum eigenen Nutzen daran beteiligen muß, die Problemlast der Städte zu verringern.

Sein (bekanntes) Profil: er ist ebenso bequem wie neuigkeitslüstern, manchmal ein Streuner auf Geselligkeitssuche, manchmal ein einsamer Flaneur, manchmal ein heimatloser Stadtnomade, manchmal ein traditionshungriger Stadtromantiker, manchmal ein Stadtflüchter, manchmal ein Stubenhocker, manchmal ein Türsteher und Fenstergucker, manchmal krankhaft betriebsam, manchmal lärmgestört, manchmal ruheflüchtend, mit Angst vor leeren Plätzen, vollen Straßen, labyrinthischen Verwaltungen. Er gleicht dem normalen Großstädter aufs Haar.

»Unser Bewohner« liebt Plätze, als Orte der visuellen akustischen, ästhetischen Kommunikation, als Stütz- und Ruhepunkte, als Kiezforen für den Meinungsumsatz, den Neuigkeitenumschlag, als Marktplatz von Waren, Informationen, Eitelkeiten, als »Augenweide«. Welche Plätze funktionieren heute noch so? Denken wir an die vielen zerstörten Plätze in Berlin, die nur (noch) zur Straßenkreuzung oder Verkehrsinsel taugen, die zerrissen (Innsbrucker Platz) oder überbaut (Breitenbachplatz), schwer zugänglich sind (Theodor Heuss Platz, Ernst Reuter Platz) oder ganz aufgelöst wurden (Kemper Platz).

»Unser Bewohner« hält sich gern an den Orten auf, die in der Normalstadt schnell und grußlos durchquert werden, in den »Eingangsbereichen« der Häuser, jenen öden Raumwüsten, die dem Kennenlernen dienen müßten, dem Ausruhen und Aufhalten. Doch in der Regel sind sie nur funktionale Schlupflöcher, ungastliche Durchgangsbereiche, kahle Schleusen.[8]

Aber es wäre falsch, »Hobrechtstadt« im Vorfeld schon mit allzu vielen konkretistischen Vorstellungen und Forderungen zu belasten; die Architekturzeitschriften sind seit Jahren voll davon. Wie die Stadt im

Detail aussehen und funktionieren wird, hängt davon ab, ob es gelingt, die Protagonisten in den Entwicklungsprozeß demokratisch einzubinden, ob es gelingt, in einer zukunftsängstlichen Gesellschaft die vervielfältigten Egoismen, das glückverheißende Gewinn- und Karrierestreben, die sichernden und entlastenden Kompetenz- und Verantwortungsabgrenzungen um eines tragfähigen Stadtkonzeptes willen zu entschärfen und in einem offenen und flexiblen Prozeß auszubalancieren.

## *Anmerkungen*

1 Siehe Martin Einsele, »Räumlich-funktionale Veränderungen zwischen Wohn- und Arbeitswelt oder: Nutzungstrennung contra Nutzungsmischung eine falsche Polarisierung?«, *Stadt, Kultur, Natur. Chancen zukünftiger Lebensgestaltung. Bericht der Kommission »Architektur und Städtebau«*, erstellt im Auftrag der Landesregierung von Baden-Württemberg, August 1987.

2 Walter Prigge, »Städtebau am Stadtrand heute«, *Stadtplanung in Frankfurt. Wohnen, Arbeiten, Verkehr*, hg. von Martin Wentz, Frankfurt/New York 1991.

3 Iris Marion Young, »Die Erotik der großen Städte«, *Transit. Europäische Revue*, Heft 5, 1993.

4 Daniel Libeskind, »Fragmente von Utopia. Weitere Meditationen zur Zukunft Berlins«, *Lettre International*, Heft 19, Winter 92, S. 86.

5 Vgl. »Schöner wohnen. Protokoll aus dem Märkischen Viertel Berlin«, aufgezeichnet von Helga Reidemeister, *Kursbuch* 27, 1972.

6 Nach einem Konzept von Prof. Heinrich Tepasse zusammen mit Dipl. Ing. Torsten Löber.

7 Vgl. Einsele, Anm. 1.

8 Vgl. Ulrich Pfeiffer, »Städtebau am Stadtrand – für einen neuen Planungskonsens«, *Bauwelt*, 1982, Heft 1.

# Michael S. Cullen
# Ja, mach nur einen Plan

Über Versäumnisse der Hauptstadtpolitik

Berlin will, daß Bonn sich dem Beschluß des Bundestags vom 20. Juni 1992 endlich frohen Mutes beugt und an die Spree zieht. Und in Bonn gibt es nicht wenige, die genau dies mit aller Macht und mit aller List verhindern wollen. Beide Lager übersehen, daß Bonn längst in Berlin etabliert ist: bei der Planung für die »Spreemetropole« hat Bonner »Geist« die Stadt schon fest im Griff. Alles, was Bonn in Berlin plant, kennt das Bundesdorf am Rhein schon lange; dreißigstöckige Büroriesen aus Stahlbeton auf der ach so grünen Wiese, Stahlzäune mit fernbedienter Fernsehkameraüberwachung, Einbahnstraßen, die das linke oder rechte Abbiegen über mehrere tausend Meter verhindern. Dieser Bonner Geist, inzwischen schon treibende Kraft der Alt-Bundesrepublik, paart sich mit einem ebenso traditionell gewordenen Berliner Kleingeist, und die noch unverwechselbare Stadtgestalt Berlins geht dabei über die – pardon – Wupper! In wenigen Jahren wird Reisenden auffallen, daß am Rhein und an der Spree hinsichtlich Architektur, Verkehrsführung und Sicherheitsmentalität kein Unterschied besteht.

Wenn es um die Planung und den Ausbau Berlins als Hauptstadt geht, weisen die Berliner gern auf Bonn; von dort aus wird entschieden, von Bonn aus plant man den Abriß der Reichsbank und des Palastes der Republik. In Bonn wird entschieden, ob dereinst Serenissimus Kinkel oder Schinkel der Stadt ihren Stempel aufprägen werden. Das alte AA, das Winzerstübchen, muß weg – na schön; das Staatsratsgebäude, das Haus der Treuhand, alles muß abgerissen werden. Berlin muß sich in sein Schicksal fügen. Ja, so ist es zur Zeit – muß es aber so bleiben?

Es wäre zu kurz gedacht, wollte man behaupten, Berlin importiere alles direkt aus Bonn. Ebenso viele Berliner Probleme sind hausgemacht. War es nicht die Entscheidung des Volker Hassemer, den Bundespräsidenten vom Schloß Bellevue zum Kronprinzenpalais zu locken? So edel seine Beweggründe – ein wichtiges Verfassungsorgan in der alten Stadtmitte – auch waren, das Desaster mit dem Operncafé hätte er sehen müssen, d. h. erst prüfen, dann verkünden. Nun hat der Bundespräsident ihn aus dieser Zwickmühle erlöst, und Senator Hassemer müßte erleichtert sein; nur tut er nicht so. In Berlin wird gern darüber gestritten, ob am Brandenburger Tor eng oder weit, eng-weit, hindurch oder wie auch immer gefahren werden muß. Soll das Schloß wieder errichtet werden? Bei großen privaten Bauvorhaben, wie Friedrichstadtpassagen, Potsdamer Platz, Alexanderplatz, zwingt die Stadt zum Wettbewerb, während die öffentlichen Bauaufträge – Umbau des Preußischen Landtagsgebäudes für das Berliner Abgeordnetenhaus, Abriß und Neubau des Lehrter Bahnhofs – ohne Wettbewerb abgehen.

Das Problem der Hauptstadtwerdung Berlins hängt eng mit dem Kardinalproblem des Einigungsprozesses zusammen: daß der alte Westen verlangt, nur der Osten müsse umdenken lernen, er selbst könne bleiben, wie er war. Es war schon ein großer Fehler, daß man am 3. Oktober den Landesnamen nicht geändert hat, um auch sprachlich einen Neubeginn zu setzen.

Wenn die PDS, von Bürgerinitiativen unterstützt, jetzt verlangt, daß der Palast der Republik nicht abgerissen wird, muß sie sich auch eine andere Begründung ausdenken. Der Palast sollte erhalten bleiben, aber nicht, weil sein Hauptarchitekt Heinz Graffunder ihn vermessen mit dem Centre Pompidou vergleicht und behauptet, 70 Millionen Besucher hätten zwischen 1976 und 1989 ein eindeutiges Votum für seine Architektur abgegeben (er meint: 70 Millionen Besuchsvorgänge, Besuchsfälle, und vergißt dabei, wie viele Besuchsfälle der U-Bahnhof Alex gehabt hat). Das sind keine Gründe. Auch die ehemaligen Bediensteten, die Kaltmamsells und Pförtner und die vielen Menschen, die dort gegessen, getrunken, Theater besucht, gearbeitet, gezeugt, Jugendweihe, Hochzeit etc. gefeiert haben, taugen nicht zur Begründung.

Der einzige Grund, das Gebäude zu erhalten – daß es machbar ist, braucht nicht länger betont zu werden –, liegt in der Geschichte. Vor allem im Beschluß der freigewählten Volkskammer vom 25. August 1990, daß die DDR der Bundesrepublik nach Art. 23 GG beitrete, und zwar am 3. Oktober 1990. Ein historisches Datum, nicht weniger bedeutsam als der 9. November 1918 oder der 8. Mai 1945. Pech nur für die PDS, daß sie geschlossen gegen diesen Beschluß gestimmt hat.

Es stimmt schon, daß es viele Kräfte in Bonn gibt, die den Umzugsbeschluß mit aller Macht zu torpedieren versuchen; nicht nur die 120 Bundestagsabgeordneten, die aus vermeintlichen Kostengründen den Vollzug des Beschlusses vom 20. Juni 1991 zu verlangsamen bzw. zu kassieren versuchen. Sie agieren im großen und ganzen auf Abteilungsleiter-Niveau – niveaulos? – und schicken ihre Ressortchefs nur dann in die Schlacht, wenn die Gegenüber in Berlin diese Machenschaften durchschauen. Das war so mit dem fatalen Vorschlag, gleich drei große Häuser

– ehemalige Reichsbank und ZK der SED (Hauptnutzfläche – HNF – 60 000 qm), ehemaliges Reichsluftfahrtministerium/Treuhand (HNF 60 000 qm), Staatsratsgebäude (HNF 10 000 qm) – zu schleifen, um dann zu behaupten, der Umzug würde noch länger dauern. In einem eigenen Bericht »Unterbringungsmöglichkeiten der Bundesregierung in Berlin« hat die Bundesbauverwaltung festgestellt, daß beim Staatsratsgebäude der Sanierungsaufwand »gering«, bei den anderen »mittel« sei. Für das Reichsbankgebäude, später Zentralkomitee der SED und lange Zeit für das Auswärtige Amt vorgesehen, stellte der Bericht lapidar fest: »Bei der Modernisierung ist abschnittsweises Vorgehen bei laufendem Betrieb des Hauses möglich.« Das interessierte Außenminister Klaus Kinkel nicht; und weil er partout auf einen Neubau pocht, bekommt er gemäß Beschluß vom 23. März einen protzigen Riesenkasten anstelle des Palastes der Republik, der dafür – und gegen die Proteste mittlerweile auch vieler West-Berliner – abgerissen werden muß. Die Welt mag untergehen, Bonn zieht im Geiste schon an die Spree in ein neues Bonn. Nein, Bonn ist schon längst da!

Der Bonner Geist manifestiert sich in dem schrecklichen Plan, aus Schinkels Wache ein Nationaldenkmal zu machen mit einer stark vergrößerten Nachbildung der kleinen Pietà von Käthe Kollwitz. Diesen Bonner Geist, diesen Bonner Ungeist, Birnengeist, sollte man tunlichst schnell in die Flasche zurückstecken und fest verkorken.

Viel listiger sind die Gegner, die mit den vermeintlichen Kosten des Umzuges argumentieren. Unvergessen bleibt die Vorhersage der PROGNOS-AG aus Basel im Auftrage des Landes Nordrhein-Westfalen von Ende 1990. In der damals prognostizierten Summe von 80 Milliarden DM standen 30 Milliarden als Ausgleich für verlorene Wirtschaftspfründen der Region Bonn. Selbst wenn das der Fall wäre – wer kann es oder das Gegenteil beweisen? –, muß der Steuerzahler dafür nicht aufkommen. Noch immer reden viele Bonner allerdings von 50 Milliarden DM, schließen dabei Baukosten und direkte Umzugskosten mit ein, ja wollen dem Steuerzahler selbst die privaten Umzugskosten für Diplomaten und Journalisten aufbürden. Ein typisches Beispiel von Christoph Heins »fünfter Grundrechenart«.

Zu diesen Zahlen muß endlich einmal realistisch Stellung genommen werden, besonders vom Berliner Senat. Die gesamten Umzugskosten setzen sich zusammen aus Kosten für den Bau neuer bzw. Umbau vorhandener Regierungs- und Parlamentsgebäude, Umzugskosten für die von Bonn nach Berlin ziehenden Beamten und Angestellten sowie hauptstadtspezifische Infrastrukturmaßnahmen (Kommunikation, Ver- und Entsorgung, Verkehr).

Da bekanntermaßen Berlin kein fertiges Verkehrskonzept hat, kann nicht einmal geschätzt werden, welche Maßnahmen mit welchen Kosten erforderlich sein werden, geschweige denn, wer die Kosten trägt.

Die oben erwähnte Studie basiert auf einem angemeldeten Gesamtraumbedarf von 480 000 qm HNF, die in alten und neuen Bauten einzurichten wären. Der Bericht erwähnt auch die Kosten, die für die Errichtung von Neubauten und für die Sanierung von Altbauten einschließlich der DDR-Bauten ermittelt werden konnten. In diesen seien über 300 000 qm vorhanden. Im Raum Köln/Bonn kostete 1990 ein Quadratmeter HNF zwischen DM 7500 für die Sanierung von Altbauten und DM 10 000 bis 12 000 für die Sanierung von Neubauten (sprich: zur DDR-Zeit errichteten Bauwerken). Ein Worst-case-Scenario würde die höchste Zahl ansetzen. Demnach ergäben sich 300 000 qm à DM 12 000 gleich 3,6 Milliarden DM. Weitere – worst-case-bemessene – 200 000 qm Neubauten à DM 6000 pro Quadratmeter ergäben dann 1,2 Milliarden; macht nach Adam Riese DM 4,8 Milliarden für *alle* Baumaßnahmen. Wenn man wollte, könnte man in diesem Scenario sowohl Hauptnutzfläche als auch Baupreise anheben, sagen wir, auf das Doppelte – so schlimm kann es nicht einmal in Berlin kommen – und erreichte einen Gesamtbedarf von DM 9,6 Milliarden. Auch nach einem solchen Scenario wäre man weit entfernt von den Horrorzahlen 20 bis 50 Milliarden DM.

Und schließlich, und das wollen die Gegner des Berlin-Beschlusses überhaupt nicht zugeben, diese weit geringeren Beträge erstrecken sich auf einen Zeitraum von fünf bis im ungünstigsten Falle zehn Jahren. Egal in welchem Zeitraum aber, im Durchschnitt ist das um einiges weniger, als Berlin ohnehin pro Jahr für Neu- und Umbauten ausgibt.

Wie der ehemalige Korrespondent der *Financial Times* Leslie Collit auf DM 800 Millionen für die »Sanierung« des Reichstages kommt, ist völlig schleierhaft. Nur kann diese Zahl nicht ungeprüft im Raum stehenbleiben, weil die Summe Wasser auf die Mühle derer ist, die den Standort Berlin bekämpfen. Erstens ist der Reichstag nicht nur schon saniert, sondern zwischen 1961 und 1972 wiederhergestellt worden, und zweitens kostete dies »nur« 120 Millionen DM.

Hinzu kommen müßte allerdings eine neue Prioritätensetzung beim Umzugsproblem auf Seiten des Senats. Viel mehr als einen Olympia-Beauftragten braucht der Senat einen Hauptstadtbeauftragten mit einem funktionierenden Büro. Daß die Olympischen Spiele im Jahre 2000 in Berlin ausgetragen werden, ist nicht einmal gewiß, und wenn schon, dann nur für zwei Wochen. Dagegen hat der Bundestag beschlossen, daß Berlin Sitz von Regierung und Parlament wird, und dieser Beschluß soll in einem historischen Zeitrahmen Gültigkeit haben.

Der Berliner Senat verweist schnell auf die Aktivitäten des Chefs der

Senatskanzlei, aber dessen Büro für Öffentlichkeitsarbeit steht noch nicht einmal ein Faxgerät zur Verfügung. Und ein Hauptstadtbeauftragter müßte mehr Kompetenzen als nur die Medienpflege haben; er müßte ein Produkt entwickeln, das sich »verkaufen« läßt. Er müßte die Bürger dieser Stadt informieren und auf die vielen schwierigen Aufgaben der Hauptstadtwerdung vorbereiten. Und er müßte die notwendige Autorität haben, um die Aversionen, die in weiten Teilen Deutschlands gegen Berlin bestehen, besänftigen zu können. Im Osten rühren diese Aversionen daher, daß zu DDR-Zeiten alle Kräfte und Gelder für den Ausbau der Hauptstadt abgezogen wurden; im Westen daher, daß vielfach Notopfer und Notgroschen für die Stadt aufgebracht werden mußten – Berlin am Tropf. Der Hauptstadtbeauftragte müßte durch Gespräche mit Redakteuren in allen Teilen des Landes deutlich machen, daß Berlin sich als die Hauptstadt aller Deutschen versteht, daß es sich als die Mitte des Landes und nicht als die Mitte seiner selbst betrachtet.

Es geht dabei nicht nur um »physische« Planung, die selbstverständlich in den Händen des Senators für Stadtentwicklung und Umweltschutz bleibt. In Berlin sind nicht einmal die wenigen demographischen Daten für die unterschiedlichen Szenarien gesammelt worden: Wächst die Bevölkerung, sinkt sie, bewegt sie sich bei dieser oder jener Entwicklung; wie entwickeln sich Schülerzahlen, Krankenhauskapazitäten, Wohnungsbedarf? Was passiert beim Wegzug der Alliierten, wo bleibt das Geld, das für die Unterhaltung dieser Militärs jahrelang den Bundes- und den Berliner Haushalt belastete? Welche Vor- und Nachteile bringt die Hauptstadtfunktion mit sich? Was tut der Senat dafür, daß Berlin noch die Stadt der Berliner bleibt? Was tut der Senat gegen die Gewerbemietenexplosion, die schon dabei ist, die alten Kiezstrukturen zu sprengen? Was tut der Berliner Senat dafür, daß sich die Hauptstadt organisch in ihr brandenburgisches Umland einfügt? Was tut der Senat dafür, daß alle anderen Deutschen von Flensburg bis Passau sich mit ihrer Hauptstadt identifizieren können? Ist es wahr, daß sich Europa als ein Kontinent aus Regionen und nicht mehr aus Nationalstaaten entwickeln wird? Und wenn ja, wann? Und mit welchen Folgen?

Wo ist die Stelle in Berlin, an der diese Fragen zusammenlaufen und über sie nachgedacht wird? Warum hat sich keine der großen Parteien je eine Klausur zum Thema »Hauptstadtwerdung« geleistet?

Statt dessen feiert der Regierende Bürgermeister seinen Einstand im Feuilleton der FAZ. Es gibt kaum etwas Deprimierenderes in dieser Richtung als die Bemühungen des Herrn Diepgen, Bonn gegenüber seinen vorauseilenden Gehorsam unter Beweis zu stellen. Jeder weiß, daß der Senat über Planungsaufgaben der Hauptstadt gründlich zerstritten ist. Die Stadtsekretärsrunde tagt nicht mehr, und bis zum letzten Tag der

Beschlußfassung des Gemeinsamen Ausschusses gab es unter den Senatoren keine einheitliche Meinung. Da die Bonner wissen, was sie wollen, ist es für sie ein Kinderspiel, ihre Wünsche gegen Berlin durchzusetzen. Diepgen wollte fairerweise das große Wort Vision nicht strapazieren, aber eine Vision gegen ein schmuckes Pferdegeschirr mit Scheuklappen zu tauschen und so zu tun, als wäre dieser Beschluß ein Segen für Berlin, damit erweist Diepgen weder Berlin noch Bonn noch den Bürgern dieses Landes irgendeinen Dienst. Diepgens Artikel kann nicht darüber hinwegtäuschen, daß diese Stadt für die Hauptstadtwerdung nicht mehr zu bieten hat als Bekenntnisse. Ein Amerikaner reagiert auf Mitmenschen, die sich so volltönend geben, mit der Aufforderung: »Put your money where your mouth is«.

Die Umzugsgegner müßten endlich aufhören, am Hauptstadtbeschluß herumzumäkeln. Und sie sollten erkennen, daß das spezifische Problem Berlins – das Zusammenwachsen zweier Stadthälften mit jahrzehntelang unterschiedlichem politischen System und Entwicklungstempo – ohnehin schon eine Jahrhundertaufgabe ist. Aber damit wären die Berliner nicht aus dem Schneider: Auch sie müßten endlich begreifen, daß sich alles geändert hat. Wann ändert sich die Politik? Wann wird sie hauptstädtisch?

# Zeitdiagnosen, Perspektiven, Provokationen

Nach den großen politischen Veränderungen der letzten Jahre zeichnet sich eine Orientierungslosigkeit ab, die jedoch nicht in Skepsis und Ratlosigkeit enden muß. Es wird nach neuen Deutungsmustern verlangt, die alte Klischees in Politik und Kultur in einem neuen Licht erscheinen lassen. Die Taschenbuchreihe ›ZeitSchriften‹ greift in diesen Prozeß ein und setzt deutliche Akzente.

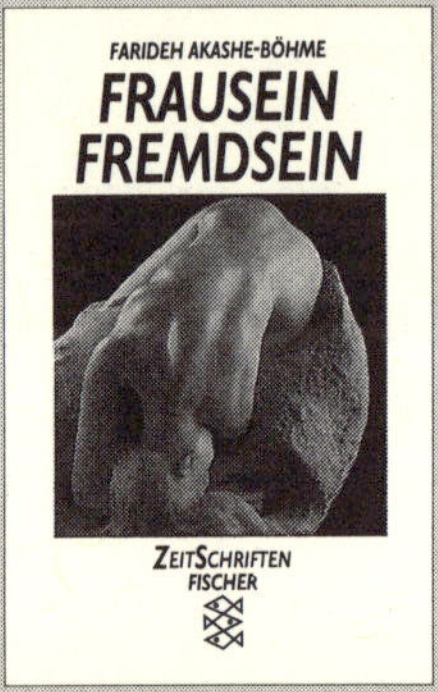


Bd. 11732 DM 12,90

Bd. 11578 DM 14,90

Bd. 11810 DM 10,90

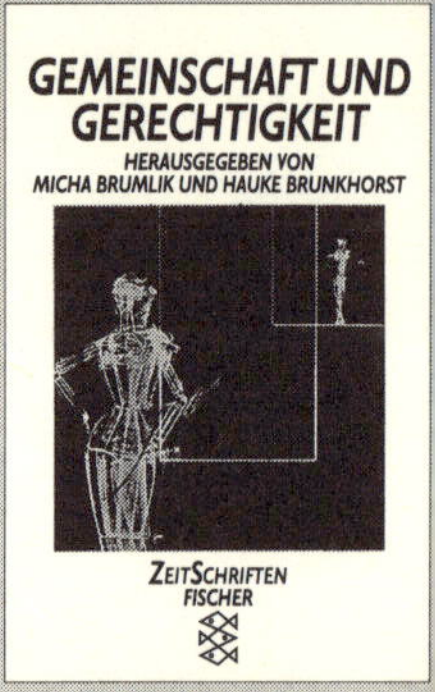


Bd. 11724 DM 19,90

Bd. 11577 DM 10,90

Bd. 11630 DM 12,90

Bd. 11730 DM 14,90

Bd. 11596 DM 12,90

# ZeitSchriften

Die neue Reihe im
Fischer Taschenbuch Verlag

# Christian Bommarius
# Das andere Grundgesetz

»Wehe denen, die ein Haus an das andere ziehen und einen Acker zum anderen bringen, bis daß kein Raum mehr da sei, daß sie allein das Land besitzen.« Jesaja 6, 8

»Von Standpunkt einer höhern ökonomischen Gesellschaftsformation wird das Privateigentum einzelner Individuen am Erdball ganz so abgeschmackt erscheinen wie das Privateigentum eines Menschen an einem anderen Menschen.

Selbst eine ganze Gesellschaft, eine Nation, ja alle gleichzeitigen Gesellschaften zusammengenommen, sind nicht Eigentümer der Erde.« Karl Marx, 1894

»Die Bodenfrage ist die Kardinalfrage der Siedlung, des Städtebaues, des ganzen Volkes ... Wir leiden an der falschen Bodenpolitik der vergangenen Jahrzehnte, der Hauptquelle aller physischen und psychischen Entartungserscheinungen. Die bodenreformerischen Fragen sind nach meiner Überzeugung Fragen der höchsten Sittlichkeit.« Konrad Adenauer, 1921

LANDESGRENZEN Die Einheit Deutschlands ist eine Chimäre. Als politische Losung gehört sie zum ideologischen Handgepäck der Parteifunktionäre und Leitartikler. 40 Jahre diente sie als Parole, Schlagwort, als Ornament in Parlamentsdebatten. Heute ist sie – bestenfalls – eine Metapher für den Zusammenbruch des realsozialistischen Zwergstaates östlich der Elbe und seiner Folgen. Sie war und ist allgegenwärtig, aber »wirklich« ist sie nicht und auch nicht wirklich gewollt. Im Gegenteil – nichts wird in diesem Land hartnäckiger verteidigt und ehrfürchtiger verehrt als seine Teilung. Wer sie in Frage stellt, verletzt ein Tabu, wer sich nach ihrer Berechtigung erkundigt, wird mitleidig belächelt. Obwohl das Grundgesetz ihre Überwindung ausdrücklich erlaubt, käme es niemandem in den Sinn, die Möglichkeit öffentlich zu erörtern. (Ausnahmen wurden zuletzt in den siebziger Jahren bekannt – den Tätern wurde geraten, in den anderen Teil des Landes zu ziehen, der damals nicht geteilt war.) Die Gründe für diese Popularität der Landesteilung sind nicht sofort zu erkennen – obwohl vom Staat hoch subventioniert, konnten nur relativ wenige daran mitwirken. Bis zur deutschen Einheit teilten viele Millionen Grenzen die Bundesrepublik in 20 Millionen Immobilien, danach kamen etliche Millionen hinzu. Die Zahl der Grundbesitzer liegt jedoch erheblich darunter. Die günstigen Aussichten des Grundbesitzers versöhnen andererseits mit der recht bescheidenen Chance, einer zu werden – kein Eigentum erfreut sich hierzulande eines größeren Schutzes des Gesetzgebers, kein Eigentümer wird vom Staat so zuvorkommend behandelt, kein anderes Gut verheißt so sichere und hohe Wertsteigerung wie eigener Boden.

Diesen kostspieligen Fetisch hat die deutsche Gesellschaft stets so geduldig gefüttert wie der Spieler den einarmigen Banditen – die Verluste waren kalkuliert, Gewinne so gut wie ausgeschlossen. Den Tribut kassierten die Grundbesitzer wie selbstverständlich und stillschweigend – in den vergangenen Jahrzehnten mehrere 100 Milliarden Mark. Seit kurzem macht sich jedoch im Publikum Unmut breit, der Verdacht wird geäußert – zwar noch leise, doch deutlich vernehmlich –, spätestens seit der Einheit Deutschlands seien die Kosten seiner Teilung nicht länger zu tragen. Zeitungen berichten täglich über zunehmende Wohnungsnot in Ballungsräumen, in Gemeindeparlamenten machen Dossiers über gehortetes Bauland die Runde. Der Ring Deutscher Makler und die Bundesbauministerin reden beschwichtigend von »Bodenpreissteigerungen«, doch angesichts der Milliardengewinne durch ungenutzten Boden ist die Bezeichnung »Spekulation« noch geschmeichelt. Die seit mehr als 15 Jahren mit Verbissenheit nicht geführte Debatte über die seit mehr als 100 Jahren geforderte Reform des Bodenrechts kommt wieder in Gang – es wurde höchste Zeit.

WOHLSTANDSELEND Dezember 1988 – historischer Wendepunkt, heroische Stunde. Der Bundesminister für Raumordnung, Bauwesen und Städtebau bewegt die Lippe und erklärt die deutsche Wohnungsmisere für beendet: »Die Wohnungsversorgung ist nicht gut, sie ist nicht sehr gut, nein, sie ist ausgezeichnet.« Die Euphorie bezog der Herr aus der Statistik. Die Wirklichkeit stand auf einem anderen Blatt, genauer auf zwei Schattenseiten.

Einerseits: Schon 1987 registrierten die Behörden 100 000 alleinstehende Wohnungslose, 200 000 Menschen in kommunalen Obdachlosen-Unterkünften, mehr als eine Million Mieter in unzumutbaren Wohnverhältnissen (zitiert nach Christian Ude, Hrsg.: *Wege aus der Wohnungsnot*, München 1990, S. 7). Die Wohnungsversorgung von mehr als fünf Millionen Haushalten gilt als gefährdet, weil sie über ein zu geringes Einkommen verfügen oder aus anderen Gründen am Wohnungsmarkt benachteiligt sind (Deutscher Mieterbund, zitiert nach Gerhard Jahn, in: *Wege aus der Wohnungsnot*, S. 79). Nach Berechnungen des Münchner Ifo-Instituts fehlen derzeit 1,7 Millionen Wohnungen, bis zum Jahr 2000 rund fünf Millionen. Das Problem wird unter anderem verschärft durch zunehmende Einwanderung und steigende Arbeitslosigkeit.

Andererseits: Jährlich gehen dem Markt bundesweit rund 100 000 preiswerte Wohnungen durch steuerlich begünstigte Umwandlung in Eigentumswohnungen, Luxussanierung, Zusammenlegung oder Zweckentfremdung verloren. Rund 500 000 Wohnungen stehen – überwiegend aus spekulativen Gründen – in der Bundesrepublik leer, der Lage entsprechend fällt die Reaktion des Rings Deutscher Makler aus: »Seit fünf Jahren ist der Konjunkturverlauf auf den Märkten für privat genutzte Häuser, Grundstücke und Wohnungen außerordentlich positiv« (*Allgemeine Immobilien-Zeitung*, 9/92, S. 8). Sein Verbandsblatt berichtet von »erfreulichen Wertsteigerungen« der Renditeobjekte (sprich: Mietwohnhäuser) und erbaulichen »Mietzuwächsen«: Seit 1987 stiegen die Mieten in Altbauwohnungen bundesweit um 54 Prozent, in Nachkriegsneubau-Wohnungen um 41 Prozent. In Großstädten mit über einer halben Million Einwohnern fallen die Steigerungen mit 64 und 59 Prozent noch wesentlich höher aus.

»Es ist ... eine totale Verdrehung des Verhältnisses zwischen Mieter und Vermieter, es mit dem zwischen Arbeiter und Kapitalisten gleichstellen zu wollen. Im Gegenteil, wir haben es mit einem ganz gewöhnlichen Warengeschäft zwischen zwei Bürgern zu tun, und dies Geschäft wickelt sich ab nach den ökonomischen Gesetzen, die den Warenverkauf überhaupt regeln, und speziell den Verkauf der Ware: Grundbesitz.« Diese Behauptung stammt nicht aus berufenem Maklermund und nicht vom Haus- und Grundbesitzerverein e. V. Formuliert wurde sie von Friedrich Engels als These »Zur Wohnungsfrage« (1872). Sie bezog sich auf die ökonomischen Verhältnisse im aufsteigenden Kapitalismus. Bemerkenswert, daß sie im Sozialstaat Bundesrepublik nichts von ihrer Gültigkeit verloren hat.

BODENLOSE PLANUNG Aber es gibt auch Tröstliches, auch beglükkende Perspektiven, auch offizielle Ermutigungen. Die Bundesbauministerin hat vorgeschlagen, die Gemeinden sollten mehr Bauland zur Verfügung stellen. Donnerwetter, großer Wurf, rundes Konzept. Pessimismus – der Schaukelstuhl phantasieloser Bürokraten; Ratlosigkeit – die Hängematte des Unproduktiven. Nun aber hinaus aufs Land, die Scholle vermessen und der Misere bis zum Jahresende eine Absage erteilen! Da die Ministerin sich nur für die Bebauung, nicht aber für den Schutz der Landschaft zuständig fühlen muß, ist für sie von Amts wegen nicht von Interesse, daß die ungebremste Ausweisung von Bauland die Zersiedelung entschieden befördern wird. Sofern gebaut wird. Dies aber ist die Frage.

Ein Beispiel: Weist eine Gemeinde einen Acker als Bauland aus, hat sie das Gebiet nicht nur zu erschließen (Kanalisation, Straßen), sie hat auch die Infrastruktur (öffentlicher Nahverkehr, Schulen) bereitzustellen. Die Erschließungskosten können zu 90 Prozent dem Grundeigentümer des neuen Baugebiets auferlegt werden, nicht aber die wesentlich höheren Aufwendungen für die Infrastruktur – sie werden von der Gemeinde beziehungsweise deren Bürgern getragen. Vorausgesetzt, der Acker ist 3 ha groß, befindet sich in der Nähe eines Ballungszentrums und hatte bisher einen Wert von rund 1 Million Mark, schnellt sein Preis nach der Aufwertung zum Bauland auf 30 Millionen (1000 Mark pro Quadratmeter). Ohne eigene Leistung, ohne jede Aufwendung fließen dem Landwirt 29 Millionen Mark Gewinn zu. Wird das Grundstück mit Wohnhäusern bebaut, haben die Mieter den Preis zu tragen (und der Staat, der Milliarden-Subventionen zahlt, um die Baukosten zu drücken). Auf diese Weise stieg der Anteil der Bodenkosten in innerstädtischen Lagen teilweise auf über 50 Prozent.

Die Bebauung des Ackers ist natürlich die günstigere Alternative. Kann oder will der Landwirt nicht bauen, läßt er das Grundstück liegen und darf sich über jährlich zweistellige Wertsteigerungsraten freuen. Der Umfang der Baulücken, die vor allem durch das Horten von Grundstükken entstehen, wird in größeren Städten auf zwischen 8 und 15 Prozent, in Umlandgemeinden auf zwischen 10 und 25 Prozent geschätzt. Kosten entstehen dem Eigentümer kaum – die Grundsteuer berechnet der Staat zuvorkommend nach völlig veralteten Einheitswerten, die bei rund 10 bis 20 Prozent der Verkehrswerte liegen. Die Wertsteigerungen aber gehen in die Milliarden.

Creatio ex nihilo An dieser Stelle eine Gedenkminute für die rasanteste Wertsteigerung, die jemals ein Flecken deutschen Bodens erfahren haben dürfte. Es geschah am Abend des 20. Juni 1991. Das gesamtdeutsche Parlament stimmte mit 338 gegen 320 Stimmen für den Umzug in »die alte Reichshauptstadt« – der Berliner Boden verteuerte sich daraufhin um rund 100 Milliarden Mark. Wie eine Stimme aus idyllischer Zeit klingt da die Klage des rührigen Bodenreformers Adolf Damaschke aus dem Jahr 1912: »Das Stück Brandenburger nackten Sandbodens, auf dem die Stadt Berlin steht, das vor tausend Jahren fast wertlos war, es gilt heute über 6 000 000 000 Mark! Rechnet man die Grundrente zu 4 v. H. des Wertes, so ergibt sich, daß die Menschen, die auf dieser einen Quadratmeile unseres Vaterlandes leben und arbeiten wollen, jährlich 240 Millionen Mark Grundrente aufzubringen haben, d. h. an jedem Arbeitstage 800 000 Mark.«

Traditionspflege Selbstverständlich liegt nichts näher als die Forderung, »unverdiente Wertsteigerungen« abzuschöpfen, und selbstverständlich wird diese Forderung erhoben – in Deutschland seit mehr als 100 Jahren. Ihr wird mit Sympathie begegnet, Gegenstimmen sind kaum zu vernehmen, sie findet Aufnahme in Parteitagsbeschlüssen, wird allenthalben als »längst überfällig« belobigt, schließlich endet sie als Gesetzesvorlage. Das Problem ist, daß sie als solche endet. Nie hat sie es – abgesehen von einem kurzen Intermezzo in der Weimarer Republik – darüber hinausgebracht. Wirklich nie? Im Freistaat Bayern bekam sie 1946 Verfassungsrang: »Steigerungen des Bodenwerts, die ohne besonderen Arbeits- oder Kapitalaufwand des Eigentümers entstehen, sind für die Allgemeinheit nutzbar zu machen« (Art. 161 Abs. 2). Das Problem war erkannt, die Konsequenz gezogen – was waren die Folgen? Der Wohnungs- und Bauausschuß des Bayerischen Städteverbandes meldete 1965 zur Lage auf dem Bodenmarkt: »Als Gesamtergebnis muß leider festgestellt werden, daß die Schwierigkeiten auf dem Grundstücksmarkt wohl in fast allen bayrischen Städten und Gemeinden die gleichen sind, d. h. die Grundstückspreise werden von den Grundstückseigentümern in erster Linie nach eigenen Profiterwägungen bestimmt.« In nur zehn Jahren – von 1955 bis 1965 – hatten sich in München die Grundstückspreise verzehnfacht – zur Ausführung ihrer Bauprogramme mußte die Stadt nicht mehr 7 Millionen Mark jährlich (1955), sondern 70 Millionen für Grundstückskäufe bereitstellen.

Fünf Jahre zuvor, am 23. Juni 1960, war das Bundesbaugesetz in Kraft getreten. Als eine seiner Hauptaufgaben hatte die Bundesregierung bestimmt, sicherzustellen, »daß dem Bodenwucher wirksam entgegengetreten wird und ein Baulandmarkt entsteht, der Bauland zu gerechten Preisen anbietet« (These 4 der Ziele des BBauG nach der Regierungsbegründung vor dem Plenum, in: Wilhelm Dittus: »Überschau zum Bundesbaugesetz«, *Bauwelt* 1960, S. 973). Einer von Bundesregierung und Landesregierungen eingesetzten Expertenkommission war natürlich ein probates Mittel eingefallen, wie dieses Ziel zu erreichen wäre – durch Abschöpfung der Planungsgewinne (Planungswertausgleich). Den Vorschlag übernahmen die Fraktionen der CDU und SPD in einem Initiativantrag zum geplanten Bundesbaugesetz (Bundestagsdrucksache III, 1812) – er verschwand jedoch in der Versenkung, das Gesetz wählte einen anderen Weg. Wohin er führte, wurde spätestens 1970 bekannt, als der damalige bayrische Landtagsabgeordnete Kronawitter (SPD) vom nächtlichen Treiben auf den Äckern des Münchner Multimillionärs August von Finck berichtete, 20 Millionen Quadratmetern Bauerwartungsland vor den Toren der Landeshauptstadt. Das Gebiet hatte 1970 eine durchschnittliche Wertsteigerung von 20 Mark je qm erfahren. Der Abgeordnete bemerkte: »Jeden Morgen, wenn Herr von Finck wach wurde, dürfte er um 1 Million reicher geworden sein – auf ganz legale Weise, ohne Arbeit, ohne Leistung, ohne eigenes Zutun.« In Wahrheit hatte der Mann nur die Lehre John Stuart Mills befolgt: »Die Grundbesitzer haben das Recht, im Schlaf reich zu werden.« Natürlich war der Fall kein Einzelfall – von 1950 (= 100) stiegen die Baulandpreise in der Bundesrepublik durchschnittlich bis 1960 auf 310 Prozent, bis 1965 auf 939 Prozent und bis 1970 auf 1201 Prozent. Für die Ballungsräume lag die Steigerungsrate allein von 1959 bis 1969 bei über 2000 Prozent.

Im März 1976 schien endlich doch die Stunde des Planungswertausgleichs gekommen. Der Bundestag verabschiedete die Novelle zum Bundesbaugesetz. Danach sollten zwar nicht – wie von der SPD ursprünglich vorgeschlagen – sämtliche Planungsgewinne, doch immerhin 50 Prozent von den Grundeigentümern abgeführt werden. Diesmal hatten (fast) alle dafür gestimmt, unter anderem der CSU-Parteitag München 1973, die CDU-Bodenrechtskommission im Mai 1973, die FDP, der 49. Deutsche Juristentag in Düsseldorf 1972, der Deutsche Städtetag, der Deutsche Mieterbund, der Bund privater Wohnungsunternehmen, der Deutsche Bauernverband, der Deutsche Siedlerbund, der Zentralverband des Deutschen Handwerks und die Gesellschaft für Wohnungs- und Siedlungswesen. In dieser Stunde höchster Bedrängnis hatten die Grundbesitzer nur noch einen verläßlichen Partner – der aber konnte helfen. Die CDU/CSU-Mehrheit im Bundesrat lehnte den Planungswertausgleich ab, der Vermittlungsausschuß wurde angerufen, und der »abgabenrechtliche Teil« der Novelle verschwand, wo er hergekommen war – in der Versenkung. Dort ruht er bis heute.

> »Der erste, welcher ein Stück Landes umzäunte, sich in den Sinn kommen ließ zu sagen: *dieses ist mein*, und einfältige Leute antraf, die es ihm glaubten, der war der wahre Stifter der bürgerlichen Gesellschaft.« Jean-Jacques Rousseau

EIGENTÜMLICHES Ist das Schweigen der Legislative die Folge von Ohnmachtsgefühlen oder Konsequenz einer unbekannten besseren Einsicht? Wie ist zu erklären, daß der Gesetzgeber zwar den Schwarzfahrer mit Gefängnis bedroht, die Gewinne der Spekulanten aber subventioniert und dem Schutz des Grundgesetzes unterstellt? Welches Motiv liegt seiner Entscheidung zugrunde, den Bodenmarkt bis heute dem freien Spiel der (spekulativen) Kräfte zu überlassen? Offensichtlich klingt ihm noch immer die Parole der bürgerlichen Revolution von 1789 in den Ohren: »Le droit de propriété est sacré et inviolable.« Diese Losung, mit der das Bürgertum sein Eigentum für sakrosankt erklärte, fand ihr – zugegeben schwächliches – Pendant im Bürgerlichen Gesetzbuch von 1900: »Der Eigentümer einer Sache kann, soweit nicht das Gesetz oder Rechte Dritter entgegenstehen, mit der Sache nach Belieben verfahren und andere von jeder Einwirkung ausschließen« (§ 903 BGB). Ob Grundstück oder Luftpumpe – Ware ist beides und beides der absoluten Verfügungsgewalt des Eigentümers unterworfen. An diesem Leitbild hält der Gesetzgeber bis heute unverdrossen fest. Er will nichts wissen von der ökonomischen Binsenweisheit, daß Grund und Boden nicht durch erhöhte Produktion der steigenden Nachfrage entsprechend vermehrt werden kann (die Erkenntnis hatte bereits David Ricardo: *Grundsätze der Politischen Ökonomie*, 1817). Er mag nicht glauben, daß der Preis eines Grundstücks nicht von den Produktionskosten abhängt – die sind so hoch wie für Luft und Regenwasser –, sondern vor allem von seiner Lage. Sie aber wird bestimmt von Faktoren wie Nutzungsmöglichkeiten (Baurecht), Entfernung zu Zentren, Infrastruktur, also überwiegend von Leistungen der Allgemeinheit, nicht des Grundeigentümers. Schon diese Interdependenz im Gefüge der Städte läßt die Vorstellung der »exklusiven« Nutzung eines Grundstücks als idée fixe erscheinen. Den Schrumpfungsprozeß seines Leitbilds vom »freien Eigentümerbelieben« zur Fiktion könnte der Gesetzgeber auch bei einem Blick ins Baurecht besichtigen – zahllose ordnungs- und planungsrechtliche Beschränkungen reduzieren den Gestaltungsspielraum des Eigentümers auf das notwendige Maß. Frei ist der Eigentümer nur in einem – er darf der Allgemeinheit die Nutzung verweigern, anderenfalls den Preis für ihre Gestattung nach Gutdünken bestimmen.

Darf er das wirklich? Schreibt nicht das Grundgesetz vor: »Eigentum verpflichtet. Sein Gebrauch soll zugleich dem Wohle der Allgemeinheit dienen« (Art. 14 Abs. II)? Ist danach nicht der Staat berechtigt, per Gesetz dafür zu sorgen, daß Bauland in ausreichendem Umfang und zu angemessenen Bedingungen zur Verfügung steht? Er ist nicht nur berechtigt – er ist dazu verpflichtet. In anderem Zusammenhang, doch mit eindeutiger Diktion hat das Bundesverfassungsgericht dem Gesetzgeber bereits 1967 den Weg gewiesen: »Die Tatsache, daß der Grund und Boden unvermehrbar und unentbehrlich ist, verbietet es, seine Nutzung dem unübersehbaren Spiel der Kräfte und dem Belieben des Einzelnen vollständig zu überlassen; eine gerechte Rechts- und Gesellschaftsordnung zwingt vielmehr dazu, die Interessen der Allgemeinheit beim Boden in weit stärkerem Maße zur Geltung zu bringen als bei anderen Vermögenswerten ... Das Gebot sozialgerechter Nutzung ist aber nicht nur eine Anweisung für das konkrete Verhalten des Eigentümers, sondern in erster Linie eine Richtschnur für den Gesetzgeber, bei der Regelung des Eigentumsinhalts das Wohl der Allgemeinheit zu beachten. Es liegt hierin die Absage an eine Eigentumsordnung, in der das Individualinteresse den unbedingten Vorrang vor den Interessen der Gemeinschaft hat« (1 BvR 169/63 – Beschluß vom 12. 1. 1967). Diese Absage hat der Staat bis heute nicht nachvollzogen. Unbekümmert verließ er sich darauf, die Wohnungsnot mit dem – inzwischen völlig verkümmerten – sozialen Wohnungsbau und Wohnungsbauförderungs-Programmen aus der Welt schaffen zu können. Der Allgemeinheit rief er zu: »Ich helfe – Du zahlst.« An die Grundbesitzer erging die Botschaft: »Auch Euch soll geholfen sein – die Allgemeinheit zahlt.« Da sie dies vernommen hatten, freuten sich die Grundbesitzer sehr und breiteten das Wort aus, so wie sie es verstanden hatten: »Enrichissez vous.«

HISTORISCHER NACHLASS »Ein Mann besitzt Land für zehn Pfund im Jahr/ Vermißt es und verpachtet's teuer./ Aus zehn Pfund zieht er wohl zwanzig bar/ Und hat nun mehr als andere heuer« (zit. nach Lewis Mumford: *Die Stadt, Geschichte und Ausblick*, München 1979, S. 485). Klagen über Wohnungsnot und Wucher – diese stammt aus dem 16. Jahrhundert – waren zu allen Zeiten zu vernehmen, seit die Marktgesellschaft des späten Mittelalters den städtischen Boden zur Immobilie erklärt und diese – als Ware – mobil gemacht hatte. Doch erst mit der Industrialisierung und der Entstehung des Proletariats in den Städten wurde im 19. Jahrhundert die Bodenfrage zur »sozialen Frage« schlechthin. Seitdem werden Rezepte zu ihrer Lösung herumgereicht, naturgemäß – da sich das Problem im Kern nicht zu verändern schien – seit mehr als 100 Jahren immer die gleichen: von der Sozialisierung (Art. 15 GG) über den Planungswertausgleich bis hin zu preislimitierten Vorkaufsrechten der Gemeinden und einer Schärfung des Baugebots. Einige Jahre schien es in der alten Bundesrepublik zu gelingen, die Wohnungsnot zu beseitigen, ohne das Bodenproblem zu lösen – der soziale Wohnungsbau war die Antwort des Sozialstaats auf das Versagen des sozialen Rechtsstaats im Bodenrecht.

Dieser Selbstbetrug hat fatale Folgen. Indem das Problem des Bodenrechts nur in seiner sozialen Komponente betrachtet – und scheinbar gelöst – wurde, haben die Parteien eine andere übersehen, deren Sprengkraft freilich so gewaltig sein dürfte, daß mit ihr verglichen der Streit um die Wohnungsnot wie harmloser Familienzwist erscheint. Das Problem, das in den vergangenen Jahren unabweisbar hervorgetreten ist, begann mit den ersten Städten, doch bedrohliche Züge entwickelte es – wie die Wohnungsmisere – erst durch die Industrialisierung. Heute bestimmt es das Zeitalter – die Umweltkrise. Sie in eine Beziehung zum Bodenrecht zu setzen, liegt dem Gesetzgeber natürlich fern. Für ihn ist das Grundeigentum autonom und damit kein Glied in den Kausalitätsketten. Niemand hat ihm verraten, daß er auf einer Zeitbombe sitzt – selbst milliardenschwere Subventionen werden den Zünder nicht abstellen (Natur kann so undankbar sein).

Grenzüberschreitungen Was ist das – die Stadt? Ist sie die »kostbarste kollektive Erfindung« (Lewis Mumford, zitiert nach Helmut Böhme, »Historisch-philosophische Randnotizen«, in Rudolf Wildenmann, Hrsg.: *Stadt, Kultur, Natur*, Baden-Baden 1989, S. 31 ff.) oder »Gabentisch« für Spekulanten und Finanzjongleure (Hans G. Helms Hrsg.: *Die Stadt als Gabentisch*, Leipzig 1992)? Ist sie das Urbild der Glorie (Jerusalem), der Verdammnis (Hure Babylon) oder das Symbol der Ewigkeit (Rom)? Ist sie explosive Ballung oder wucherndes Gewebe (Henri Lefebvre: *Die Revolution der Städte*, Frankfurt/Main 1990, S. 9)? Das alles ist die Stadt, vor allem aber ist sie – die nachhaltigste Manipulation des Naturhaushalts. Schon die ersten städtischen Formationen waren undenkbar ohne Pflug und Ackerbau; Theben und Uruk – Agglomerationen in Ägypten und Mesopotamien – verdankten ihre Existenz den Überschüssen an Korn und Datteln, trockneten die Sümpfe aus und nutzten die Wasserkraft. Hier, in den Städten, begann der Aufstand gegen die Natur, hier nahm die Industrialisierung ihren Anfang (ohne sie kein Oberhausen und kein Gelsenkirchen), hier, in den urbanisierten Zonen, setzt ein, was im 19. Jahrhundert noch als Problem der städtischen Hygiene erschien, doch seit Jahrzehnten täglich als globale Bedrohung ins Bewußtsein tritt: der ökologische Niedergang. »Vernichtung der Räume« steht nicht nur als Metapher für die globale Synchronisierung lokaler Wirklichkeiten, es ist auch die zutreffende Beschreibung eines Prozesses, der sich – so scheint es – unwiderstehlich dem Krisenpunkt nähert: Versiegelung der Erde, Zersiedlung der Landschaft, Zersplitterung von Grund und Boden.

Natürlich gibt es auch gegen dieses Phänomen die passende Parole: »Ökologischer Stadtumbau«. Kein Politiker, der sich nicht dazu bekennte, keine Zeitung, die unter diesem Stichwort nicht über die Einweihung eines öffentlichen Blumenkübels in verkehrsberuhigter Zone berichtete. Doch selbst wenn die Parole zum verbindlichen Prinzip erhoben würde und die Städte mit Eifer ihren Umbau betrieben (Innen- vor Außenentwicklung, Nachverdichtung etc.) – sie kämen schnell an ihre Grenzen, d. h. an private Grundstücksgrenzen. »Dies Eigentumsrecht widersetzt sich der Erneuerung mit einer Hartnäckigkeit, die etwas Erschreckendes hat: Es ist die Hartnäckigkeit, das unverschämte Rechtsgefühl des in private Hände geratenen Königsvorrechts ...« (Hans Bernoulli: *Die Stadt und ihr Boden*, Basel 1991/1949, S. 20). Drei Beispiele: 1. Sinnvoll wäre es, zur Einsparung neuer Flächen Baulücken zu schließen. Um dies zu erreichen, können die Gemeinden zwar in bestimmten Fällen ein Baugebot aussprechen – kann oder will der Eigentümer jedoch nicht bauen, darf er nur zum Verkehrswert enteignet werden, d. h. inclusive der extremen, vor allem durch Planung erzielten Wertsteigerungen.

2. Das Horten von Grundstücken führt nicht nur zu einer Verteuerung des immer knapper werdenden Bodens, es hat auch zur Folge, daß die Ausweisung von Bauland zunehmend in bisher unbeplante Außengebiete abgedrängt wird – die Folgen dieser Wucherungen des Stadtgewebes sind unter dem Begriff »Zersiedlung« jedermann geläufig. 3. Der circulus vitiosus schließt sich, wenn Bauleitpläne aus ökologischen Gründen Boden vor Nutzung schützen und Baurechte verweigern – natürlich führt auch diese Verknappung des Baulands zu seiner Verteuerung.

Würde ernst gemacht mit dem ökologischen Umbau der Städte, dann wäre das Grundeigentum nicht mehr das Ende aller Planung, sondern stünde am Anfang der Reform. Sie hätte zur Voraussetzung, daß Boden nicht länger Mittel zur Gewinnmaximierung – quasi ein geerdetes Wertpapier – sein dürfte, sondern wie Wasser und Luft Lebensgrundlage aller (»ökologische Allmende«) und damit der absoluten Verfügungsmacht des einzelnen entzogen wäre. Sie würde anerkennen, daß Boden als immer knapper werdende Umweltressource vor übermäßiger und mißbräuchlicher Nutzung geschützt werden muß – und die Zugangsrechte rationieren. Sie würde sukzessiv den Grundstücken den Kapitalwert entziehen und damit den »Bodenmarkt« auflösen, der ohnehin nur als Fiktion von Angebot und Nachfrage besteht. Das wäre die Voraussetzung für einen ökologischen Umbau der Städte – und das ist auch der Grund, warum damit bis heute nicht begonnen wurde.

Vorschlag zur Güte  Seit mehr als 100 Jahren wird der Reform des Bodenrechts »Unaufschiebbarkeit« attestiert – kein anderes Problem wurde so lange aufgeschoben. Die Komponente von Interesse und Peristaltik, als welche Gesetzgebung häufig erscheint – hier tritt sie deutlich hervor. Das mochte vielen akzeptabel erscheinen, solange die »Verteilungsfrage« (Wohnraumversorgung) mit anderen Mitteln schien gelöst werden zu können. Schlagartig hat sich nun die Situation verändert: Die Wohnungsmisere ist auf die Tagesordnung zurückgekehrt, hinzugekommen ist der Schutz der Lebensgrundlagen als Aufgabe der Stadtplanung. Die aber ist dafür so gut gerüstet wie die Anthropophagen für eine Vegetarierwoche. Sie wird weder die eine noch die andere Aufgabe lösen können, solange ihr selbst das Mittel vorenthalten wird, mit dem in einer Marktwirtschaft der Staat gewöhnlich Prozesse steuert – die Steuer. Seit Jahren liegen Wissenschaftler und Praktiker den Politikern mit einem Vorschlag in den Ohren, der so plausibel ist, daß das allgemeine Schweigen nur mit der Harthörigkeit der Adressaten zu erklären ist. Die Prämisse: Die Besteuerung des Bodens muß das Grundstück als Wertanlage unattraktiv machen, Bodenhaltung muß teuer werden. Das Mittel – die Bodenwertsteuer. Die gesamte Grundsteuer wird auf den Boden verlagert, die durch eigene Leistung errichteten Gebäude bleiben steuerfrei. Orientiert an der Höhe des Verkehrswerts könnten damit sowohl Wertsteigerungen abgeschöpft als auch ein Entgelt für die Nutzung erhoben werden. Die Folgen: das Horten von Grundstücken wäre nicht mehr profitabel. Die Höhe der Steuer würde die Eigentümer zur maximalen baurechtlich zulässigen Nutzung des Bodens zwingen – durch Verkauf, Verpachtung oder intensive Eigennutzung (z. B. Schließung von Baulükken). Die Folgen wären auch verteilungspolitisch erwünscht – wer viel Boden in »traumhafter Lage« beansprucht, zahlt erheblich mehr als ein Mieter im Wohnblock. Schließlich hätte die Bodenwertsteuer als vermutlich einziges marktwirtschaftlich konstruiertes Instrument auch direkte positive ökologische Folgen – sie wirkt flächensparend. Der Preis bestimmt das (ökologische) Bewußtsein.

GEGENKRÄFTE Wer schützt in diesem Land das Eigentum? Jedes Grundrecht hat seine Lobbyisten, seine Hohepriester und seine Leitartikler. Selbst das Grundrecht auf Asyl findet seine Verteidiger, die behaupten, es vor Mißbrauch bewahren zu müssen. Wer aber schützt das Grundeigentum davor? Seit mehr als 100 Jahren ist es dem Mißbrauch durch Spekulanten und Terraingesellschaften, durch Finanzjongleure und Immobilienmakler schutzlos preisgegeben. Befördert durch ein asoziales Bodenrecht, ein unzureichendes Planungsrecht und einen Gesetzgeber, der die erzielten Gewinne natürlich nicht gutheißt, sondern subventioniert, behauptet sich seit Jahrzehnten der Abusus unwidersprochen als der eigentlich vom Grundgesetz gewollte und geschützte Gebrauch. Es steht jedoch nichts davon im Grundgesetz, daß Eigentum am Boden das Recht zur Bereicherung auf Kosten der Allgemeinheit verleiht, daß Bauleitpläne die Zersiedlung der Landschaft beschleunigen müssen, wenn Grundeigentümer auf gehorteten Grundstücken sitzen und auf die beste aller Zeiten warten. Der Gesetzgeber kennt offenbar seine eigene Verfassung nicht. Oder hat er verlernt, ihren Geist zu verstehen? »Jeder Einsichtige weiß, daß die Notwendigkeit, zu einer Neuregelung der Bodenbesitzverhältnisse in den Städten zu kommen, überhaupt nichts mit Ideologie zu tun hat, sondern eine Konsequenz der veränderten Lage darstellt, in der wir alle uns befinden. In den Gegenkräften, die hier Angst säen, längst überholte Sozialkrisen und ihre Devisen (zum Beispiel: Expropriation der Expropriateure) als Schreckgespenster an die Wand malen, in diesen Gegenkräften kommen die bewußtseinsfeindlichen Züge, kommen die Aspekte primitiver Trieborganisationen in unserem Charakter ans Licht und zur Wirkung. Wir alle haben sie in uns. Denn wir alle sind selbstsüchtig« (Alexander Mitscherlich: *Die Unwirtlichkeit unserer Städte – Anstiftung zum Unfrieden*, Frankfurt/Main 1965, S. 20).

## ROTBUCH RATIONEN

**Perry Anderson**

**ZUM ENDE DER GESCHICHTE**

Die auch in der Bundesrepublik leidenschaftlich geführte Debatte um Fukuyamas These vom Ende der Geschichte liefert dem Historiker Anderson den Anlaß, auf die verschiedenen Versionen zurückzublicken, in denen Philosophen – von Hegel über Alexandre Kojève bis Arnold Gehlen – Abschied von der Geschichte genommmen haben.

Andersons gelehrte Rekapitulation moderner Geschichtstheorien steckt aber nur den Rahmen für seine kritische Auseinandersetzung mit der Zukunft liberaler Demokratien ab. Sie gipfelt in einer behutsamen Verteidigung des geschichtlichen Auftrags, den ein durch seine Niederlage belehrter Sozialismus nach wie vor zu übernehmen hätte.

Französische Broschur, ca. DM 34

**Michael Walzer**

**ZIVILIE GESELLSCHAFT UND AMERIKANISCHE DEMOKRATIE**

Michael Walzer, der theoretische Mentor der amerikanischen Linken, stellt den Umgang mit Differenzen in der amerikanischen Demokratie zur Diskussion: der Bürgerstreit als Zivilisierung von Konflikt. Sein Buch fordert auch dazu auf, die Tradition eines anderen Amerika zu entdecken: die USA als Gemeinwesen aus vielfältigen Gegensätzen, eine *nation* mit zahlreichen *communities*, eine Demokratie aus lauter Einwanderern. »In Walzers Sicht ist die Zeit der Gesellschaftskritik nicht vorbei, sondern steht eher noch bevor.« FAZ

Französische Broschur, DM 39,80

**ROTBUCH VERLAG**

# Gottfried Knapp
# Jurykratie

Warum Architekten-Wettbewerbe nur das Mittelmass fördern

Wann hat es das in der Geschichte des Bauens je gegeben, daß in zwei nicht allzu weit voneinander entfernten Hauptstädten exakt zur selben Stunde die jeweils wichtigsten baupolitischen Entscheidungen des Landes gefällt wurden? Wann sind je zwei Regierungsviertel gleichzeitig geplant und die Wettbewerbe dafür am selben Tag entschieden worden? Das neue Deutschland macht das Unwahrscheinlichste möglich: War es der Weltgeist, der am Vormittag des 19. Februar 1993 Regie führte, als in Berlin und Dresden die Politiker synchron vor die Presse traten und verkündeten, daß die Planungsverfahren für die künftigen Regierungsbauten eröffnet seien; oder war es doch nur der schnöde Zufall, der eine Terminüberschneidung zum historischen Ereignis aufblies?

Abgesprochen hatten sich die Organisatoren der beiden Wettbewerbe mit Sicherheit nicht, denn effektvoller hätten sie sich vor der Öffentlichkeit gar nicht behindern können. Natürlich schickten alle Zeitungen ihre Architekturkritiker nach Berlin, wo es um das architektonische Selbstverständnis der ganzen Nation, um die städtebauliche Positionierung der Macht und um das Aussehen des künftigen Parlamentsgebäudes ging. Da hatte Dresden zwangsläufig das Nachsehen. Nur ein paar Lokalreporter kamen dort ins Schloß, um sich anzusehen, wie die Architekten das »Regierungsviertel« in der Neustadt gestalten und die kariöse Elbfront gegenüber der Altstadt, die alle Blicke auf sich zieht, sanieren wollen.

Ungleiche Voraussetzungen also beim Start der beiden prominenten öffentlichen Bauprojekte in Berlin und Dresden; doch selbstverständliche Einigkeit bei der Methode, mit der man die Entscheidung herbeizwang: Natürlich waren für beide Großprojekte öffentliche Architekten-Wettbewerbe ausgeschrieben worden. Daß ein solches demokratisches Auswahlverfahren für die Bürger der ehemaligen DDR immer noch etwas recht Ungewohntes sein muß, zeigten die Berichte in der Dresdener Presse. Einziges Thema: Drei Wessis schnappen die fettesten Prämien weg, der einzige Dresdener wird ausgerechnet auf den undankbaren vierten Platz gesetzt. Offenbar kann man, wenn man ein Leben lang den

Betrügereien einer »Einheitspartei« zusehen mußte, sich nicht vorstellen, daß ein geheimes Auswahlverfahren tatsächlich in der Regel auch im Geheimen durchgeführt wird.

Zugegeben, beim parallelen Wettbewerb für den Reichstag in Berlin, wo bekannte Architekten zugeladen wurden, war die Anonymität nur zum Teil gewahrt. Natürlich haben die Juroren dort die Weltstars an ihrer spezifischen Handschrift erkannt. Und natürlich haben die Architekten Norman Foster und Santiago Calatrava, die von den potentesten Bauherren der Welt umworben werden, sich nur darum dem anonymen Auswahlverfahren unterzogen, weil sie wußten, daß ihre Namen dem Preisgericht bekannt und ihre Arbeiten leicht zu identifizieren waren. Die allgemeine Aufmerksamkeit war ihnen also sicher und ein Preis fast nicht zu nehmen, da keine Jury der Welt auf etwas Mittelmäßig-Anonymes aus dem deutschen Angebot setzen wird, solange sie einen Foster oder Calatrava im Ärmel hat.

Die beiden prominenten Wunschpartner der Auslober konnten also mit einiger Siegesgewißheit in die Konkurrenz gehen. Es lohnte sich für sie, in das Prestigeobjekt zu investieren. Und sie haben sich mächtig ins Zeug gelegt: Allein schon die raffiniert beleuchteten, fragilen Modelle und die gezeichneten Prachtansichten dürften mehr gekostet haben, als am Ende über den Preis zurückkam. So war die Konkurrenz leicht zu deklassieren.

Das Wettbewerbsergebnis hatte denn auch nur den einen kleinen Schönheitsfehler, daß es keinen eindeutigen Sieger benannte, daß die beiden erfolgsverwöhnten Architekten sich auf der gleichen Stufe begegneten, ja den ersten Platz sogar mit einem dritten, völlig indiskutablen Mitstreiter teilen mußten. Offenbar wollte die Jury den notorisch bekannten Favoriten aus dem Ausland etwas Einheimisches an die Seite stellen und so den Vorwurf entkräften, man habe sich nur an bekannte Namen gehängt.

Daß dann auch der dritte Sieger ein Ausländer war, dürfte ein Zufall gewesen sein; denn niemand konnte in der schizophren vor die Hauptfassade des Reichstags gestellten Betonschussel den Erbauer des neuen holländischen Parlaments, Pi de Bruijn, vermuten. Jedenfalls haben einige deutsche Architekturbüros die »Sezession« des Plenarsaals vom Altbau im Wettbewerb sehr viel überzeugender durchexerziert.

Was hat die aufwendige Suchaktion dem Bauherrn, dem Deutschen Bundestag, also gebracht? Im Grunde nur die totale Nivellierung aller Werte: Daß beim Reichstag alles möglich, nichts aber wirklich zwingend ist, das hatte man schon bei der Ausschreibung vermutet; jetzt ist es auf ein paar hundert Seiten protokollarisch festgehalten: Egal, was gemacht wird – alle Varianten sind gleich viel wert, oder genauer gesagt: keine

Lösung ist wirklich gut. Ob der kriegsversehrte Bau wieder eine Kuppel bekommt oder geköpft bleibt, ob der Plenarsaal in den Altbau gezwängt oder ausgelagert wird – wie immer sich die Politiker entscheiden, der Segen der Jury ist ihnen sicher.

Im Grunde hat sich das einberufene Fachgremium um eine Entscheidung gedrückt; es hat sich mit bekannten Namen salviert, die baukünstlerische Verantwortung aber an den Auftraggeber zurückgegeben. Jetzt ist also doch wieder der Architekturgeschmack der Volksvertreter gefragt, den man durch die Fachjury eigentlich ausschalten wollte.

Am Sinn von Architekten-Wettbewerben zu zweifeln, hatte die Öffentlichkeit in den letzten Jahren allzu oft Gelegenheit. Wäre das, was uns die großen Ausschreibungen an Bauten und Stadtbild-Veränderungen beschert haben, jeweils nur halb so gut wie das, was die prominenten Architekten unserer Zeit in ihren Monographien an Gegenentwürfen veröffentlichen, dann könnte man mit dem derzeitigen System seinen Frieden machen. Doch solange die Architektur-Realität in unseren Städten so weit hinter dem zurückbleibt, was in den vorangegangenen Wettbewerben vorgelegt wurde, muß man bezweifeln, daß das Wettbewerbs-System in jedem Fall das beste aller denkbaren Verfahren ist. Wo aber sind die porösen Stellen, durch die sich die Qualität im Lauf der praktischen Durchführung heimtückisch verflüchtigt?

Einer der Geburtsfehler der deutschen Wettbewerbsordnung ist die Bestimmung, daß einer bestimmten Anzahl von Fachpreisrichtern die gleiche Zahl von Sachpreisrichtern gegenüberstehen müsse. »Fach«-Preisrichter kommen in der Regel »vom Fach«, sie haben Erfahrungen im Planen und Bauen. In diesen Stand werden Architekten und Städteplaner berufen, die durch eigene Bauten ihre Kompetenz bewiesen haben. Sie sind für die architektonische und städtebauliche Qualität, also für das Ästhetische verantwortlich, was sie zu natürlichen Gegnern der »Sach«-Preisrichter macht, die sich um das Funktionieren der Pläne kümmern sollen. Die Sachpreisrichter vertreten die Geldgeber, die künftigen Nutzer, aber auch die Öffentlichkeit, die von dem Bau behelligt wird. Sie kontrollieren, ob ein Entwurf der Funktion gerecht wird und ob die Auflagen erfüllt worden sind.

Je detaillierter eine Ausschreibung, desto geringer der Spielraum für die Architekten und ihre Vertreter in der Jury. Bei einem Projekt mit genau definiertem Funktions-Rahmen – etwa einem Wohnbauprojekt in einem historischen Stadtquartier – können präzise Vorschriften durchaus produktiv sein: Sie zwingen die Architekten zu stadträumlichen Rücksichten und helfen, das Planungsverfahren abzukürzen. Doch bei prominent plazierten Gebäude-Massierungen und städtebaulichen Ideenwettbewerben können strenge Auflagen, die den Kontrolleuren

Machtmittel in die Hände spielen, verheerende ästhetische Wirkungen haben.

Bei der Vorbereitung des Ideenwettbewerbs für den Potsdamer Platz in Berlin etwa haben die Baubeamten ganze Arbeit geleistet. Sie beschwören in ihrem durchaus lesenswerten Auslobungstext die vitalen Qualitäten des vormaligen weltstädtischen Kultur- und Luxusquartiers so detailreich und zwingend, daß eine sklavische Rekonstruktion der alten Strukturen als die einzige angemessene Form des Wiederaufbaus erscheinen mußte.

Natürlich haben sich weder die eingeladenen Architektenteams noch die künftigen Anrainer, die internationalen Großbetriebe, auf diese Projektion eingelassen, doch alle Beteiligten sind durch den detaillierten Ausschreibungstext deutlich beeinflußt worden. Selbst die Architekten, die vorher noch mit spektakulären Hochhaus-Vorschlägen die öffentliche Diskussion angeheizt, also indirekt die hochhausfeindlichen Passagen im Auslobungstext provoziert hatten, haben beim Wettbewerb plötzlich ihren »Drang zum Hochhaus« unterdrückt und die Berliner Traufhöhe zum Maß aller Dinge erklärt.

So war es fast vorherzusehen, daß der erste Preis an jenes Team fallen würde, das am wenigsten gegen das historische Wunschbild rebellierte, das den beteiligten Interessengruppen am weitesten entgegenkam, also den städtebaulichen und architektonischen Kompromiß kultivierte. Was wir nun, nach den Gestaltungswettbewerben der Investoren, am Potsdamer Platz bekommen, ist mit den historischen Strukturen des Quartiers gerade noch vereinbar. Alles, was deutlich über die Berliner Traufhöhe hinausdrängt, wurde so versteckt, daß es im Straßenbild kaum mehr zur Wirkung kommt. Nach außen ist der Berliner Schein also gewahrt, doch im Innern der zusammengestauchten, massiv verdichteten Blöcke kommt es zwangsläufig zu formalen Spannungen und zu organisatorischen Engpässen, die sich nur noch durch aufwendige Instrumentierungen kaschieren lassen.

Damit wird man leben können. Dennoch kann man mit dem Ergebnis nicht zufrieden sein. Am Potsdamer Platz hätte mehr gewagt werden müssen. Wo sonst, wenn nicht hier, in der Leerzone zwischen zwei genau definierten Stadtquartieren, hätten die Architekten neue, weltstädtische Bauformen erproben und ein Stück Berlin der Zukunft konstruieren können. Diese Chance wurde von den Stadtbau-Ideologen der neuen Berliner Dürftigkeit zunichtegemacht: Berlin soll Berlin bleiben; niemand hat das rascher begriffen als die deutschen Architekten. Nun rührt sich nur noch wenig auf den deutschen Zeichentischen – und die Berliner Wettbewerbe versinken nacheinander in der gleichen Mittelmäßigkeit, in der Monotonie der fleißig repetierten Normen.

Die Architekten selber kann man kaum verantwortlich machen für diese Misere. Von ihnen im Rahmen der engen amtlichen Richtlinien die befreiende Genietat zu erwarten, ist schlicht bösartig. Sie wurden durch das deutsche Wettbewerbssystem zur Stromlinienform erzogen, zur Anpassung verdammt. Der zermürbende tägliche Kampf im Rudel um die öffentlich ausgesetzte Wettbewerbsbeute hat bei ihnen nicht die Angriffslust geschürt, nicht die Individualität gestärkt und nicht die Phantasie trainiert, sondern nur den Instinkt für winzige strategische und stilistische Details geschärft, für die kleinen Schritte, die bei einem Wettbewerb Erfolg versprechen.

So stürzen sich die Architekten auch deshalb auf die Auslobungen, weil sie sich taktisch schulen, die Tricks der Kollegen studieren und von den Gewinnern lernen wollen. Nur wer andere hat siegen sehen, weiß, wie man weiterkommt. Jeder Rückschlag ist also im Grunde ein Schritt nach vorn. Irgendwann wird man sich so hineingearbeitet haben in die subtile Mechanik, wird man alles Störend-Eigene abgestreift haben und mit den Wandlungen des Zeitgeists so identisch geworden sein, daß die Preisflut nicht mehr aufzuhalten ist.

Nur wenigen Architekten ist es gelungen, sich vor den Verbildungen zu schützen, die im Sog des Wettbewerbswesens entstehen. Daß diesen Einzelgängern das ganze Interesse der Öffentlichkeit gehört, auch wenn sie irgendwann nur noch schematisch routiniert mit ihren Markenzeichen jonglieren, ist verständlich, wenn man unsere architekturverseuchte Umwelt betrachtet und sich die trostlose Flut des Uninspiriert-Angepaßten, die über jedes Preisgericht hereinbricht, vor Augen hält.

Würde man einem Aufzeichnungsgerät, das formale Impulse bei Grundriß- und Fassadenmustern registriert, die ungeheure Masse der deutschen Wettbewerbsarbeiten seit dem Krieg zur Auswertung vorlegen, bekäme man eine endlose gerade Linie vorgesetzt, in der sich allenfalls im Mehrjahresabstand geringfügige geistige Bewegungen abzeichnen. Wann immer ein Architekt mit einem neuen funktionalen Ansatz, einer originellen geometrischen Grundriß-Figur oder einer aparten Fassadenvariante in die Phalanx der normierten Architekten einbrach, sah er sich sofort umringt von Imitatoren, die alle glaubten, den gleichen Einfall gehabt zu haben. Die paar individuellen Erfindungen waren in dem Moment, in dem sie publiziert wurden, schon zur Mode verflacht, zur Massenware verkommen. So wundert es nicht, daß sich Bauten, die ihre Existenz einem Architekten-Wettbewerb verdanken, fast bis auf den Monat genau datieren lassen.

Und da Wettbewerbssieger in der Regel bei einer der nächsten Gelegenheiten selber in eine Jury berufen werden, stabilisiert sich das System von selbst; es erneuert sich aus seinen eigenen Kräften und wird resistent gegen alles Andersartige, Ausschweifend-Extreme, Gefährlich-Brillierende oder Genialisch-Einseitige. Revolutionäre Ansätze, die das an den Kammern akkreditierte Fußvolk von den öffentlichen Töpfen vertreiben könnten, werden also »fach«-männisch und mit der Wucht des ganzen Standes unterdrückt.

Natürlich hat das ausgeprägte Wettbewerbssystem uns Deutschen die schlimmsten Exzesse der internationalen Architekturmoden erspart; doch wenn man sich ansieht, was wir in den Jahren der Postmoderne und des Dekonstruktivismus an Hausgemachtem, Eingewecktem auf das Architekturregal gestellt haben, dann wünscht man sich, daß es doch ein bißchen anarchischer, bunter zugegangen wäre.

Wie gründlich sich die deutschen Architekten gegen stilistisch dubiose Eindringlinge zur Wehr setzen, konnte man in Stuttgart erleben, als James Stirling mit einer frech ironischen Collage den Wettbewerb für die Neue Staatsgalerie gewann. Die überraschende Jury-Entscheidung löste in der lokalen Architektenschaft einen solchen Proteststurm aus, daß von da an im »Ländle« auch schon die winzigsten Anflüge von Postmodernem als Firlefanz ausgezischt wurden. Ob der architektonische Pietismus, der da erwacht war, die Baukultur besonders beflügelt hat, darf bezweifelt werden. Welchen Bau würde die Landeshauptstadt wohl auf ihre Tourismus-Prospekte drucken, wenn sie die von den Architekten geschmähte, beim Volk so beliebte Staatsgalerie nicht hätte!

Man muß wohl selber einmal eine Jurysitzung miterlebt haben, um die Zufälle, denen Wettbewerbsentscheidungen ausgesetzt sind, beurteilen zu können. In der Regel werden schon bei der Berufung der einzelnen Fachpreisrichter und bei der Wahl des Vorsitzenden erste baukünstlerische Vorentscheidungen getroffen. Von der Zusammensetzung des Preisgerichts hängt es schließlich ab, in welche Richtung sich das Auswahlverfahren bewegt. So studieren die Architekten, die sich für einen Wettbewerb interessieren, die Liste der Jurymitglieder meist sehr viel aufmerksamer als den Text der Ausschreibung. Sie versuchen sich ein Bild zu machen von den möglichen Vorlieben des Preisgerichts und rechnen danach ihre Chancen aus.

Vor allem vom Vorsitzenden, der ja die Ergebnisse vor der Öffentlichkeit vertreten, also sich mit den Preisträgern identifizieren muß, erwartet man, daß er sich für Arbeiten einsetzt, die seinen eigenen architektonischen Überzeugungen entsprechen. Der Vorsitzende gibt also nicht nur aktiv durch seine Eloquenz, sondern auch passiv durch sein vorliegendes Werk dem Wettbewerb eine Prägung: Hat er sich mit neuartigen Ingenieurskonstruktionen einen Namen gemacht, wird er andere Entwürfe zugesandt bekommen als einer, der durch künstlerisch ausgereifte Kirchenbauten oder humane Sozialsiedlungen bekannt wurde.

Doch ein Wettbewerb wird durch Namen allein noch nicht berechenbar. Wie bei allen im Kollektiv gefällten Entscheidungen bestimmen auch in Architektur-Preisgerichten gruppendynamische Prozesse, die vorher nicht kalkulierbar sind, den Ablauf des Verfahrens; und wie fast überall, wo die Mehrheit zu entscheiden hat, ist das Außergewöhnliche, das Extravagante, das Überragende meist ohne Chance.

Daran sind nicht nur die zermürbenden Anpassungs- und Verständigungsrituale zwischen Fach- und Sachpreisrichtern schuld; auch die Architektenriege selber ist sich fast immer uneins: Sie schwächt sich durch Parteiungen, Animositäten und Eitelkeiten. Die Vertreter der einzelnen Schulen und Stile beharren so stur auf ihren Entdeckungen, daß am Ende oft nur ein schäbiger Kuhhandel eine Lösung bringt: Die zerstrittenen Gruppen opfern ihre erklärten Favoriten, damit sie noch den letzten Flieger nach Hause erwischen.

Oder sie packen – wie beim Reichstag – die gegensätzlichsten Arbeiten auf einer Stufe zusammen, um so die Extreme durch ihr Gegenteil zu relativieren, das Einseitige einzubinden. Da kann es dann zu dem fatalen Trugschluß kommen, daß man die kreativen Energien bündeln könne, wenn man die ermittelten Individualisten wie Rassepferde vor einem Wagen zusammenspannt und in die gewünschte Richtung lenkt.

Für den Auslober sind solche diplomatischen Entscheidungen nur ärgerlich. Doch auch mit eindeutigen Plädoyers für das Außergewöhnliche tun sich die öffentlichen Bauherrschaften oft schwer. So passiert es immer wieder, daß staatliche oder kommunale Bauverwaltungen die Empfehlungen der Jury einfach überlesen und sich einen eigenen, bequemen Partner im breiten Angebot des Wettbewerbs suchen. Auch ein hochgelobter Sieger kann seinen Bau nicht einklagen – so wie, umgekehrt, die Öffentlichkeit machtlos ist gegen die baulichen Willkürentscheidungen der Politiker.

Als Franz Josef Strauß in Bayern Ministerpräsident wurde, kippte er die baufertigen Pläne für seinen künftigen Amtssitz in München, die neue Staatskanzlei, und rückte mit dem maßlos vergrößerten Verwaltungsbau und mit dem eigens dafür erfundenen »Haus der Bayerischen Geschichte« als kulturellem Feigenblatt auf das Grundstück des ehemaligen Armeemuseums im Hofgarten, also in die denkmalgeschützte Theater- und Museumszone der Residenz vor. Bei der Bayrischen Architektenkammer, die für einen neuen Wettbewerb auch die Bedenken in den eigenen Reihen unterdrückte, und bei den bayrischen Denkmalschützern fand Strauß die willigen Handlanger, die dem von Anfang an umstrittenen Projekt die nötige äußere Legitimation verschafften.

Als sich daraufhin der wohl umfassendste Bürgerprotest der bundesdeutschen Geschichte erhob, wurden im Jahresabstand zwar immer wieder Retuschen an den Plänen gemacht, doch auch die fast geschlossen angetretene Kulturprominenz Bayerns konnte die Beamtenburg im Renaissance-Hofgarten nicht verhindern.

Immerhin: Strauß hatte noch gespürt, daß er nur mit einem staatlichen Kultur- und Geschichtsinstitut im Arm, also mit einem Partner, der öffentliches Interesse beanspruchen konnte, den wertvollsten historischen Bereich der Stadt für sich beanspruchen durfte. Seinem Nachfolger Max Streibl scheint auch dieser Rest von historischem Schamgefühl zu fehlen. Als der absonderliche Kanzlei-Museums-Zwitter aus den Windeln heraus war, servierte Streibl das »Haus der Bayerischen Geschichte« mit einer Kaltblütigkeit ab, die auch Vorgewarnte erschrecken mußte. Damit beseitigte er auch noch den letzten Rest einer historischen oder moralischen Legitimation für das Gebäude; er machte unmißverständlich klar, daß hier, wie bei andern politisch bemäntelten Machenschaften, die in den letzten Monaten bekannt wurden, von Anfang an ganz private Interessen im Vordergrund standen.

Das grotesk-komische Architekturgebilde, das dabei herauskam, liefert sich seit einigen Monaten selbst dem Gespött aus: Zum Altstadtring hin gibt es sich als nüchterne Fabrik, zum Garten hin als eine Art Tortenvitrine; und über dem Schreibtisch Streibls funkelt die bombastisch herausgeputzte alte Museumskuppel, die alle Ruhmeshallen in der Welt in den Schatten stellen möchte. Doch nicht dieses unfreiwillig komische Monument der Selbstüberschätzung ist hier der eigentliche Skandal, sondern die Tatsache, daß der Gestaltungswettbewerb, nachdem schon andere Verfahren an dieser Stelle gescheitert waren, überhaupt ausgelobt worden ist.

In anderen prominenten Fällen – etwa beim seltsamen Museumskonglomerat am (West-)Berliner Kulturforum, wo die Auslobung ja durchaus sinnvoll, das Ergebnis aber ein schlichtes Verhängnis war – hätte man sich von Anfang an einen starken Bauherrn gewünscht, der dem schleichenden Spuk rechtzeitig ein Ende macht.

Es gibt also die unterschiedlichsten Anlässe, um am Sinn, an der Notwendigkeit und am Modus von Architektenwettbewerben zu zweifeln. Und doch kann man auf dieses demokratische Verfahren nicht verzichten. Eine Alternative ist derzeit nicht in Sicht. Wer sich einmal klar gemacht hat, daß rund 98 Prozent dessen, was die Deutschen an Baumasse herauswuchten, noch nicht einmal in die Nähe eines Wettbewerbs kommt, ja großenteils ganz ohne Architekt »abgewickelt« wird, der steckt die Enttäuschungen, die er im öffentlich kontrollierten Architekturgeschehen regelmäßig erlebt, rasch weg.

Wettbewerbe und Gutachterverfahren sind nach wie vor die einzigen Instrumente, um die Öffentlichkeit am Prozeß der »Gestaltfindung« zu beteiligen und die Qualität eines Entwurfs im Vergleich zu überprüfen. Daß bei der organisierten Suche nach dem Besten immer seltener etwas Überragendes gefunden wird – daran dürften vor allem die bürokratischen Begleiterscheinungen schuld sein, die alle Arbeitsgänge überwuchert haben und den Entwerfern das Leben schwer machen.

Wenn es gelingen sollte, bei einzelnen Wettbewerben die Zahl der stimmberechtigten Preisrichter drastisch zu reduzieren, die Kontrollmöglichkeiten auf künstlerischem Gebiet einzuschränken, also wenigen ausgesuchten Fachjuroren mehr Macht einzuräumen, dann bestünde die Chance, daß die Architekten beim Entwerfen wie beim Jurieren öfter mal etwas Neues und vielleicht sogar ab und zu das Außerordentliche wagen.

## Neu im Frühjahr '93:

**Erzählt wird das Leben einer Frau – doch nicht nur Frauen werden sich wiedererkennen in diesem Portrait eines halben Jahrhunderts. Ein polemisches Buch, »rebellisch und emotional«, zugleich »einer der seltenen, großen Romane der holländischen Gegenwartsliteratur«, so die Presse.**

Foto: Riese

# *Monika van Paemel*
# *Verfluchte Väter*

Roman. 411 Seiten, Leinen, 44,– DM / öS 343,–

---

Roman. 256 Seiten, Linson, 36,– DM / öS 280,–

Religion und Aberglaube bestimmen das Zusammenleben in einem süditalienischen Dorf. Als Vittorios Mutter von einer Schlange gebissen wird, beginnt das Getuschel. Bosheit, Haß und Heuchelei richten sich gegen die Frau, die es gewagt hat, ihren seit Jahren in Amerika lebenden Mann zu betrügen.

Roman. 375 Seiten, Leinen, 38,– DM / öS 296,–

In einer frechen, bildhaften Sprache mit abrupten Szenen- und Schauplatzwechseln inszenierte Peter Carey den Untergang des Hauses Catchprice, einer Familie in der Nähe von Sydney, die sich mit ihrem verrotteten Gebrauchtwagenpark nur mühsam über Wasser halten kann.

140 Seiten, Linson, 28,– DM / öS 218,–

Achtzehn literarische Skizzen, meist aus den europäischen Metropolen: Prosaerzählungen von großer Dichte und Sinnlichkeit.

Klett-Cotta

# Daghild Bartels
# Die Egomanie des Architekten

Sind Architekten Götter oder Coiffeure? Sind sie Künstler oder Dekorateure, Chefköche oder bloß Dienstleistende? Und ihr Werk, die Architektur, ist sie Kunst oder gar die Mutter der Künste, eitle Show oder lediglich ein Produkt?

Für Vitruv, den Vater der Architekturtheorie, ist der Architekt ein Allround-Genie mit gesunder Halbbildung. Er dozierte: »Das Fach eines Architekten umfaßt eine auf weitreichender Gelehrsamkeit und vielseitiger Bildung beruhende Wissenschaft, da alle Gebilde der übrigen Künstler der räumlichen Anordnung der baulichen Schöpfungen sich anbequemen müssen.«[1] Hier klingt bereits der Dominanzanspruch der Baukunst an, der später als »Mutter der Künste« wiederkehrt und heute zu einem Krieg der Künste führt.

Vitruv forderte ferner, wer »die erhaben geweihte Stätte der Baukunst betritt«, müsse »ebenso erfinderisch wie zum Verständnisse der Wissenschaft befähigt sein, da weder Geistesanlage ohne praktische Schulung noch technisches Wissen ohne künstlerische Begabung einen vollendeten Meister der Kunst zu erbilden vermag«. Um künftige Baumeister jedoch nicht abzuschrecken, schränkte Vitruv vorsichtshalber ein: »Mehr als genügend scheint deshalb ein Studierender unterwiesen zu sein, welcher aus den verschiedensten Wissenszweigen ... nur in beschränktem Maße erlernt hat.«

Von allem etwas, aber in beschränktem Maß, das ist vielleicht die Krux des Berufsstandes. Wo sich freilich Kunst oder Literatur um das Image des Architekten bemühte, entfiel jede Beschränkung, die Verklärung ist maßlos. Pieter Breughel zum Beispiel promovierte in seinem »Turmbau zu Babel« den Architekten zum Rivalen Gottes. Auch dem Revolutionsarchitekten Ledoux gefiel das, er nannte die Vertreter der Zunft »Rivalen Gottes«.

Den Status des Halbgottes billigte Goethe dann dem Architekten zu, er verfaßte eine Eloge auf Erwin von Steinbach, den Erbauer des Straßburger Münsters: »Mit welcher unerwarteten Empfindung überraschte mich der Anblick, als ich davortrat! Ein ganzer, großer Eindruck füllte meine Seele ... Sie sagen, daß es also mit den Freuden des Himmels sei ... Wie oft bin ich nicht zurückgekehrt, von allen Seiten, aus allen Entfernungen, in jedem Licht des Tages, zu schauen seine Würde und Herrlichkeit! Schwer ist's dem Menschengeist, wenn seines Bruders Werk so hoch erhaben ist, daß er nur beugen und anbeten muß.«[2]

Derart hymnische Architekturkritik ist selten geworden, und nicht minder selten findet sich noch einer, der wie Paul Valéry dem Berufsstand ein enthusiasmiertes literarisches Denkmal setzt. Die Architektur ist im fingierten sokratischen Dialog »Eupalinos« nicht nur »die vollkommenste aller Künste«, einzig noch vergleichbar der Musik, die »gottgleich« ist. Ja, der Architekt darf sich als Vollender des göttlichen Werks fühlen, denn »der Baumeister nimmt den Punkt, wo der Gott stehengeblieben war, zum Ausgangspunkt seines Handelns«.[3] In typisch sokratischem Dreisprung erfolgt sogar die Handlungsanweisung, wie Gottgleichheit erreicht werden kann: »Wenn also das Weltall die Wirkung ist irgendeines Aktes, dieser Akt selbst die Wirkung eines Wesens, eines Bedürfnisses, eines Gedankens, eines Wissens und einer Macht, die diesem Wesen eignet, so kann man nur wieder in einem Akt den großen Plan erreichen und die Nachfolge dessen, der alle Dinge gemacht hat. Das wäre die natürlichste Art, sich an die Stelle Gottes zu versetzen. Nun ist von allen Akten der vollkommenste der des Bauens.«[4]

Valéry wäre jedoch nicht er selbst, wenn er diese Hymne nicht listig relativierte. Durch den Hinweis des Sokrates, in ihm selbst habe einst ein heimlicher Architekt gesteckt, er habe jedoch auf diesen Beruf verzichtet, um »die Ideen im Zustand der Ideen zu belassen«, signalisiert Valéry, daß es offenbar doch etwas Höheres gibt als die göttliche Architektur. Oder sah er die Profanität des Berufsstandes im 20. Jahrhundert voraus?

In dem Dialog geht es aber auch um konkrete Fragen wie die, was gute, was schlechte Architektur sei. Poetisch formuliert lautet die Auskunft: »Hast du nicht beobachtet, wenn du dich in dieser Stadt ergingst, daß unter den Bauwerken, die sie ausmachen, einige stumm sind; andere reden; noch andere schließlich, und das sind die seltensten, singen sogar? Diese äußerste Belebtheit geht nicht von ihrer Bestimmung aus oder von ihrer allgemeinen Gestalt, ebensowenig wie das, was sie zum Schweigen zwingt. Das hängt ab von dem Talent des Erbauers oder vielmehr von der Gunst der Musen.«[5]

Was in der Sphäre der Literatur in fast überirdischer Glorie erscheint, nimmt sich in der Prosa des heutigen Architektenalltags erschreckend resignativ aus. Frustration beherrscht die Szene, vom Elend der Architektur ist die Rede, Selbstkritik macht die Runde. »Wie Alice im Wunderland geben wir Antworten auf Fragen, die niemand gestellt hat«, bekennt ein prominenter Vertreter der Zunft, »wir sind Dienstleistende und folgen Modetrends.« Das Bekenntnis grenzt an einen Offenbarungseid: »Wir sind eben Kräfte einer höchst kommerziellen Kultur, und in dieser Kultur gilt nun einmal, daß Gebäude Produkte sind.«[6] Jedoch selbst das scheint fraglich geworden, denn das Zepter schwingt der schnelle Profit, »der bei steigenden Grundstückspreisen der Innenstädte die Architektur zu einem schmückenden Beiwerk der Parzelle werden läßt, jederzeit austauschbar, den Regeln der Mode eher gehorchend als den Regeln soliden Bauens und kultivierten Umgangs«[7].

Geradezu Untergangsstimmung wird evoziert, wenn einer bitter verkündet: »Diejenigen, die sich an Theorie, Tradition und Rationalität festklammern, gehen unter. Die Architektur ist unter Umständen bereits tot, ich weiß es nicht. Ich glaube nicht, daß es irgend jemanden interessiert.«[8]

Einen Hoffnungsschimmer immerhin verbreitet der Vorschlag gegen den Niedergang des Berufsstandes: »Nur wenn wir erkennen und dann auch dafür eintreten, daß Architektur und Planung zusammengehören und legitime öffentliche Anliegen sind ..., werden wir mehr sein können als Coiffeure und Chefköche.«[9]

In der allgemeinen Katerstimmung ist es der Zunft dennoch gelungen, ein Terrain auszugucken, wo Architektenträume nicht nur möglich sind, sondern auch real Gestalt werden können. Es sind solche Bauten, denen ihre Schöpfer als Aufgabe mit auf den Weg geben, »zu singen«. Sie sind zwar selten, aber man findet sie allüberall, in Metropolen, Kleinstädten und in der Provinz. Es sind Fluchtträume, die den Baumeister über die Prosa des Alltags erheben, keine bloßen Visionen oder irrealen Traumbauten wie in »1001 Nacht«, sondern richtige Häuser aus Stein oder Beton und Glas.

Zwar ist bekannt, daß die höchste Stufe architektonischer Kunst sich immer dort entfalten konnte, wo es um Domizile für den obersten Schöpfer selbst ging; jeder weiß aber auch, daß solche Bauaufträge heute rar geworden sind – freilich sind sie nicht ganz aus der Welt, der Schweizer Architekt Mario Botta erhielt z. B. den Auftrag, in der Nähe von Paris nach 500 Jahren erstmals wieder einen Kathedralbau zu errichten. Doch das sind eben Ausnahmen. Daher werden nun bevorzugt Kathedralen des Geldes (vulgo Banken) und Kathedralen für die Kunst gebaut. Diese beiden Bautypen scheinen derzeit zu den edelsten Bauaufgaben zu zählen und am ehesten geeignet zu sein, das zerrüttete Ego der Baukünstler aufzurichten.

Trotz der Passion für teure Bankgebäude hat sich als beliebtestes Objekt der Begierde für die internationale Architektenprominenz, speziell in den achtziger Jahren, das Kunstmuseum herauskristallisiert. Der

Drang zur Kunst-Museums-Architektur hat mehrere Gründe. Einmal nobilitiert die kulturelle Aura der Institution Museum auch das Bauen; durch die Bestimmung, der Kunst ein Domizil zu geben, wird die Arbeit des Architekten kulturell aufgewertet. Außerdem sind es Bautypen, die »singen« dürfen; wo der Baumeister, nach der profanen Pflicht der Zivilbauten, sich zur freien Kür aufschwingen darf; wo der alte Architektentraum von Unsterblichkeit noch Chancen auf Erfüllung hat.

Ein Glück für die Kunst, könnte man meinen. Denn hatte nicht Paul Valéry in seiner Attacke auf die Museen konstatiert, daß die Kunst eine Halbwaise sei? »Malerei und Bildhauerei, so raunt mir der Dämon des Allesdeutenmüssens zu, sind ausgesetzte Kinder. Ihre Mutter ist tot, ihre Mutter die Architektur.«[10]

In der letzten Dekade hat die Kunst unzählige neue Mütter erhalten, neue Museen schossen wie Pilze aus dem Boden. In den USA und Japan, in Frankreich und Deutschland kam es zu einem veritablen Museumsboom, ja Museumskult. All diese Bauwerke sind aufwendig, kunstvoll, luxuriös und piekfein, entworfen vom gesamten Gotha der Branche. Das gab ein ungezügeltes Federspreizen, pfauenhaftes Radschlagen und Balzen unter den Baukünstlern. Angetrieben von der berufsspezifischen Egomanie und der Konkurrenz untereinander, unterstützt von der Profilierungssucht der Städte und Kommunen, kam es zu atemberaubenden ästhetischen Kreationen. Je nach individuellem Temperament des Schöpfers konnte sich hier Ewigkeitspathos mit spätmoderner Luxusästhetik vermählen, Grandiosität mit Monumentalität.

Sie durften sich als inselartige Einzelobjekte in Szene setzen, die der urbanen Umgebung wie eine prominente Diva die kalte Schulter zeigen. Die schönen eitlen Exoten wollten Inseln »im Ozean städtebaulicher Trostlosigkeiten« bilden und eben »singen«. Ob introvertiert, mit implodierendem Einfallsreichtum für hübsche Design-Details, oder extrovertiert, mit großer, eleganter Allüre, der Gestaltungsdrang kannte keine Vorgaben, freies Komponieren war angesagt. Ob luxuriös verspielt oder in kühler Abstraktheit, ob in koketter Rundform oder mit manieristischer Fassadenkunst, ob mit zierlichen Erkerchen oder protzigem Säulen-Aufmarsch, eine optisch-ästhetische Sensationslust brach sich ungehindert durch kleinliche Bauvorschriften Bahn. Im Makro-Chaos der Stadt entstanden glitzernde Mikrokosmen, in denen vom Fenstersims bis zur Türklinke alles Kunst(anspruch) ausströmt. In diesen gebauten Kunst-Welten drückt sich ein ungebrochener Glaube an die Kunst aus, wie er in der Welt der Kunst schon lange nicht mehr anzutreffen ist.

Wer bei diesem Museums-Bauboom auf einen neuen Dialog der Künste gehofft hatte, sah sich jedoch getäuscht. Beim forcierten Kunstbemühen gerieten alte Vorstellungen, die im Bauwerk eine Einheit der Künste erstrebten, gänzlich in den Hintergrund. Heute orientiert man sich am Modell Gesamtkunstwerk, das nur einen Oberkünstler kennt, den Architekten als »artifex principalis« (Thomas von Aquin). Seiner Omnipotenz ist Gewaltenteilung unerwünscht. Alte Forderungen nach Bescheidenheit, die von der dienenden Rolle der Architektur sprechen, wurden überhört, beiseite gewischt. Bloße Hardware für die Software Kunst zu entwerfen, das widerspricht dem Absolutheitsanspruch der Zunft.

Daß es sich bei der Kunst-Museums-Architektur nicht um eine Liebesheirat zweier künstlerischer Disziplinen handelt, sondern um eine höchst konfliktreiche Zwangsehe, belegt der Blick zurück auf die Auseinandersetzungen um eines der berühmtesten Museen der Welt, das Guggenheim-Museum in New York.

Die prominente Schnecke von Frank Lloyd Wright ist zweifellos ein Jahrhundertbau, ein architektonisches Meisterwerk von hochgradigem Symbol- und Kunstcharakter. Doch gerade deshalb, so die Kritiker, wurde es zum Anti-Museum par excellence. Der Konflikt zwischen dem Kunstanspruch des Architekten und den Bedürfnissen der Kunst war hier extrem und exemplarisch. Es kamen alle nur denkbaren Mißverständnisse ins Spiel, nicht zuletzt jenes, daß der Architekt eine antiquierte Vorstellung von Kunst hatte.

Den Auftrag für den Bau erhielt Wright 1943 von Solomon Guggenheim, zu einem Zeitpunkt, als dessen Kunstsammlung noch – inspiriert von der Deutschen Hilla Rebay – ausschließlich der »nicht objektiven Kunst« gewidmet war, also Werke von Kandinsky, Delaunay oder Rudolf Bauer umfaßte. Eingeweiht wurde der Bau 1959, Wright und Guggenheim waren unterdes gestorben.

Bekanntlich handelt es sich bei Wrights Spiral-Bau um eine umgedrehte Schnecke mit einem mächtigen Kegel in der Mitte, der domartig von einer großen Glaskuppel gekrönt ist. Die Rampe, die im Innern in einer Spiralbewegung nach oben geht, ist 430 Meter lang und erstreckt sich über fünf Etagen. In diese Rampe sind rund 40 Nischen oder Alkoven eingelassen, als Platz für Kunstwerke. Als Beleuchtung plante Wright natürliches Licht, das von oben, vom gläsernen Zenit, sowie seitlich, durch Lichtschlitze am oberen Rand der Rampe, einfallen sollte.[11] Durch die Natur des Spiralbaus bedingt, sind die Rampenwände nicht senkrecht, sondern um drei Grad geneigt. Das macht eine klassisch-vertikale Bilderhängung unmöglich. Von Wright war das durchaus intendiert, der Neigungswinkel der Wand entspreche demjenigen, den das Bild auf der Staffelei des Künstlers habe, so rechtfertigte er sich. Auch die geplante Beleuchtung entspreche dem natürlichen Wechsel der Lichtverhältnisse im Künstleratelier.

In einem Brief an Hilla Rebay erläuterte er sein Konzept: »Sanft geneigt und für Blick und Licht leicht nach oben orientiert, abgestimmt auf die kurvige Bewegung und das Ansteigen der Spirale werden die Bilder um ihrer selbst willen zum Wert gebracht. Sie sind nicht in konventioneller Weise senkrecht gehängt, sondern unterwerfen sich graziös der durch die massiven, gekurvten Mauern erzeugten Bewegung. In dem großen zirkulären Aufstieg faßt man das Bild als eingerahmt, als ein Element der Architektur auf. Der Charakter des Gebäudes als Architektur kommt einer Einrahmung gleich. Durch die Kurve von der Mauer losgelöst bietet sich die ebene Oberfläche des Bildes dem Blick dar wie ein Juwel.«[12]

Wegen der Wandneigung, so das Gegenargument von Künstlern und Kritikern, scheinen die Bilder eher zu schwimmen, wirken physisch instabil. Das sei ein flagranter Beweis für Wrights Wunsch, alle Künste der Architektur zu unterwerfen. Einige Künstler protestierten brieflich gegen den Bau und die kalte Verachtung ihrer Kunst seitens des Architekten. Der antwortete kühl: »daß die Ausstellung von Malerei keinesfalls einen vertikalen Referenzrahmen braucht... Ich bin genügend vertraut mit dem Alptraum der Gebräuche, die... an ihrem [der Maler] Geist nagen, um nicht bestens zu verstehen, daß sie alle, Konservatoren eingeschlossen, zuwenig über die Natur der Mutter der Künste, der Architektur, wissen.«

Aus heutiger Sicht steht fest, Wright ignorierte total die Kunst seiner Zeit, die wie z. B. der abstrakte Expressionismus längst nicht mehr an der Staffelei entstand, zudem in großen Formaten auftrat, die in Wrights Bau nicht unterzubringen waren. Sein Bau war nicht nur nicht offen für die Kunst, die kommen würde, sondern auch nicht für jene, die zeitgleich entstand.

Die Ironie der Geschichte, so Claude Massu, der die kontroverse Entwicklung minutiös analysierte, ist, daß hinter dem Kunst-Bau und der Kunst, der er sich verweigerte, letztlich dennoch die gleichen Ideen am Wirken waren, nämlich der Wunsch nach gestischer Lyrik, die naturhafte Rhythmen aufgreifen will, der Traum von einem offenen Raum und einer unendlichen Bewegung. Das Beispiel Guggenheim zeige, so Massu, daß Kunst und Kunstanspruch der Architektur letztlich inkompatibel seien.

Das Modell Guggenheim hat Schule gemacht. Wrights Nachfolger fühlten sich – ohne mit gleichem Talent aufwarten zu können – dazu berufen, spektakuläre Bau-Objekte in die Welt zu setzen, die alten Würdeformen des Kultbaus, Tempeln und Schreinen, nacheifern mit dem Ergebnis, daß sie »zuerst die Signatur ihrer Schöpfer tragen und erst in zweiter Linie Museen sind«.[13] Denn »die angemessene Behandlung und

Darstellung des Kunstbestandes genügen diesen Architekten nicht«. Es entstanden imposante Erlebnis- und Prestige-Architekturen, »die selbst zu Ausstellungsstücken wurden«.[14]

Es mußte, vermutet ein Kritiker, zu diesem Kurzschluß kommen: »Da die Architekten nicht wissen können, welche Kunst kommt, sie selbst jedoch auf die Ewigkeit ausgerichtet sind, errichten sie ihre weißen Kathedralen zum Ruhme des Lichts und des Raums. Es sind Gebäude zur Feier der Architektur und nicht der Kunst.«[15]

Es scheint, als hätten die Baukünstler mit dem verhaßten Funktionalismusbegriff auch jegliche Verpflichtung auf einen Zweck über Bord geworfen, »um als autonome Artisten eigene Kunstwerke zu schaffen«.[16]

Und wieder melden Künstler – gegen die eitlen Solitäre und architektonischen Selbstdarstellungssüchte – Protest an, zum Beispiel der amerikanische Minimal Artist Donald Judd: »Das Museum, der Behälter, hat sich unabhängig von seinen Inhalten entwickelt. Es unterhält mit letzteren im besten Fall das Verhältnis einer Konservendose zur Suppe. Das heißt, der Behälter sollte antithetisch zum Inhalt sein. Das Hauptproblem heute ist, daß die Architektur der zeitgenössischen Museen affektiert und im schlimmsten Sinne niederschmetternd ist.«[17]

Zwei rivalisierende Welten, der eitle Anspruch der Kunst auf angemessene Domizile und der eitle Kunstanspruch der Architekten, stehen sich offenbar unversöhnlich gegenüber. Fatal nicht nur für die Kunst, sondern auch für die Städte ist, daß der Kunstbegriff, der den Architekten vorschwebt, äußerst diffus ist.

Wo die Architektur bei der Nachbardisziplin wildert, bei der Kunst auf Ideensuche geht, wird es noch fataler. Denn Kunstthemen, auf die Architektur übertragen, müssen notwendig trivialisiert, banalisiert, parasitär werden. Der französische Architekturkritiker François Chaslin hat die Sehnsucht der Architekten nach Kunst-Anleihen bzw. -Kopien unter die Lupe genommen[18], das Ergebnis ist ein Fiasko für die Architektur. Sie hinkt nicht nur hinter den geläufigen Kunstströmungen her, sie vergißt auch den unterschiedlichen Status der beiden Disziplinen. Im Gegensatz zur Kunst muß die Architektur gefallen; während die Kunst getrost un- oder antisozial sein kann, bleibt die Architektur eine soziale Schöpfung, »die Architektur muß erhöhen, wo die Kunst zündeln und brennen kann«. Wenn ein Künstler wie James Turrel mit Licht arbeitet, so visiert er als Sujet letztlich die Unendlichkeit. Wenn ein Architekt wie Tadao Ando mit Licht arbeitet, muß er es ins Haus holen, domestizieren.

Speziell in Frankreich werden derzeit die Minimal Art und die Konzeptkunst von Architekten geplündert, mit der grotesken Folge, daß die jüngsten und modischsten unter ihnen plötzlich ein Loblied auf die »serielle Reihung« anstimmen. »Wiederholung ist kein Unheil«, heißt ihre Losung, als hätten sie nie die Großsiedlungen der sechziger Jahre gesehen.

Ein Kunstanspruch der Architekten hat sich unterdes erfüllt: Ihre Arbeit ist selbst museumswürdig geworden. Sie wird – in Gestalt von Zeichnungen, Lithographien und Modellen – nicht nur in Galerien oder Architekturmuseen präsentiert, sondern auch in Kunstmuseen, wie letztes Jahr in Lugano. Dort bilanzierte Paolo Fumagalli die Parade der neuen Bauten mit dem – für die Kunst zukunftslosen – Fazit, daß im kunstvollen Formspiel, dem die Architekten sich widmen, die Funktion als Museum zuletzt rein zufällig wird. Das Extrem bildet der Entwurf von Hans Hollein für das Guggenheim-Museum in Salzburg. Dort werde die Raumfolge des Baus am Mönchsberg derart spektakulär, ein architektonisches Theaterspiel sein, daß die Räume auch ohne Kunst auskämen. Die Besucher würden auch strömen, wenn das Museum leer bliebe.[19]

Daß und wie die Repräsentanten des Metiers diesen Problemkomplex unter sich reflektieren, kann den Protokollen eines exclusiven, geheimen Architektentreffens in Charlottesvilles (USA) entnommen werden. Dort traf sich 1983 fast die gesamte Weltelite, um über die Intimprobleme der Profession zu diskutieren. Die Debatten wurden mitunter zum selbstinszenierten, höchst aufschlußreichen Outing der Baukünstler.

Richard Meier, der multiple Entwerfer von Museen, dem eines der schönsten, das Kunstgewerbemuseum in Frankfurt, zu verdanken ist, präsentierte den Kollegen dort das Projekt einer Erweiterung des Des Moines Art Center. Das Museum war ursprünglich von Eliel Saarinen gebaut worden, einen Anbau hatte I. M. Pei hinzugefügt, nun hatte Meier eine zusätzliche Erweiterung entworfen. Auf die prinzipielle Frage, wie er das Verhältnis von Bau und auszustellenden Kunstwerken sehe, antwortete Meier allen Ernstes: »Natürlich verlangt eine Ausstellung von kleinteiligen Keramiken ganz andere Räumlichkeiten als eine Ausstellung großer Skulpturen.«[20] Als ob es lediglich darum ginge!

Dann jedoch hagelte es Kollegenschelte. Leon Krier wandte sich nur gegen ästhetische Details: »Ich akzeptiere, wenn Sie sagen, daß Sie als Künstler diese besondere Form, diese Kurven mögen, aber Sie sollten darauf verzichten, sie funktional erklären zu wollen.« Fundamentaler attackierte Jaquelin Robertson den gesamten ästhetischen Gestus: »Das Gebäude ist selbst zum Kunstwerk geworden. Alles ist Weg und alles ist Ausblick. Man kann sich kaum vorstellen, wie die Kunstwerke sich gegen das Gebäude behaupten sollen. Vielleicht war das deine Absicht ... alles ist Ereignis, ich finde, das widerspricht der Aufgabe einer Kunstgalerie.«

Auch in den Augen Cesar Pellis fand der Entwurf kaum Gnade: »Der Pavillon wird zweifellos sehr schön und sehr photogen sein. Sie scheinen, bewußt oder unbewußt, mit Blick auf die Photographie zu entwerfen ... Ich finde es seltsam, daß Sie in unterschiedlichen Situationen – in Hartford, in Atlanta, in Frankfurt – und unter jeweils völlig anderen Bedingungen immer mit der gleichen oder zumindest ähnlichen Antwort, einer ähnlichen Formsprache aufwarten.« Der Bau, der Kunstwerk sein will, kultiviert einen individuellen Stil, der zur Signatur des Architekten wird – häufig auf Kosten der Kunst, die er beherbergen soll.

Muß man vermuten, daß die Baukünstler sowenig wie über die Kunst, die sie unterbringen sollen, über das Phänomen Museum nachdenken? Oder leisten sie, was schlimmer wäre, bewußt einer flotten postmodernen Entwicklung Vorschub, die das Museum in Gefilde abdriften läßt, die nicht die seinen sind?

Zeitgleich mit dem Boom der neuen Museumsbauten ließ sich ein anderes Phänomen ausmachen: Wie auf geheime Verabredung strömten die Menschen in die Museen. Die Institution übte eine geradezu magische Anziehungskraft aus; es machten sich mehr Menschen auf ins Museum als zu Sportveranstaltungen. Lange Schlangen – in den Oststaaten ein Zeichen für Mangelwirtschaft – wurden im Westen zum Symbol für ein goldenes Kunstzeitalter.

Wenn jetzt jedoch ein geradezu apokalyptisches Museumspalaver die Runde macht, dann ist es nicht nur die weltweite Finanzkrise, die auch die Museen bedroht, noch sind es erste unverkennbare Zeichen einer Publikumsermüdung, die ein Ende der kulturellen Hochkonjunktur ankündigen. Der Betrieb läuft noch auf Hochtouren, es werden Besucherrekorde gemeldet. Dennoch wird immer mehr zur Gewißheit: das Museum geriet, paradoxerweise gerade wegen seines Erfolges, in eine fundamentale Sinnkrise.

Nach Ansicht von Experten waren mehrere Faktoren für den neuen Besucheransturm, der in den achtziger Jahren über die Museen kam, verantwortlich. Einmal hatten sich die Museen mit aufwendigen, höchst kostspieligen Prestigeausstellungen attraktiv gemacht; zum anderen war es die neue Architektur, die das Publikum magnetisch anzog, indem sie »Pfade der Verlockung«[21] anlegte. Die Fachwelt spricht vom »Beaubourg-Effekt«, der sich in Deutschland erstmals in Stuttgart auswirkte. Die gleiche Sammlung, im neuen Architekturkleid vom britischen Baumeister James Stirling präsentiert, multiplizierte die Besucherzahlen. Dieser Effekt ließ sich an fast allen Neubauten beobachten und konnte schließlich auch bei spektakulären Umbauten genutzt werden, wie die Beispiele Louvre und Musée d'Orsay belegen.

Das Geheimnis dieser neuen Attraktivität beruhte zunächst darauf, daß die neuen Gebäude alte Schwellenängste gar nicht erst aufkommen ließen, denn »jenes Museum war das beste, in das man geriet, ohne es zu merken«.[22] Die meisten bieten dem Besucher als Hors d'œuvre ein Café oder einen Museumsshop. Zweitens hatte man endlich eine Sprache für Kunstvermittler gefunden, die jedermann komplikationslos versteht: das Geld. Kunst, in Millionenwerten ausgedrückt, wurde plötzlich allgemein verständlich und erhielt eine spezielle Aura. Die Museen wurden so, was sie einst waren: märchenhafte Schatzkammern. Dem entsprach die Architektur, der als Leitbild nicht mehr die Vitrine vorschwebte, künstlerisches Ziel wurde die »Aura des Schatzhauses«.[23]

Weiteres probates Hilfsmittel, die Sinnkrise des Museums zu kaschieren, den Apparat dennoch auf Hochtouren laufen zu lassen, ist die Umfunktionierung der Häuser zu einem »touristischen Totalerlebnis«. Das Museum wird schlicht als Dienstleistungsunternehmen, als Amüsierbetrieb konzipiert. Was in diesen Spektakel-Museen mit Erlebnis- und Ereignischarakter zum Zuge kommt, ist der »Museumseffekt«, den der amerikanische Architekturkritiker Michael Sorkin so definiert: »Das Museum in seiner klassischen Form ist aus der Geschichte verschwunden und durch den Museumseffekt ersetzt worden, und der kann zu allem und jedem benutzt werden. So wie das Museum des 19. Jahrhunderts ein Pendant war zu den großen Warenhäusern und Weltausstellungen zu jener Zeit, ist das Museum des 20. Jahrhunderts ein Bastard der Fernsehkultur. Eine hervorstechende Eigenschaft des Museumseffekts ist einmal seine Schnittechnik, zum anderen die Möglichkeit, ständig den Kanal wechseln zu können ... eine der übelsten Folgen jenes Effekts: die Disneyfizierung.[24]

In diese Linie paßt vorzüglich, daß der Architekt I. M. Pei, der den neuen Flügel der National Gallery in Washington und die Louvre-Pyramide entwarf, öffentlich dazu aufrief, von Disney-Land zu lernen.[25] Er habe dort studiert, wie ungeheure Menschenmassen fabelhaft durchgeschleust werden können. Sein East-Wing in Washington ist so konzipiert, daß er sich in maximal 45 Minuten »bewältigen« läßt.

Das Konzept des Museums als gehobene Form des Konsums ist also famos etabliert. Paolo Fumagalli[26] errechnete eine fundamentale Akzentverschiebung bei der Raumaufteilung der Häuser, die im Rückschluß auf den aktuellen Rollenwandel verweisen. Im 19. Jahrhundert durften die Ausstellungsräume, die der Sammlung galten, neunmal mehr Platz beanspruchen als jene Räume, die für sekundäre Museumsfunktionen vorgesehen waren, als da sind: Verwaltung, Lager, Caféteria, Museumsshop, Vortrags- bzw. Theatersaal. Heute beanspruchen diese Sekundär-Dienste doppelt soviel Platz wie die eigentlichen Schauräume.

Bei diesem Funktionswandel hat die Architektur zumindest Beihilfe geleistet, indem sie den traditionellen Musentempel verabschiedete, um multifunktionale Gebäude zu liefern, deren Museumstauglichkeit mehr und mehr bezweifelt wird. Dafür wurden sie auch nicht errichtet. Vielmehr sind sie »für ein Publikum gebaut, das die Ausstellungsräume zum Anlaß eines synästhetischen Erlebnisses nimmt, in das viele Ingredienzen eingehen – unter anderem auch Kunst«.[27] In diesen Häusern, »in denen das Kommen und Gehen der Betrachter als Exponat eigener Art dargeboten wird, augenfälliger als das Museumsgut selbst«, ist das stille Gegenüber mit dem Kunstwerk kein erstrebenswertes Ziel mehr. »Die Besucher werden in steter Zirkulation gehalten. Die neuen Museen thematisieren ihre eigene Rezeption, indem sie nicht nur das zu Betrachtende, sondern das Betrachten selbst darstellen.«[28] Aufwendige Eingangshallen, Foyers, ausladende Rampen und Treppen, die dem Besucher als Bühne dienen, wurden von der Architektur bereitgestellt.

Wie die Museen euphorisch die neue Doppelrolle akzeptierten – hie Amüsierbetrieb, dort sakrale Luxuswelt –, so wurden auch die Baukünstler zu Doppelstrategen, hie Inszenatoren erhabener Sakralwelten, dort Schausteller. Die Architektur hat der Kunst mithin viele neue Kunden gebracht, um den Preis allerdings, daß diese selbst im Gesamtkunstwerk-Spektakel fast überflüssig wurde.

Marcel Duchamp scheint das Dilemma geahnt zu haben. Er, der listig für Alltagsgegenstände, seine Ready-mades, einen Museumsplatz erzwang, machte sich kurz darauf schon wieder davon. Indem er sein tragbares Museum im Kofferformat, seine Boîte-en-valise, erfand, emanzipierte er sich als erster wieder von der Institution.

Das war womöglich voreilig. Denn die neuen musealen Gebäude bieten überdies eine atemberaubende Internationalität, sie tragen das Fluidum der großen weiten Welt selbst in die entfernteste Provinz. So baute der Amerikano-Chinese I. M. Pei in Paris, der Österreicher Hans Hollein in Mönchengladbach und Frankfurt, der Amerikaner Richard Meier in Frankfurt, Barcelona und Ulm, der Japaner Arata Isozaki in Los Angeles und New York, der Engländer James Stirling in Stuttgart, der Österreicher Otto Peichl in Frankfurt und Bonn, der Deutsche Josef Kleihnes in Chicago, die Italienerin Gay Aulenti in Paris, der Kalifornier Frank Gehry in Weil am Rhein, der Schweizer Mario Botta in Tokio und San Francisco etc.

Und der Trend weitet sich aus auf die Kathedralen des Konsums, die Warenhäuser. Für Berlin sind direkt nebeneinander Warentempel von den Stars Jean Nouvel und I. M. Pei geplant. Weitere Highlights mit internationalem Touch sollen Renzo Piano (Genua) für Mercedes und Helmut Jahn (Chicago) für Sony setzen. Es ist überdeutlich, »kommunale Wirtschaftspolitik bedient sich längst der imagefördernden Wirkung von Stararchitektur«.[29] Was sich im Innern der Museen vorbereitete, eine collagierte Hitliste teurer internationaler Namen als Sammlung, soll nun das Bild ganzer Städte prägen, eine Sammlung von prominenten Architektenleistungen.

Das Ergebnis ist bekannt, Amerika hat es vorgemacht. Dort rühren sich nun auch erste Zweifel. Selbstkritisch fragen sich die Vertreter der Zunft, wie diese Entwicklung gestoppt werden kann. Auf einem Architektenkongreß in Chicago kritisierte Mario Gandelsonas die Entwicklung in den USA: »Es ist doch eine Tatsache, daß wir in den letzten 10 oder 15 Jahren jede Stadt in Amerika gewissermaßen manhattisiert haben. Und was jetzt passiert, ist sozusagen die Rache Amerikas. Houston, Dallas, Denver – alle diese Städte kommen jetzt nach New York zurück.«[30] Und drängen mit Macht nach Europa. Cesar Pelli wurde daher noch prinzipieller: »Früher war es so, daß die meisten Architekten, zumindest bis zum Zweiten Weltkrieg, immer innerhalb eines begrenzten geographischen und kulturellen Raums und mit einem begrenzten Katalog von Gebäudetypen gearbeitet haben ... Das trifft für uns heute nicht mehr zu. Wie reagieren wir darauf? Wie gehen wir um mit dem Genius loci? ... Die Frage ist, worauf soll sich der Charakter oder das Aussehen eines Gebäudes beziehen? Auf meine Ideologie? Auf meine anderen Arbeiten? Die Wahrheit ist doch, daß alle diese Beziehungen nur für mich selbst von Bedeutung sind. Es sind gewissermaßen künstliche Bezüge. Gebäude sind keine Skulpturen, und ein Architekt ist kein Chefkoch ... Und wenn wir weiterhin jedem Gebäude, das wir entwerfen, unsere persönliche Handschrift und unseren persönlichen Stempel aufdrücken, dann wird es bald dazu kommen, daß jede Stadt ein Gehry-Gebäude hat, ein Meier-Gebäude, ein Jahn-Gebäude usw., bis jede Stadt zu einer Art Woolworth geworden ist – eine Stadt, die von jedem etwas hat, aber keinen Charakter.«[31]

Was die Kritiker der Moderne als negative Utopie befürchtet hatten, die große internationale Gleichmacherei, sie kehrt jetzt, postmodern als internationales Starsystem gewendet, zurück – und wird realisiert. In der Praxis steht einer solchen architektonischen Behandlung der Welt als globales Dorf nichts mehr im Wege. Die modernen Kommunikationsmittel ermöglichen der Prominenz eine grenzenlose Omnipräsenz, auf allen Kontinenten rufen sie »i bin all do«. Nicht in persona vor Ort. Per Telefax werden sie minutiös und millimetergenau über alle Bauabschnitte auf dem Laufenden gehalten. Beispielhaft wurde das durchexerziert beim Bau des Design-Museums in Weil am Rhein. Architekt Frank Gehry hat die Baustelle nur zweimal betreten.[32]

Multinationale Stil-Collagen, besänftigt dagegen der Architekturkritiker Wolfgang Pehnt, gab es eigentlich schon immer: »Der abendländische Parcours der Stile hat immer wieder von der Gemeinsamkeit des Unterschiedenen profitiert. Das war ein Geben und Nehmen. Immer war auf Europas Landstraßen und Paßwegen ein Kurier mit der Planrolle im Gepäck unterwegs. Die Beratungen über das Schicksal des Mailänder Doms oder der fürstbischöflichen Residenz in Würzburg verliefen nicht weniger multinational als die IBA in Berlin.«[33]

Freilich, in der Vergangenheit blieb das Gros des Gebauten regionalen und lokalen Traditionen verpflichtet, pflegte man eine Baukultur, die den Stadtquartieren das Gesicht gab. Auswärtige Prominenz wurde angeheuert, um herausgehobene Prachtbauten zu entwerfen, nicht wie heute, wo die Mitte der Städte einer Multiplizität von baukünstlerischen Talenten überlassen bleibt. »Es gab zweitens stets die triftigen Auseinandersetzungen vor Ort, bei denen auch der internationale Star sich den lokalen Bedingungen, den Programmen des Auftraggebers, der Finanzierbarkeit, der Zweckmäßigkeit und Angemessenheit zu fügen hatte. Tat er es nicht, so riskierte er vor den Zeitgenossen und Nachfahren den feinen Ruch der Lächerlichkeit, wie das römische Universalgenie Gianlorenzo Bernini, den Ludwig XIV. nach einem halben Jahr vergeblicher Bemühungen um den Louvre wieder in die Karosse Richtung Rom setzen ließ.«[34]

Die eigentliche Gefahr aber droht nach Pehnt heute nicht so sehr vom Narzißmus der internationalen Architekten-Künstler, sondern, durch EG-Richtlinien noch erleichtert und forciert, vom »Aufmarsch der Generalunter- und -übernehmer. Irgendwo im Troß führen sie auch einen Marketenderwagen mit projektierenden Architekten bei sich... Die internationalen Baukonsortien, die da die Produkte ihres Know-how mit vermehrten Kräften auf den Markt werfen werden, könnten in ihrer zentralisierten Organisation jenem staatlichen Zentralismus nahekommen, für den wir in unserem östlichen Landesteil hinreichend viele Negativbeispiele stehen haben.«[35]

Finstere Aussichten, düstere Visionen, nicht nur für das Metier der Baukünstler, sondern auch für die Stadtbilder. Der Zürcher Professor Hans Kollhoff hat die Stadt daher bereits für tot erklärt: »Vielleicht müssen wir uns an den Gedanken gewöhnen, daß das Zeitalter der Städte und städtischer Kultur der Vergangenheit angehört. Wir fahren dann im Urlaub nach Rom, Paris und New York, um in nostalgischen Ritualen für einen Moment zu erfahren, was städtische Kultur gewesen sein mag... wir suchen diese Städte auf wie kulturgeschichtliche Museen.«[36]

Da die Museen, wie wir gesehen haben, längst nicht mehr das sind, was sie einmal waren, ist auch diese Vision wenig trostreich. Ganze Städte als Museum – sie werden vermutlich nicht gegen die fortschreitende Disneyfizierung gefeit sein. Die Ersetzung des Museums durch den Museumseffekt, das wird das Schicksal der Städte sein, Stadteffekt statt Stadt! Kollhoff selbst hat den Begriff schon ausgemacht, hinter dem sich die drohende Disneyfizierung der Städte, der gesamten Architektur, kaschiert: den Begriff des »Heiteren«. Die vermehrte Forderung von Politikern und Staatslenkern nach »heiterer« Architektur, auch für Regierungs- und Parlamentsgebäude, öffnet dem Disney-Prinzip Tor und Tür, denn »im Begriff des Heiteren (vereinigen sich) das Bedürfnis nach Verdrängung, nach billiger Wählerakzeptanz, nach schnellem Profit auf wunderbare Weise, auch wenn dabei eine seriöse Architektur, von der urbane Energie ausgehen könnte, vor die Hunde geht«.[37]

Für den Kollegen Peter Neitzke hat die Zukunft daher schon begonnen, hat sich der Disney-Effekt längst im zeitgenössischen Baugeschehen eingenistet: »Verglichen mit der der Moderne vorgehaltenen Auslöschung der traditionellen Bautypen betreibt, was gegenwärtig vielfach unter der Rubrik Architektur angeboten wird, das Verschwinden des Architektonischen in die Welt jener Veranstaltungen, die ... dem permanenten Amüsierbetrieb gelten.«[38] Schuld an dieser Entwicklung »zur Show« tragen seiner Ansicht nach zum großen Teil die Architekten selbst: »Diejenigen, die sich ohne Ironie noch immer als Repräsentanten der Mutter der Künste gerieren, haben den Abstieg des Metiers selbst erfunden.«[39]

Während die Bauten »singen«, klagt die Zunft. Eine Rettung der Städte wie des Metiers wäre wohl möglich. Das setzte jedoch einen Abschied vom Streben nach Kunst voraus, einen Verzicht auf Fassaden-Allüren und immobile Trugbilder. Statt der Passion für solitäre Schatzkästchen wären altmodische Ideale wie soziales Engagement, statt eitlem Star-Denken gesellschaftliche Verpflichtung auf die Tagesordnung zu setzen – Ideale, denen sich die so arg gescholtene Moderne immerhin verpflichtet wußte, die man neuerdings im Namen einer Postmoderne glaubt getrost in den Wind blasen zu können. Wenn die Baukünstler sich weiterhin aus dem Elend der Planung und der Misere des Städtebaus heraushalten und sich in egomanischer Ruhmsucht aufs Singen ihrer Werke kaprizieren, werden sie künftig nicht nur nicht mehr mitreden können, sondern gar nichts mehr zu sagen haben.

## *Anmerkungen*

1 Marcus Vitruvius Pollio, *Zehn Bücher über Architektur,* Baden-Baden 1987, S. 5.
2 *Goethe's Sämtliche Werke,* Stuttgart 1858, »Von deutscher Baukunst«, Bd. 25, S. 2.
3 Paul Valéry, *Eupalinos,* Frankfurt 1991, S. 116.
4 A. a. O., S. 114.
5 A. a. O., S. 56 f.
6 *Der Postmoderne Salon,* hrsg. v. Jacquelin Robertson und Stanley Tigerman, Basel–Berlin–Boston 1991, S. 12.
7 *CENTRUM. Jahrbuch Architektur und Stadt,* Braunschweig–Wiesbaden 1992, S. 32.
8 Peter Eisenman, zitiert nach *Centrum,* S. 36.
9 *Der Postmoderne Salon,* S. 14.
10 Paul Valéry, *Über Kunst,* Frankfurt 1959, S. 58.
11 Alle Angaben nach: Claude Massu, »Le dessin contourné de Frank Lloyd Wright«, in: *Les Cahiers du Musée National d'Art Moderne,* No 39/92.
12 A. a. O., S. 83.
13 Ulrike Jehle-Schulte Strathaus, »From the Aesthetik Church to the Factory of Aesthetics«, in: *Museo d'arte e architettura,* Lugano 1992, S. 39.
14 Wolfgang Pehnt, *Architektur als Collage. Hans Hollein im Museum Mönchengladbach,* Frankfurt 1986, S. 72.
15 François Chaslin, »Architectes en désir des Arts«, in: *Les Cahiers,* a. a. O., S. 44-62.
16 Jehle, a. a. O., S. 40.
17 Katalog »Un Centre d'arts plastiques contemporains à Lausanne«, Lausanne 1993, S. 9.
18 Chaslin, a. a. O.
19 *Museo d'arte e architettura,* a. a. O., S. 61.
20 *Der Postmoderne Salon,* S. 108-110.
21 Wolfgang Pehnt in: *Museumsarchitektur in Frankfurt 1980-90,* hrsg. v. V. M. Lampugnani, S. 22.
22 A. a. O.
23 Pehnt, *Architektur als Collage,* S. 53.
24 *Kunstforum 111,* S. 235 ff.
25 Sendung »VIVA«, Télévision Suisse Romande, 9. 2. 93.
26 Fumagalli, Katalog Lugano, S. 59.
27 Pehnt, *Museumsarchitektur Frankfurt,* S. 24.
28 A. a. O.
29 W. Pehnt, »Nachhut und Avantgarde«, in: *FAZ,* 12. 12. 92.
30 *Der Postmoderne Salon,* S. 134.
31 A. a. O., S. 205.
32 *Basler Zeitung,* Magazin, 28. 10. 89, plus tel.
33 Wolfgang Pehnt, »Die Architektur des europäischen Hauses«, in: *Baumeister,* 1/93, S. 14.
34 A. a. O.
35 A. a. O.
36 Hans Kollhoff, »Die Stadt ist tot. Es lebe die Stadt!«, in: *Centrum,* S. 32.
37 A. a. O., S. 32.
38 Peter Neitzke, »Scheinbare Schieflagen«, in: *Centrum,* S. 34.
39 A. a. O., S. 37.

ROWOHLT
BERLIN

# Zwischen Gestapo und Gulag

Die Odyssee eines jungen Russen, der der Gestapo immer wieder entkommt, sich dem französischen Widerstand anschließt, in Berlin Sabotageakte gegen die Rüstungsindustrie koordiniert und nach Kriegsende als Gefangener im Gulag landet und der trotz allem seinen Witz und seine Lebenslust nicht verloren hat.

272 Seiten.

Gebunden.

DM 39,80

# Martin Warnke
# Über die Macht der Schönheit

Im wichtigsten Architekturtraktat der Neuzeit, *Die zehn Bücher über die Baukunst* von Leon Battista Alberti, um 1450, wird im Sechsten Buch über die Schönheit an Gebäuden folgendes gesagt:

»Was könnte man durch menschliche Kunst so sichern, daß es vor menschlicher Bosheit genügend geschützt wäre? Die Schönheit wird sogar gefährliche Feinde veranlassen, ihren Zorn zu zügeln und sie unverletzt zu lassen; ja, ich möchte sogar wagen, zu behaupten, daß ein Bauwerk durch nichts vor der Gewalttätigkeit der Menschen auf gleiche Weise so sicher und unverletzbar sei, als durch die Würde und Anmut seiner Form. Darauf ist alle Sorgfalt, aller Fleiß, sind alle vernünftigen Auslagen zu verwenden, daß, was Du ausführst, sowohl nützlich und bequem sei als insbesondere so schmuck und wohlgefällig als möglich, daß diejenigen, welche es betrachten, nirgends einen solchen Aufwand lieber gemacht wissen wollen als hier.«

Alberti mußte wissen, daß er eine recht gewagte Behauptung aufstellte. Sie besagt, daß die Schönheit eines Bauwerkes es vor Gewalt schützt, weil sie nur friedliche Regungen erwecken kann; weil die Schönheit des Bauwerkes dieses unverletzbar macht.

Albertis These kämpft gegen eine alte, festsitzende Meinung an, wonach ein Bauwerk, dessen Aufwand den schieren Nutzen übersteigt und überblendet, auf einen Bauherrn schließen läßt, dessen Eitelkeit verachtens- und hassenswert ist. Seit dem Altertum und das ganze Mittelalter hindurch gab es immer wieder Vorwürfe gegen den Bauluxus, gegen das protzige Bauen, dem das Elend der Armen und Hungrigen gegenübergestellt wurde, die man rufen ließ: »Oh, wenn diese Steine Brot würden!« Pracht und Schönheit waren nur dazu geeignet, Aggressionen auf ihre Träger und Beförderer zu ziehen, nicht jedoch dazu, irgendeinen Schutz zu bieten. Bernhard von Clairvaux etwa meinte, es zieme sich nicht, wenn Bischöfe »die steinernen Wände mit Gold überziehen, wenn gleichzeitig die Armen nackt gehen müssen«, womit er andeutete, daß der Bauluxus als eine soziale Provokation, niemals aber als eine soziale Pazifikation wirksam werden könne. Diesen Vorwürfen stellt Alberti die Gegenthese von der Macht der Schönheit gegenüber, die es fertig bringe, daß der alte Argwohn gegen die würdigen und anmutigen Formen an Gebäuden in freudige Zustimmung, in eine wohlgefällige Akzeptanz umschlage. An anderer Stelle erzählt Alberti jene antike Geschichte nach, daß König Demetrius, als er Rhodos belagerte, die Stadt »nur deshalb nicht in Brand steckte, weil er fürchtete, daß dabei ein Gemälde des Protogenes zugrunde gehen könnte«. Hier lag also aus dem Altertum ein Zeugnis für den Schutz vor, den die Schönheit der Kunst gewähren kann.

Jan Białostocki, der bekannte polnische Kunstwissenschaftler, der sich eingehender mit dieser Stelle bei Alberti beschäftigte, hat sicher richtig vermutet, daß nie zuvor und nie wieder danach ein Autor eine so riskante Behauptung aufgestellt hat. Wie leichtfertig und naiv Alberti sein Urteil gebildet habe, gehe ja auch daraus hervor, daß im Verlauf der Geschichte niemals die Schönheit ein Werk der Baukunst vor Zerstörung geschützt habe. So scheint Albertis Schönheitsoptimismus den Rang einer niedlichen Anekdote zu haben, welche das Gemüt erfreut, aber die Geschichte verfälscht.

Ich möchte jedoch behaupten, daß wir in der heutigen Architektur, wenigstens in ihrer normalen, alltäglichen Ausprägung, die praktische Anwendung von Albertis Konzept erleben; daß Schönheit in der Architektur jenen Sinn einer politischen Präventivwirkung entfaltet, den ihr Alberti zugeschrieben hat. Dies wird einleuchtend vor allem, wenn wir die Definition von Schönheit zugrundelegen, die Alberti in seinem Architekturtraktat angeboten hat:

»Der Kürze halber möchte ich die Definition geben, daß die Schönheit eine bestimmte gesetzmäßige Übereinstimmung aller Teile, was immer für einer Sache, sei, die darin besteht, daß man weder etwas hinzufügen noch hinwegnehmen oder verändern könnte, ohne sie weniger gefällig zu machen.«

Diese berühmte Definition versieht sich mit biblischer Vollmacht; das Buch der Offenbarung des Johannes schließt mit der Drohung, daß derjenige, der dem Buch etwas dazusetzt, die in dem Buch geschilderten Plagen aufgeladen erhalte, »und wenn jemand etwas davontut von den Worten des Buches dieser Weissagung, so wird Gott abtun seinen Anteil vom Baum des Lebens ...«. Das schöne Objekt, das Alberti im Auge hat, ist tabuisiert durch diese Drohung; es ist bestimmt als ein solches, das man nicht mehr anfassen kann und möchte, das in sich stimmig ist und bei jedem Eingriff, bei jeder Berührung schon häßlich, unansehnlich wird.

Jeder Kundige wird sogleich sagen, daß dieser klassische Schönheitsbegriff, der alle Teile mit dem Ganzen sorgfältig ausponderiert, der das Wegnehmen und Hinzufügen, das Verändern und Eingreifen storniert, daß ein solcher steriler Schönheitsbegriff hinfällig, in der Moderne obsolet geworden und mit jeder Avantgardewelle dieses Jahrhunderts widerlegt worden sei. Unser Schönheitsbegriff hat sich negativiert, er hat das Häßliche in sich aufgenommen, hat die Selbstwiderlegung zu seiner Voraussetzung gemacht. Die Werke, die unser avanciertes ästhetisches Bewußtsein berühren, sind offen, zugänglich, dissonant; sie fordern den Betrachter auf, einzugreifen, mitzuwirken, womöglich auch zu verändern, hinzuzufügen und wegzunehmen, wenn sie sich nicht selbst schon halb vernichtet haben. Solche Werke gehorchen jedenfalls keiner Regel mehr, sind nicht mehr ausrechenbar, verneinen alle Stimmigkeit und desavouieren jedes Ding, das selig in sich selbst zu sein scheint.

Während jedoch dieser widersprüchliche, offene Schönheitsbegriff, der die Albertianische Definition ständig Lügen straft, unsere Kunstzeitschriften, Feuilletons, Ausstellungen und Galerien beherrschte, hat sich draußen in unseren Straßen und Städten etwas etabliert, an dem Alberti seine Freude gehabt hätte. Mehr und mehr frißt sich hier ein Schönheitsbegriff durch, der sich als Diktat auswirkt, weil in ihm das Kleinste seinen festgelegten Ort im Ganzen hat und weil dort, wo er realisiert ist, nichts verändert, also nichts weggenommen und nichts hinzugefügt werden kann. Albertis Schönheitspostulat ist heute vollendet in der Strategie eines Designs, das mehr und mehr alle Bereiche des öffentlichen Daseins der strikten Norm eines perfekten, wunderschönen Logo unterwirft.

Wahrscheinlich wird in einer großsichtigen Geschichte dieses Prozesses als dessen Ziel eine Art angenehmen Stiltotalitarismus oder eine Unterwerfung der Welt unter ein vollkommenes Designprogramm erscheinen. Zur Erklärung wird man vielleicht von einer Universalisierung der Garnituren aus den Privathaushalten sprechen. Das Wohnzimmer und das Schlafzimmer stehen seit langem unter Garniturzwang; sie sind diejenigen gesellschaftlichen Räume, die zuerst jenen Normen der Stimmigkeit, der vollendeten Geschlossenheit unterstellt wurden, so daß man aus ihnen nichts mehr wegzunehmen und ihnen nichts mehr hinzuzufügen brauchte. Gegen alle Turbulenzen und Einbrüche, die das bürgerliche Haus- und Familienleben heimgesucht haben, hat sich doch dieses Ideal der schönen, wohlgeordneten und wohlgefälligen Haussphäre real erhalten. Es hat auch die Küchen, die Kinderzimmer und die Gärten besetzt. Mit dem Styling, das die Städte und Straßen erobert, dringen diese Wohnzimmernormen in den öffentlichen Raum vor und verwandeln die private Heimordnung in ein universales Erlebnisdiktat.

Dieses Schönheitsprinzip, das Alberti definiert hat, belegt die gebaute Wirklichkeit mit einer Aura der Unantastbarkeit. Es hat den Effekt, daß aggressive Gedanken gegen die Bauten und ihre Umwelt gar nicht mehr in den Sinn kommen können.

Es gibt eine jüngere Bauaufgabe, die auch den sozialen Aspekt dieser Entwicklung auf die Spitze treibt: die Passagen. Sie erobern die Dunkelzonen der Stadtkerne, die Hinterhöfe. Wie Schlangen schieben sich diese Glitzerwerke hinter und zwischen die alten Wohnblöcke. Sie saugen auch das normale Straßenleben auf und heben es in eine ausgeglichene, purgierte höhere Sphäre, in der man vor Bettlern und Gammlern sicher sein kann. Das bis in die letzten Winkel dieser voll klimatisierten Raumzonen durchgedrungene Design wirkt sich als ein willkommener Selektionsmechanismus aus, der dank der Schönheit und einer wirksamen Aufsicht alles Schmuddlige, Deviante, Kontingente ausschließt. Hier ist das Kleinste zum Größten in ein zuverlässiges Verhältnis gebracht, in dem das Schönheitliche und Wohlgefällige Anbieter und Kunden in eine harmonische Austauschbeziehung zueinander bringt. Die Wirkung ist eine Unantastbarkeit, ein aseptisches Ambiente, in dem niemand mehr Furcht zu haben braucht, weil der anmutige Schein des Schönen jenes Sicherheitsgefühl erzeugt, das sich Alberti für eine schön gebaute Welt ersehnte.

In ihrer ästhetizistischen Grundausrichtung widerspricht die heutige Bautendenz grundsätzlich überlieferten Strategien, die Macht und Herrschaft mit Architektur verfolgt haben. Sicherheit war von Anfang an ein Hauptanliegen des Bauens. Architektur sollte Sicherheit nicht nur gegen die Unbilden der Natur, sondern ebenso gegen die bedrohlichen Feinde von innen und außen bieten. Papst Nikolaus V. gab im Jahre 1455 diesem Bedürfnis noch auf dem Sterbebett Ausdruck, wo er sagte, das monumentale Baubedürfnis der Kirche richte sich an die Masse des Volkes, »welche nur durch die Größe dessen, was sie sähen, in ihrem schwachen und bedrohten Glauben bestärkt werden könnten. Dazu dienten besonders ewige Denkmäler, die von Gott selbst erbaut schienen. Die Festungen im ganzen Staat habe er errichtet gegen Feinde von außen und gefährliche Neuerer im Innern.« Eine Grundregel dieser Sicherheitsarchitektur war, daß sie zeigte, was sie wollte: Die rohen Bossen, die gewaltigen Mauern, die splittrigen Zäune und Gitter, die kantigen Zinnen – ein ganzes Register von ästhetischen Sicherheitsformen signalisierte den Abwehrwillen der Nutzer. Alberti hat übrigens ein besonders hinterlistiges Erkennungsmuster für solche Angstzustände und Sicherheitsbedürfnisse beschrieben, wo er in seinem Traktat unterschiedliche architektonische Erscheinungsformen für das Schloß eines legitimen Herrschers und für die Burg eines Tyrannen vorschlägt:

»Ein Königspalast soll mitten in der Stadt liegen, leicht zugänglich und schön geschmückt sein und mehr gewählte als stolze Pracht zeigen. Für den Tyrannen ist nicht so sehr ein Palast als eine Burg zu errichten, so daß sie weder in der Stadt noch außerhalb der Stadt liegt. Hinzu kommt, daß sich an den Königspalast das Schauspielhaus, der Tempel und die Häuser der Vornehmen prächtig anschließen. Der Tyrannensitz aber muß sich ringsum in angemessener Entfernung von allen Gebäuden halten.«

Ein König, der durch dynastische Tradition gesichert, dessen Herrschaft also allseits unumstritten ist, kann sich mit seinem Palast in den Stadtkontext begeben, kann Teil des Stadtkörpers werden, indem der Bau sich anderen Gebäuden zugesellt, dem Theater und den Palästen der Vornehmen nachbarschaftlich zuordnet, wogegen der Palast eines Tyrannen, eines »neuen Fürsten«, der die Macht usurpiert hat und nur durch Gewaltandrohung behaupten kann, eine abgelegene, durch abschüssiges Gelände unzugänglich gemachte Burg sein muß. Entsprechend kann sich ein Königspalast auch mit Schönheit zieren und schützen, während sich die Burg des Tyrannen gewaltsam und roh, schroff geben muß. Schönheit kann sich nur ein Gebäude leisten, dessen Inhaber fähig und willens ist, seine Umgebung, seine Adressaten für sich einzunehmen, einen friedlichen Umgang mit ihnen zu pflegen. Ein schönes, durchstilisiertes architektonisches Terrain signalisiert unbestrittene, geklärte und legitime politische Zustände.

Die neuerliche Unterwerfung der Welt unter den schönen Schein des Designs kann verzichten auf die einschlägigste und anschaulichste Technik architektonischer Machtartikulation, auf die Technik des Überbietens. Jahrtausendelang war an jeder Stadtsilhouette, an jeder Stadttopographie, in jeder Landschaft, in jeder Siedlung, in jeder Straße und an jedem Platz einfach zu verifizieren, wo die maßgebliche, dominante Machtinstanz saß: Es wurde jedem offenkundig an dem größten Bauwerk. Bis in die jüngste Zeit war in den Citys der Weltmetropolen der atemberaubende Wettbewerb der mächtigsten Konzerne abmeßbar an der Höhe der Wolkenkratzer. Im höchsten Bau saß die größte Macht.

Diese einfache Semantik, die keiner Sensibilität und ästhetischen Schulung bedurfte, scheint durch die neueste Entwicklung außer Kraft zu kommen. Es sieht so aus, als würde nicht mehr einfach die Quantität, die simple Baumasse auch den Sitz der größten Macht anzeigen. Vielmehr spielen die Originalität der Gestalt, die Unverwechselbarkeit der Gesamtfigur, die Kostbarkeit des Materials, die atmosphärische Attraktivität offenbar zunehmend eine Rolle bei der Darstellung und bei der Anerkennung gesellschaftlicher Überlegenheitsansprüche. Sie erfüllen in ihren glitzernden, durchgestylten Lebensräumen mit dem Schönheitsbedürfnis auch ein Sicherheitsbedürfnis, so daß »diejenigen, welche es betrachten, nirgends einen solchen Aufwand lieber gemacht wissen wollen als hier«.

# Michael Mönninger
# Schönheit aus Irrtum

Versuch, das Chaos der Städte zu verstehen

Die Betrachtung einer Großstadt kommt einem Blick in den Sternenhimmel gleich. Man sieht einen Kosmos längst verblichener Ereignisse und aktueller Formbildungen, ein Massengrab guter und schlechter Intentionen, eine Verkettung von Ungleichzeitigkeiten. Die Großstadt bietet den Anschein einer ästhetischen Totalität, die auf radikalster Partikularität beruht. Die physische Gleichzeitigkeit der Bauwerke ist nur ein Trugbild, ein Hirnphänomen. Zwischen der Idee zu einem Bauwerk und seiner Ausführung, gleichsam zwischen dem Blitz des Entwurfs und dem Donner der Baustelle, liegen Jahre, wenn nicht Jahrzehnte. Ähnlich den Lichtspuren am Firmament sind moderne Städte Gebilde, deren Diskontinuität den menschlichen Wahrnehmungsapparat überfordert.

Vielleicht wegen dieser mentalen Unzulänglichkeit werden die Klagen über den Verfall der Städte und den Untergang baukünstlerischer Ordnungen immer lauter. Abgesehen von einigen architektonischen Inseln der Illusionen im Meer der urbanistischen Scheußlichkeiten scheint die Stadtentwicklung weitgehend steuerungslos geworden zu sein. Sie gehorcht eher den Gesetzen des fraktalen Wachstums: Sie wächst durch rekursive Wiederholung selbst-ähnlicher Strukturen bei gleichzeitig unbegrenztem inneren und äußeren Randwachstum. Weil aber eine ernstzunehmende Neubegründung des Urbanismus auf chaostheoretischer Grundlage noch aussteht, muß man sich vorerst mit einer provisorischen Interpretation begnügen.

Ein Ausweg, um vor dem Anblick heutiger Städte nicht zu verzweifeln, könnte schlicht in der Änderung der Wertmaßstäbe bestehen. Denn wenn ein Gegenstand sich derart dem Wohlgefallen entzieht, sind Zweifel angebracht, ob man sie noch mit den richtigen Parametern erfaßt. Um sich wenigstens auf ästhetischer Ebene mit den realen Schreckbildern zu versöhnen, braucht es allerdings Training und ein gesundes Maß an Zynismus. Die Hinführung zu dieser Ästhetik ist zwangsläufig so diskontinuierlich wie ihr Gegenstand selber. Als Einstimmung könnte eine Geschichte dienen, die in Architektenkreisen gern erzählt wird und die, wenn sie tatsächlich passiert wäre, sich in Moskau 1923 abgespielt hätte:

»Es war die Zeit der konstruktivistischen Utopien, der sphärischen Theater und fliegenden Städte. An einem schwülen Sommertag erfanden Architekturstudenten einen schwimmenden Swimming-pool. Er war ein schmales, offenes Rechteck mit langgestreckten Umkleidekabinen an jeder Seite. Als die Studenten zum erstenmal in ihrem Eisencontainer auf der Moskwa badeten, bemerkten sie, daß, sobald sie in einheitlicher Formation schwammen, der Pool sich auf dem Wasser in Bewegung setzte – in die entgegengesetzte Richtung. Die unfreiwillige Fortbewegung rührte von dem einfachen physikalischen Gesetz her, daß Druck Gegendruck erzeugt. Als Stalin an die Macht kam, beschlossen die Studenten, mit dem schwimmenden Pool zu fliehen. Sie sprangen in das Becken und schwammen auf den Kreml zu. So trieben sie in umgekehrter Richtung von Moskau nach Westen fort.

New York 1976: Nach vierzig Jahren hatten die Studenten den Atlantik überquert. Als sie im Hafen von New York anlegten, kamen erstaunte Amerikaner an Bord. Sie beglückwünschten die Russen zu ihrer gelungenen Expedition, doch als sie sich näher umsahen, begannen sie, das Design des Pools zu kritisieren: Das Becken sei zu kalt, zu rechtwinklig und ohne historische Anspielungen. Den postmodernen New Yorkern bereitete der plötzliche Einbruch des Konstruktivismus großes Unbehagen. Die Studenten wurden traurig. Unendlich lange waren sie durch den Rückstoßantrieb ihres Pools weggeschwommen von dem, wo sie hinwollten, und dorthin gekrault, wovor sie eigentlich flohen. ›Aber wir wollten doch von Moskau nach New York‹, riefen sie enttäuscht. Als die Amerikaner immer ärgerlicher wurden, sprangen die Russen zurück in das Bassin und nahmen ihre vertraute Formation ein. Kurze Zeit später auf dem East River stießen sie mit dem Floß der Medusa zusammen, das dort als Skulptur trieb, wie Géricault es gemalt hatte. So waren die Optimisten auf die Pessimisten getroffen. Und der rostige russische Pool schnitt wie ein Messer das Floß entzwei...«[1]

Diese Geschichte hat der holländische Architekt Rem Koolhaas erfunden. Das Floß, die Schwimmer in ihren Trikots, der Kreml, die Atlantiküberquerung, die Ankunft in New York, die Kollision mit dem Floß der Medusa – diese scherenschnittartig voneinander abgehobenen Szenen kommen einem, jede für sich genommen, völlig surreal vor; erst in der Montage des Zusammenhangs ergeben sie einen Sinn, der sich erzählen läßt.

Wir saßen damals in Rem Kohlhaas' Büro in Rotterdam und sprachen über das Chaos heutiger Städte. Vor dem Fenster tat sich eine eindrucksvolle Landschaft auf, wie geschaffen als Kulisse für die Geschichte vom schwimmenden Pool. Denn Koolhaas' Atelier liegt in einem Büroturm hoch über dem Rotterdamer Hafen und bietet einen himmelstürmenden Blick. Unten weitet sich der rostbraune Rhein allmählich zur Nordsee-Mündung, und am Horizont zerreißt die Stadt in ein Gewirr aus Inseln, Grachtenhäusern, Kränen und Schiffen. Die Türme, Schluchten und Riegel des wiederaufgebauten Rotterdam im Norden, der Flickenteppich der Hafenanlagen im Süden, die Brücken und Straßeneinschnitte dazwischen – man brauchte erst gar nicht an schwimmende Swimming-pools in New York zu denken, um vor diesem Scherbenhaufen von Stadt zu kapitulieren.

Der Architekt erklärte mir, was die Geschichte des Pools mit New York zu tun hat. Sie ist ein Gleichnis für den amerikanischen Urbanismus, für die rechtwinkligen Stadtgrundrisse, die Koolhaas als suprematistische Komposition Tausender schwimmender Pools interpretiert: als flottierende Inseln im Stadtmeer, als autonome Rasterblöcke, kollektive Aktionen, konkurrierende Ideologien, als Anonymität, Flucht und Freiheit – ein Stück Pompeji im 20. Jahrhundert.

Koolhaas liebt diese Geschichten, die er den Städten halb ablauscht, halb andichtet. Moderne Metropolen, meint er, lassen sich nicht mehr durch Pläne und Programme verstehen, geschweige denn ordnen. Am Beispiel von New York hat er so etwas wie eine Metaphysik des Sichtbaren entworfen, um die herkömmliche Stadtbetrachtung umzukrempeln. Manhattan sieht er nicht mehr bloß als Menschenwerk, sondern als ein Naturschauspiel, das so unerklärlich und widersinnig ist wie die Ankunft eines schwimmenden Pools. Koolhaas sagt: »Die Metropole hat den mythischen Punkt erreicht, wo eine ausschließlich von Menschen konstruierte Welt nahezu deckungsgleich wird mit den Wünschen und Bedürfnissen ihrer Bewohner.« Durch diese lückenlose Künstlichkeit sei die Stadt so selbstverständlich, unsichtbar und unbegreiflich geworden wie einst die Natur selber.

Doch die heutigen Stadtanalysen sind immer noch normativ und dogmatisch. Was fehlt, ist ein unvoreingenommener Blick, der deskriptiv und pragmatisch sein müßte. Die Ästhetik einer bewußtlosen Schönheit der Welt, in der sich Bau- und Lebensformen naturwüchsig artikulieren, scheint unannehmbar zu sein. Im schärfsten Gegensatz zur Weltverbesserungsstrategie der Moderne bejahen Zyniker wie Koolhaas das Chaos und zeigen ein lustvolles Einverständnis mit dem häßlichen, zufälligen Fragment, an dem jeder Planungsehrgeiz wie an einem Riff zerschellt. (Der marxistische Einwand, daß die Alleinherrschaft der Ökonomie die Städte zerstört habe, verschiebt das Fragezeichen nach der verborgenen Logik der Stadtentwicklung nur weiter nach hinten. Wäre das Immobilienkapital tatsächlich der neue Souverän im Städtebau, würde es die katastrophalen Verwertungskrisen und Markteinbrüche in New York und London und bald auch Berlin nicht geben.)

### *Gebaute Tropfsteinhöhlen*

Milan Kundera beschreibt in seiner *Unerträglichen Leichtigkeit des Seins* die Naturwüchsigkeit der Metropolen:

»Stundenlang spazierten sie durch New York: nach jedem Schritt bot sich ihnen ein neuer Anblick, als wanderten sie auf einer Serpentine in einer faszinierenden Gebirgslandschaft...

Sabina mußte an ihre Bilder denken, dort stießen auch Dinge aufeinander, die nicht zusammengehörten: ein Hüttenwerk mit einer Petroleumlampe im Hintergrund; oder eine andere Lampe, deren altmodischer Schirm in feine Scherben zersplittert war: die Scherben schwebten über einer öden Moorlandschaft.

Franz sagte: ›In Europa war die Schönheit immer intentionaler Art. Es gab immer eine ästhetische Absicht und einen langfristigen Plan, nach dem jahrzehntelang an einer Kathedrale oder einer Renaissancestadt gebaut wurde. Die Schönheit von New York hat einen ganz anderen Ursprung. Es ist eine nicht-intentionale Schönheit. Sie ist ohne die Absicht des Menschen entstanden, wie eine Tropfsteinhöhle. Formen, die für sich betrachtet häßlich sind, geraten zufällig und ohne jeden Plan in so unvorstellbare Nachbarschaften, daß sie plötzlich in rätselhafter Poesie erstrahlen.‹

Sabina sagte: ›Nicht-intentionale Schönheit. Gut. Man könnte aber auch sagen: Schönheit aus Irrtum. Bevor die Schönheit endgültig aus der Welt verschwindet, wird sie noch eine Zeitlang aus Irrtum existieren. Die Schönheit aus Irrtum, das ist die letzte Phase in der Geschichte der Schönheit.‹

Sie dachte an ihr erstes wirklich gelungenes Bild: es war entstanden, weil irrtümlicherweise rote Farbe auf die Leinwand getropft war. Ja, ihre Bilder waren auf der Schönheit des Irrtums begründet, und New York war die heimliche, die eigentliche Heimat ihrer Malerei...«[2]

Was haben ein schwimmender Swimming-pool, das Chaos von Rotterdam und die nicht-intentionale Schönheit New Yorks miteinander zu tun? Genausoviel wie die zufällige Begegnung eines Regenschirmes und einer Nähmaschine auf einem Seziertisch. Das ist Lautréamonts Definition der Schönheit, die die Surrealisten später übernommen hatten. Die Surrealisten meinten, vereinfacht gesagt, die Realität sei häßlich per definitionem: Schönheit existiere nur in dem, was nicht real ist. Erst der Mensch habe die Schönheit in die Welt gebracht, indem er Realitätsfragmente kombinierte, die in der Wirklichkeit nicht vorkommen. Um das Schöne zu produzieren, müsse man sich so weit wie möglich von der Natur entfernen.

Das stimmt heute noch, nur umgekehrt. Was bei den Surrealisten reine Gedankenimplosionen waren, ist längst Wirklichkeit geworden. Die Menschen haben die Schönheit in die Welt gebracht, indem sie alles nach ihrem Bilde gestalteten. Die surrealistischen Sinnzerstörungsphantasien und Traumschlafepidemien waren bloß Fingerübungen. Um das Schöne zu produzieren, so ließe sich im Gegenteil sagen, muß man sich möglichst nahe an die Realität halten.

Schönheit braucht heute nicht mehr gemacht zu werden. Sie ist dort am reinsten, wo sie eine vorgefundene ist. Das gilt für die Ästhetik der Stadt ebenso wie für die Kunst. Die Kunstleistung in der Stadtbetrachtung wäre, kein gemachtes, sondern ein geschautes Bild zu sehen, das gleichsam bewußtlos entstanden ist. Man muß im Blick auf die Stadt die Zufälligkeit des Wirklichen erkennen, worin auch der Irrtum Platz hat. Noch im künstlichsten und komponiertesten Ensemblebild der Stadt, vor allem der historischen, gibt es das winzige Pünktchen Zufall, das Hier und Jetzt, mit dem die Wirklichkeit den Idealcharakter durchdringt und das Vergangene mit der Vitalität des Gegenwärtigen verbindet. Dem allgemeinen Verständnis nach resultiert künstlerische und architektonische Freiheit aus Wissen und Übung. Doch es gibt auch eine nicht nur technische, sondern vitale Freiheit, eine exakte Bestimmung durch Beiläufigkeiten in Raum und Zeit, die den Produkten von Kindern, Kranken, Dilettanten – und vor allem der Stadt – jene Selbständigkeit im Banalen, jene surreale Frische verleiht, die unvergleichlich ist.

### *Bewußtlose Landschaften*

Die stärkste Kraft haben die scheinbar absichtslosen Stadt-Bilder, wie man sie in den fraktalen Gebilden amerikanischer oder japanischer Städte beobachten kann. Es sind Städte, die wie eine holographische Bildplatte noch in jedem Bruchstück einen Teil des Ganzen enthalten. Selbst nach stundenlanger Fahrt durch Schachbrettstädte wie Phoenix in Arizona trifft man immer wieder auf dieselben Konfigurationen: Das Set aus Straßenkreuzung, Tankstelle, Einkaufs-Mall, Werkstätten wiederholt sich selbst-ähnlich und rekursiv auf der gesamten Fläche, so daß man das Gefühl bekommt, sich auf der Stelle zu bewegen. Diese expansiven Stadtgebilde vergrößern ihre Wegesysteme und Freiräume nach außen. Im Gegensatz dazu stehen Implosionsstädte wie die City von Tokio oder New York. Es sind zerklüftete, gefaltete Strukturen, die ein Maximum an

Wegesystemen und Oberflächen in Form innerer Labyrinthe entwickeln. Trotz ihrer Flüchtigkeit strahlen solche Städte einen Hauch von Ewigkeit aus. Ihre Geschichtlichkeit erscheint als Natur, ihre unentrinnbare Totalität hat etwas Mythisches, Unabwendbares.

Siegfried Kracauer konnte von solchen modernen Chaos-Städten noch nichts wissen. Dennoch hat er die Bewußtlosigkeit zeitgenössischer Stadtansichten unübertrefflich beschrieben:

»Man kann zwischen zwei Arten von Stadtbildern unterscheiden: den einen, die bewußt geformt sind, und den andern, die sich absichtslos ergeben. Jene (bewußt geformten) entspringen dem künstlerischen Willen, der sich in Plätzen, Durchblicken, Gebäudegruppen und perspektivischen Effekten verwirklicht, die der Baedecker gemeinhin mit einem Sternchen beleuchtet. Diese (die absichtslosen) dagegen entstehen, ohne vorher geplant worden zu sein. Sie sind keine Kompositionen ..., sondern Geschöpfe des Zufalls, die sich nicht zur Rechenschaft ziehen lassen. Wo immer sich Steinmassen und Straßenzüge zusammenfinden, deren Elemente aus ganz verschieden gerichteten Interessen hervorgehen, kommt ein solches Stadtbild zustande, das selber niemals der Gegenstand irgendeines Interesses gewesen ist. Es ist so wenig gestaltet wie die Natur und gleicht einer Landschaft darin, daß es sich bewußtlos behauptet ...

Vor meinem Fenster verdichtet sich die Stadt zu einem Bild, das herrlich wie ein Naturschauspiel ist ... Diese Landschaft ist ungestelltes Berlin. Ohne Absicht sprechen sich in ihr ... seine Gegensätze aus, seine Härte, seine Offenheit, sein Nebeneinander, sein Glanz. Die Erkenntnis der Städte ist an die Entzifferung ihrer traumhaft hingesagten Bilder geknüpft.«[3]

Wie schafft man es, diesen Grad an Offenheit und Sensibilität in der Wahrnehmung von Städten zu erreichen? Es muß etwas mit dem von den Surrealisten so hochgeschätzten Traumschlaf zu tun haben. Denn bekanntlich ist nur der Geist des Menschen, der träumt, vollauf zufrieden mit dem, was ihm zustößt. Er tut Gutes oder verübt Verbrechen, durchwandert Städte oder Gebirge, soviel er mag. Und wenn er im Traum abstürzt, hat er immer die Gewißheit, zwischen den Toten wieder aufzuwachen. Doch weil man diese Natürlichkeit und Leichtigkeit im Leben nicht besitzt, müssen stellvertretend Architekten wie Rem Koolhaas demonstrieren, wie man die Welt vorbehaltlos, unbefangen und wirklich realistisch sieht – realistisch im Sinne des Grotesken, um zu erkennen, daß die Städte so schrecklich schön wie Tropfsteinhöhlen sind.

Dieser Realismus geht weit über die expressionistischen Stadtmythologien hinaus. Der Berliner August Endell schwärmte in seiner in den zwanziger Jahren erschienenen Anleitung zur Betrachtung der »Schönheit der großen Stadt«[4] vom illusionistischen Feuerwerk der Stadtlichter; innerhalb der zerrissenen Ensembles prophezeite er den Menschen ganz neue Bewegungsfreiheiten. Doch zu Endells Zeiten gab es noch Friedrichstraße, Potsdamer Platz, Wintergarten und Sportpalast. Es waren überaus belebte Orte eines gleichsam organischen Chaos, das in den heutigen Citywüsten völlig abgestorben ist.

Es müßte eine surrealistische Theorie der Stadt geben, die aufs chaotische Ganze geht und alle Fragmente aufnimmt, die anorganisch, nichtästhetisch, banal oder gar unsichtbar sind – ähnlich wie einmal der dadaistische Surrealismus-Prophet Kurt Schwitters geschrieben hatte: »Ich fordere die restlose Zusammenfassung aller künstlerischen Kräfte zur Erlangung des Gesamtkunstwerks. Ich fordere die prinzipielle Gleichberechtigung aller Materialien, zwischen Vollmensch, Idiot, pfeifendem Drahtnetz und Gedankenpumpe. Ich fordere die restlose Erfassung aller Materialien vom Doppelschienenschweißer bis zur Dreiviertelgeige...«[5]

Der surrealistische Ansatz zur Interpretation des Gesamtkunstwerks Chaos-Stadt ist nicht normativ, sondern rein deskriptiv zu verstehen. Man kann es auch als Trauerarbeit oder Notwehr verstehen, um sich wenigstens gedanklich von den geliebten Gefühlsvitrinen mittelalterlicher Stadtveduten zu emanzipieren, zu denen leider kein Weg zurückführt. Erst nach der vollständigen Einfühlung in den Sex-Appeal der anorganischen Stadt, erst wenn sich der Wahrnehmungsapparat auf die ungestaltete Rohheit und Diskontinuität heutiger Stadtlandschaften eingestellt hat, kann es Hoffnung geben, das Geschaute wieder als Gemachtes zu sehen und vielleicht sogar zu korrigieren.

## *Anmerkungen*

1 Rem Koolhaas, *Delirious New York*, Delft 1988, S. 253 ff.
2 Milan Kundera, *Die unerträgliche Leichtigkeit des Seins*, München 1984, S. 97 f.
3 Siegfried Kracauer, »Aus dem Fenster gesehen«, in: *Straßen in Berlin und anderswo*, Berlin 1987, S. 40 ff.
4 August Endell, *Die Schönheit der großen Stadt* (Reprint), Berlin 1984.
5 Kurt Schwitters, *Anna Blume und ich*, hrsg. von Ernst Schwitters, Zürich 1965, S. 65.

## Evelyn Roll
# Die Geschlechtertürme von Frankfurt

Ankommen zum Beispiel. Das Gefühl, wieder da zu sein. Das Gefühl, die Stadt zu haben. In Hamburg sind das tieffliegende Wolkenfetzen über der Alster, der Hafen, die Elbe, weiße Bürgerhäuser, aussteigen und klare feuchtgrüne Luft einziehen. Münchens Da-bin-ich-endlich-wieder wohnt zuverlässig irgendwo im weißblauen Karree zwischen Viktualienmarkt, Marienplatz, Englischem Garten und den Kammerspielen...

Oder die Augen schließen und sich seine Stadt denken. Tieffliegende Wolken über der Alster, Hafen, Elbe, schneeweiße Bürgerhäuser. Hhm, Hamburg. Man kann die klare, feuchtgrüne Luft mit geschlossenen Augen schmecken. Oder München mit geschlossenen Augen: der Suppenstand auf dem Viktualienmarkt, das Glockenspiel im Rathaus, der Chinesische Turm, Schumanns auf der Maximilianstraße, der Himmel weißblau.

Und Frankfurt? Ankommen in Frankfurt? Man läuft von der Alten Oper über die Freßgaß und die Zeil zum Römerberg und über den Eisernen Steg zum Museumsufer, aber das alles ist es schon nicht mehr. Das Gefühl, da zu sein, das Gefühl, die Stadt wieder zu haben, das war ja schon längst. Das war im Landeanflug oder auf der Autobahn hinter dem Westkreuz, wenn im Abendrot die Glitzertürme des Bankenviertels auftauchen und die Giganten der dritten Generation, die die Spannung der Stadt nach Westen gezogen haben: Kronenhaus, Torhaus, Messeturm. Ein gedrängtes, eitles Herumgestehe von Wolkenkratzern, das vertikale Panorama einer kleinen Stadt, die sich ihre internationalen Geldetagen zu einem metropolen Selbstbewußtsein hochgestapelt hat. Und wenn man in der Fremde die Augen schließt und Frankfurt denkt, dann ist es der Schattenriß einer Stadt, Zweidimensionales im Abendrot: die Skyline. Natürlich gibt es kein deutsches Wort für dieses Gefühl, das ein Ansehen ist, im Landeanflug oder von der Autobahn hinter dem Westkreuz. Frankfurt bezieht sein Selbstbewußtsein wie ja auch sein Geld und deswegen sein Ansehen von außen, denkt sich von außen nach innen und möchte deswegen auch nur so angesehen werden: von außen.

Die Größe der kleinen Stadt und auch die Zahl ihrer Bewohner müßten eigentlich immerzu Vergleiche nahelegen mit Dortmund und Essen. Und so wäre es auch gekommen, wenn Frankfurt aus dem Schutt und Elend des Krieges nicht mit Hilfe der Amerikaner und des internationalen Geldgeschäfts auf diese etwas andere Art getürmt wäre. Die Stadt hat sich getürmt, wurde getürmt: Als die einheimischen Stadtplaner über den Restaurierungsplänen für die gute Stube saßen, hatten die Zentralen der Geldmacht längst die Claims abgesteckt, die sie mit den Fingerzeigen des Kapitals, den neuen Glas-Beton-Metaphern des Wachstums, des Wettbewerbs und der hohen Effizienz markieren würden. Ein Turm allein, das wäre es nicht gewesen, das wird es auch in anderen Städten nicht sein können, eine Tatsache, die zum Beispiel in der Münchner Hochhausdiskussion des Jahres 1993 immer ein bißchen verdrängt wurde. Die Spannung der Inszenierung entsteht in den Räumen zwischen den Glasschachteln wie im Wettbewerb der Banken und ihrer Architekten untereinander. Nur für eine bestimmte Zeit und nur aus der Distanz erkennbar wird der jeweils gerade Höchste der Wichtigste sein. Dann werden Höhere, Schönere, Spektakulärere gebaut und drängen sich in den Vordergrund der Inszenierung.

Und die ehemals Höchsten und Schönsten? Sie dürfen die Kulisse geben, vor der die nächste Generation sich erheben kann. Die Kulisse aber muß in die Zeit passen, die ehemals Höchsten und Schönsten müssen zur Not ein bißchen geliftet werden. Das tut meistens weh und gelingt ganz selten.

Günther Rheingans' »Shell Haus« wurde 1956 bis 1961 am Nibelungenplatz gebaut und war damals, als der Schwerpunkt der Skyline noch östlich lag, mit seinen 100 Metern für lange Zeit das höchste Haus in Frankfurt. Die klassische, schmale Corbu-Schachtel mit ihren fein profilierten Fensterbändern wurde jetzt zur postmodernen Monstranz aufgetakelt. Sonst, so steht es in der Umgestaltung-Begründung, wäre das Haus »in der Solitärsammlung der Main-Metropole völlig unter«-gegangen. Also wurde ihm eine glänzende Glas-Aluminiumhaut über den alten Körper gezogen und ein protziges Erkerband auf die Mitte geklebt. Der schlanke Quader darf nicht länger praktisch, quadratisch und gut sein, sondern wurde an beiden Seiten mit verglasten Treppenhäusern dekoriert. Auf dem Dach thront eine gläserne Rotunde als Shell-Wahrzeichen. Acht bis zehn Hochhäuser von Rheingans sind inzwischen in Frankfurt derart verunstaltet worden. Der Architekt und Urheber der Altbauten wurde weder nach seiner Erlaubnis noch nach seiner Meinung oder den alten Bauplänen gefragt. Richtig übel hat es das Bürohochhaus an der Bockenheimer Landstraße erwischt, auch ein Hochhaus der ersten, funktionalen Generation: eine neue Glashaut wurde übergestülpt, mit unmotivierten Leuchtstreifen garniert, obendrauf ein Empire-Häubchen mit eingearbeiteter Uhr, fertig. Denkmalschutz für Hochhäuser der ersten Generation? Gibt es nicht und paßt ja auch nicht zum kapitalistischen Credo des Wettbewerbs.

Eine Zeitlang waren die Zwillingstürme der Deutschen Bank die Höchsten und die Schönsten in Frankfurt. Und weil sie ein gelungenes Sinnbild für das Geldgeschäft sind, geradezu Manifeste der korporierten Identität einer Bank, dürfen sie sicher auch noch eine Weile so bleiben, wie sie sind. »Soll und Haben« werden die Türme im Volksmund genannt, heißt es. In Wahrheit wird die PR-Abteilung der Bank es so beschlossen haben. Und wenn wieder einmal ein Film gedreht wird in Frankfurt bei Nacht, dann bleiben im Soll und im Haben die Lichter an. Beide Türme sind aus Glas, das wirkt einladend und durchschaubar, wie der Werbeprospekt einer Bank, verbirgt aber die Wirklichkeit des Inneren durch die öffentlich zur Schau getragene Reflexion der Außenwelt. Besser kann man Bankenphilosophie nicht bauen.

Ganz oben in den Wolken residieren die wirklich Mächtigen. Sie halten die Fäden in der Hand, an denen wir unsere Politiker und Wirtschaftsführer befestigt haben, und sie mögen es nicht allzu gerne, wenn ihnen einer von unten dabei zuschaut. In lautlosen Aufzügen gleiten sie hinauf in ihre sterilisierte Welt. Kein Laut aus der Stadt dringt bis dort hinauf. Wie Spielzeug liegt Frankfurt unter einer gelben Smogglocke. Hier kann man Entscheidungen fällen, ohne ihre Auswirkung sehen, spüren, riechen oder schmecken zu müssen. Zum Ausgleich haben sie sich die größte Kunstsammlung der Stadt an die Wände gehängt. Im Fahrstuhl neben dem Klingelknopf kann man die Namen der Künstler lesen, die die Etagen kenntlich machen und voneinander unterscheiden. Und weil es für jede Etage ein Künstler ist, nennt man sie Etagenkünstler, das klingt zwar ein bißchen wie Etagenkellner, hat aber weder Penck noch Bill noch Beuys abgehalten, an die Deutsche Bank zu verkaufen. Ganz oben, im 36. Stockwerk, wo es keine Etagenkünstler mehr gibt, nur noch ein paar ausgesuchte Klees und Rotluffs und Beckmanns, ganz oben, noch über der Vorstandsetage, arbeitet Rudolf Biller. Kartoffelschälen in Edelstahl. 155 Meter über dem Opernplatz. Kochen wie Gott in Frankfurt. »Nach ein paar Wochen schaut man gar nicht mehr runter.« Chefkoch Biller und seine Gehilfen haben einen wichtigen Job. Die Vorstände und ihre Gäste mögen sich auch zur Mittagszeit nur äußerst ungern hinunter ins Leben begeben.

Das Leben und die Türme. Nicht mehr alle Hochhäuser der Stadt sind abgehobene Bankresidenzen. Es sind nicht mehr nur die Banken und Versicherungen, die ihre Macht und ihren Reichtum so offen darstellen wollen. Der Messeturm, das höchste Haus Europas, sollte an die verschiedensten Firmen vermietet werden, die auch einmal abgehoben und standesgemäß residieren wollten. Das hat nicht ganz funktioniert. Die amerikanischen Bauherren haben nicht beachtet, daß der arbeitende Mensch, auch wenn er nur Sekretärin ist, einen rechtlichen Anspruch auf Tageslicht hat. Der Grundriß in der roten Teleskopstange ist ungünstig: viel lichtloser Innenraum, wenig Plätze an der Sonne, 80 Mark pro Quadratmeter das Minimum. Außerdem wollen offenbar nicht sehr viele Firmen das Image eines Turmes mit anderen Firmen teilen. Viele Etagen im Messeturm stehen leer, und es wären noch viele Etagen mehr, wenn jetzt nicht die Bundesbank die obersten dreißig Stockwerke gemietet hätte. Der Turm ist gerettet. Konkurrenz in der Höhe droht ihm erst einmal nicht. Die Bauherren, die an der Südseite des Hauptbahnhofes den Messeturm mit einem schneeweißen 270 Meter hohen Campanile in ihren Schatten stellen wollten, leiden noch an der allzu heftigen Zuneigung, die ihnen einst von der CDU-Regierung der Stadt entgegengebracht wurde. Die Baugenehmigung, die ihnen zwei Tage vor der Kommunalwahl 1989 von der schon schwankenden CDU noch schnell auf dem Silberteller vorbeigetragen wurde, ist mit dem Hessischen Baugesetz nicht vereinbar.

Andere Giganten werden schon bald in den Himmel über Frankfurt wachsen. Frankfurt hat, wenn die Amerikaner erst abgezogen sind, durchaus auch in die Breite Entwicklungsflächen. Trotzdem sollen in den nächsten zehn Jahren etwa vier Millionen Quadratmeter Bürofläche aufgetürmt werden. Die Hessische Landesbank, die Commerzbank, die Deutsche Genossenschaftsbank, die Bank für Gemeinwirtschaft, das Japan-Center, die Rheinland-Versicherung, die Frankfurter Sparkasse, sie alle wollen für 300 bis 900 Millionen Mark ihre eigenen Büroetagen in immer gewagteren, präpotenteren und zeichenhafteren Turmbauten hochstapeln. Die Skyline von Frankfurt wird dichter und dadurch immer attraktiver werden. In noch mehr Köpfen wird Frankfurt der Schattenriß einer Stadt sein, die man sich nur im Landeanflug und von der Autobahn hinter dem Westkreuz, von oben und von außen her denken kann. Den Oberbürgermeister der kleinen Stadt, Andreas von Schoeler, hat das schon vor seiner Wahlschlappe im März 1993 ein bißchen beunruhigt, weil er nicht wußte, wie die von der SPD plötzlich wiederentdeckten »kleinen Leute«, die Ureinwohner Frankfurts, mit dieser Außensicht klarkommen. »Sind wir uns immer bewußt, was es bedeutet, daß das Bild unserer Stadt bei vielen Frankfurterinnen und Frankfurtern und international ganz wesentlich von den Hochhäusern und damit von etwas geprägt ist, was erst in den letzten beiden Jahrzehnten entstanden ist«, fragte Andreas von Schoeler auf dem Neujahrsempfang im Römer. Und es klang so, wie wenn in Manhattan jemand fragt, ob wohl die Indianer noch immer gerne auf dem Broadway spazierengehen mögen. Walter Wallmann hat das Problem schon erkannt und in Frankfurt unter den Türmen so viel Heimat restaurieren und neu hinstellen lassen wie eben möglich und erträglich.

Dabei haben sich die Einwohner der kleinen Stadt längst mit dem Blick von oben und von außen arrangiert. Nur aus der Stadt selbst, von unten und von innen, ist die Statik der Macht nämlich in spielerische Bewegung zu versetzen. Das versöhnt den Menschen, der in der Inszenierung des Geldes leben muß. Wer durch die Innenstadt-Dekorationen unterhalb der Giganten von der Alten Oper über die Freßgaß und die Zeil zum Römerberg läuft und sich sein eigenes Stück Stadt nehmen will, der legt den Kopf in den Nacken und verschiebt sich die Perspektiven der Macht. Da wandert der gläserne Zwilling der Deutschen Bank plötzlich vor Turnvater Jahns Messehochhaus, in dem die Bundesbanker residieren. Der Messeturm wird auf einmal ein Designer-Drehbleistift und versteckt sich hinter der halben Halskrause des DG-Kronenhochhauses. Und drüben, auf dem Museumsufer, wird ein kleiner Granitpfeiler von Ulrich Rückriem, ein Stück Kunst also, zu einem Kunststück der Selbstähnlichkeit, zu einem Fraktal, das plötzlich die Bankentürme überragt und sich in die Projektion der Himmelslinie auf der anderen Mainseite einfügt. Der Architekt Helmut Jahn hat dieses Spiel verstanden und benutzt. Der Messeturm mußte also nicht nur 256,5 Meter hoch und der höchste Wolkenkratzer Europas werden. Auf seiner Spitze sitzt ein magischer Pyramidenkopf, der die Gewichte der Stadt nachhaltig verlagert hat, weil er jeden Blick beherrscht. Überall und immer und abends beleuchtet ist diese Glaspyramide als Orientierungspol und Perspektivenwitz über der Stadt gegenwärtig. Sie taucht auf, hüpft und springt mit der Bewegung des Betrachters von einer Straßenschlucht in die nächste. Erst abends, vom Balkon im fünften Westendstock aus betrachtet, hat sie sich schließlich als alberner, postmoderner und an seinen Außenkanten beleuchteter Zacken auf dem Kuppeldach der Synagoge zur Ruhe gesetzt. Synagoge mit Pickelhaube.

Wer tagsüber ganz oben in den Türmen residiert, der kleinen Stadt und den Menschen auf den kleinen Balkonen angenehm entrückt, macht deswegen auch nachts ernst mit der Vokabel Oberschicht. Also wohnen die Turmherren auch nicht im Westend oder in Sachsenhausen, sondern an den Hängen des Taunus, in Kronberg, Bad Homburg und Königstein. Abends fahren sie mit dem Aufzug aus dem fünfunddreißigsten Stockwerk der Deutschen Bank hinunter an allen Etagenkünstlern vorbei in die Tiefgarage und setzen sich in den Fond einer Karosse mit verdunkelten Scheiben. Vielleicht lesen sie noch ein paar Zahlen, während der Fahrer sie an wechselnden Perspektiven vorbei in die frische Luft der

Hochsicherheitstrakte bringt, die sie Villen nennen und in denen ihre Frauen und Kinder leben. Da schlafen sie dann etwa auf dem gleichen Höhenmeter, auf dem sie tagsüber Geld zählen, der kleinen Stadt und den Menschen in der kleinen Stadt angenehm entrückt mit Blick auf die beruhigende Statik der eigenen Inszenierung.

# ARCHITEKTUR BEI BIRKHÄUSER

**Von den Entwicklungen des Städtebaus seit dem 19. Jahrhundert bis zu den heutigen Problemstellungen:**

# STADT PLANUNG GESCHICHTE

**die «Blaue Reihe» bei Birkhäuser**

Herausgegeben von Gerhard Fehl, Juan Rodriguez-Lores und Volker Roscher

Thomas Hafner
**Vom Montagehaus zur Wohnscheibe**
Entwicklungen im Deutschen Wohnungsbau 1945–1970

352 Seiten, 200 Abb.
DM 78,–
ISBN 3-7643-2759-6

Volker Roscher (Hrsg.)
**Hans Blumenfeld, Stadtplaner «... es sei denn, sie bauen eine humane Stadt»**
Autobiographie 1892–1988

304 Seiten, 24 Abb.
DM 68,–
ISBN 3-7643-2764-2

Bruno Wasser
**Himmlers Raumplanung im Osten**
Der Generalplan Ost in Polen 1940–1944

Ca. 352 Seiten, ca. 30 Abb.
Ca. DM 68,–
ISBN 3-7643-2852-5

---

Wenn Sie weitere Informationen über die Reihe oder unser Architekturprogramm wünschen, bitte schreiben Sie uns:

Birkhäuser Verlag AG
Klosterberg 23
CH-4010 Basel

*Birkhäuser*

Birkhäuser Verlag AG
Basel · Boston · Berlin

# STADT PLANUNG GESCHICHTE

# Städtebau von der Antike bis heute

Gebäude sind der Spiegel der Gesellschaft und durch das soziale, ökonomische und politische Umfeld ihrer Zeit bestimmt. Einen fundierten Überblick verschafft:

Spiro Kostof
**Geschichte der Architektur**
3 Bände, zusammen 731 Seiten
mit 987 Abbildungen,
DM 88,– pro Band

Band 1:
**Von den Anfängen bis zum Römischen Reich**

Band 2:
**Vom Frühmittelalter bis zum Spätbarock**

Band 3:
**Vom Klassizismus bis zur Moderne**

Mit Blick in die Zukunft zieht eine kritische Bilanz:

Volker Hahn
**Bauen in der Sackgasse?**
208 Seiten mit 90 Abbildungen
DM 42,–

Und alles Bauen geht nicht ohne Rücksicht auf die Ressourcen:

Albert Speer
**Die intelligente Stadt**
207 Seiten mit 36 Abbildungen
DM 48,–

DVA

*In die Stadt eintauchen*

**Wien wirklich**
Der Stadtführer.

384 Seiten, 164 Abbildungen
DM 39,-

„Wien wirklich" ist kein ‚alternativer Stadtführer', sondern einer, der die sichtbaren Zeichen der Stadt durch zusammenhängende Hintergrundinformationen begreifbar macht. In benützbarer Form – an Hand konkreter Orte, mit Routen und Spaziergängen, mit Raum zum Stehenbleiben und Innehalten – werden die städtische Entwicklung nachgezeichnet, die Veränderungen des letzten Jahrzehnts aufgespürt sowie die gegenwärtigen Probleme Wiens dargestellt.

Verlag für Gesellschaftskritik
A-1070 Wien, Kaiserstraße 91, Tel: 0222/526 35 82

**Eckart Britsch**

# Paradies ohne Himmel

EINE UNTERGRUND-RECHERCHE

In seiner Skizze »Der Bau« beschreibt Franz Kafka ein nicht genau bezeichnetes Ich, das eine unterirdische Anlage mit Plätzen, Wegen, Ein- und Ausgängen baut. Doch je weiter und verzweigter die Anlage durch die Erde führt, desto offensichtlicher erscheint der Bau als eine Fehlkonstruktion. Mit jedem weiteren Tunnel vergrößern sich die Angriffsflächen, und »der süße Schlaf des Friedens des erreichten Zieles des Hausbesitzes« stellt sich nie ein. Weder Korrekturen noch Ausbesserungen helfen die Pein des Labyrinths zu überwinden und letztlich »Herr über eine Vielzahl von Gängen und Plätzen zu werden«. Nichts kann diese Anlage retten. Kein Gefühl der Sicherheit stellt sich ein. Der Bau erweist sich als endlose Aufgabe, bei der trotz allem Nachdenken, Zerlegen und Zusammensetzen alles unverändert bleibt und immer wieder auf dasselbe hinausläuft. Wer sich in diese Geschichte hineingräbt, findet heraus, was dem unterirdischen Abenteuer letztlich fehlt oder, französisch gesprochen, welcher Mangel es konstituiert. Es ist, wie wäre es auch anders zu erwarten, die Architektur. Der Bau könnte nur durch Architektur zum vollendeten Bau werden.

Die Literatur von Franz Kafka hat seit ihrem Entstehen wenige, aber dafür bedeutende Architekten dieses Jahrhunderts wie Adolf Loos und Bruno Taut fasziniert. Für den unterirdischen Städtebau der letzten Jahrzehnte hatte sie allerdings keine Folgen, obwohl sie den ewigen Wettlauf eines nicht hinreichend reflektierten komplexen Systems auf den Begriff bringt. Ihre Phantasien und ihre der zeitgenössischen Realität vorauseilenden Bilder lieferten jedenfalls ein Stichwort für eine Empfindungstendenz, die sich beim Durchqueren solcher erbauter Tiefen einstellt. Heute erinnert fast jede Tiefgarage und Kelleranlage bis hin zu den weitläufigen Tunneln der Untergrundbahnen mit Querverbindungen, Lüftungs- und Heizungsschächten an dieses Wort. Es beschreibt die Summe aller elementaren Gefühle, die sich an solchen Orten beinahe wie zwangsläufig einstellen und die alle edlen Absichten unseres unterirdischen Städtebaus in seinen Grundfesten erschüttern: kafkaesk.

Um zu verstehen, wie aussichtslos es heutzutage ist, diesem Zustand des Kafkaesken in der Unterwelt zu entkommen, reicht eine schemenhafte Analyse der Züge dieser Gebilde aus. Wer sie betritt, für den steht die Antwort im Raum. Sie ist in ihn eingebaut wie das Kreuz in den Rücken Christi. Jeder, der in den Untergrund geht, findet in der Regel eine Vielzahl von Subsystemen, die, trotz lokaler Unterschiede, sich gleichen und die, je bewußter man sie betrachtet, sich fade wiederholen. Die in diesen Räumen ablesbare gestalterische Gesetzmäßigkeit könnte lauten: Das architektonische Maximum beschränkt sich auf das baupolizeiliche Minimum. Diese düstere Genauigkeit hat in den letzten Jahrzehnten ungezählte Unterführungen und Untergrundebenen hervorgebracht, die alle wie in einer gigantischen Verschwörung nach denselben Mustern funktionieren: fehlende Höhen, schlechte Materialien, mangelhafte Beleuchtung.

Unausweichlich wird der Besucher dieser Baukörper sofort kleiner oder duckt sich instinktiv. Selten findet sich ein Gehäuse, in dem einem die immer zu niedrige Decke nicht sofort auf den Schädel fällt. Dabei ist es völlig gleichgültig, ob die Decke wie in den meisten Nachkriegskellern wirklich zu niedrig gebaut ist, so daß derjenige, der hinuntersteigt, sich den Kopf ganz real am Abwasserrohr anstoßen kann, oder ob jemand alleine durch die erdrückende Wirkung, die in den meisten neuerbauten U-Bahntunneln oder Unterführungen durch den Streß der Niedrigkeit und Beengtheit entsteht, der Angst des Eingeschlossenseins ausgesetzt wird. Für die erniedrigende Erfahrung ist es zwar nicht gleichgültig, ob man real oder physisch nach unten gedrückt wird. Prinzipieller betrachtet kann es einem so vorkommen, als wollte eine Art städtebauliches Tiefdrucksystem einen auf den Boden pressen. Die unterirdischen Zuleitungssysteme bei Bahnhöfen, Kaufhäusern und Parkhäusern, so behauptet der New Yorker Stadtplaner Guy Sadowsky, sind unendlich vervielfachte, zusammengepreßte Hohlkörper, die jeden normal gewachsenen Menschen in einen vor sich hinkreisenden Fleischpfannkuchen verwandeln. Auch ihre in aller Welt verbreitete Innenausstattung aus bemaltem Beton, verdrecktem Plastik und verkitschtem Mosaik spiegelt, wo immer man in sie hinabgleitet, unübertrefflich den Tiefpunkt jeglicher Gestaltung wider, umso beklemmender, als ihr Ausstattungsvorrat jeden früher erreichten Niveaus spottet. Inzwischen spricht alles dafür, daß es sich bei einer schönen Holzbank oder einem richtigen Putz an der Wand um ein bauhistorisch abgeschlossenes Kapitel handelt. Die durch Betonieren universalisierten Intimsphären erinnern wie fast alles, was an öffentlichen Schoßphantasien in den letzten Jahrzehnten errichtet wurde, an das immergleiche psychokontrollierte Sozialstaatsgebilde, in dem es an keiner Stelle mehr einen nicht einsehbaren Schlupfwinkel geben darf und das den Benutzer durch seine nichtindividuelle normierte Sterilität so hinunterzieht, daß er an kein Hochkommen mehr glauben kann.

Totale Ausweglosigkeit ist eine der erforschten Wirkungen, die diese unterirdischen Strukturen auf das normale menschliche Innenleben haben. Sozialpsychologische Untersuchungen in Amerika beschreiben die durch städtische Architektur kreierten klaustrophobischen Stimmungen. Die Depressionszyklen dieser unterirdischen Systeme haben viele große Städte erfaßt. Über siebzig Prozent der Frauen und fast fünfzig Prozent der Männer würden diese Territorien nie mehr in ihrem Leben benutzen, wenn sie sich aus freien Stücken und ohne finanzielle Folgen dagegen entscheiden könnten. The New Frontier ist nicht mehr das Go West. Das Abenteuer wartet vor der Tür beim Abstieg in das unterirdische System, das einem mittlerweile eine Vielzahl antizipatorischer Verhaltensweisen und Kenntnisse abverlangt, damit das Überleben garantiert ist. Manchmal kommt es einem wie ein architektonischer Trick vor, der benutzt wird, um die Rasse durch Kämpfen vor der Verfettung zu schützen und damit am Leben zu erhalten.

Im seelischen Gleichgewicht kann die unterirdische Stadt offensichtlich nur noch derjenige durchschreiten, der sich systematisch in eine durch die unterweltliche Monotonie erzeugte Gleichgültigkeit eingeübt hat. Es sind die sozialen Innovationen des Untergrunds der amerikanischen Städte, in denen die Amerikaner vor allen anderen Industrienationen die Spitzenposition halten, weil sie im Gegensatz zu anderen Staaten die meisten Tiefen ausgelotet haben. Die Risiken, die heute mit den unterirdischen Systemen verbunden sind, haben durch Adaption neue Verhaltensweisen hervorgebracht. Die routinierten Untergrundbenutzer haben sich einen starren Blick antrainiert. Als Reizschutzprofis glotzen sie beharrlich vor sich hin und sind durch nichts aus der Fassung zu bringen. Sie ignorieren alles, was neben, hinter oder über ihnen passiert. Spricht jemand sie erfolgreich an, bleiben sie wie angewurzelt stehen gleich einem Hund, der nicht weiß, ob er gestreichelt oder geschlagen wird. Jeder intime, weil persönliche Satz verschlägt ihnen sofort die Sprache. Ihre äußerste Reaktion ist ein müdes Achselzucken. Jeder erzwungene Stillstand durch direkte Ansprache läßt den Boden vibrieren. Fast so, als ob jemand mit vorgezogener Waffe »Freeze« gesagt hätte. Ihre Tunnelneurose äußert sich daher in einer verselbständigten immer gleichen, zielstrebigen Vorwärtsbewegung. Eine verinnerlichte Stimme befiehlt: Raus aus der U-Bahn, rauf auf die Rolltreppe, runter von der Rolltreppe, rein in den Aufzug, raus aus dem Aufzug, rauf aufs Beförderungsband, rein ins Büro und zurück. Der psychotische Kern dieser Tunnelneurose zeigt sich in den Tag und Nacht getragenen Sonnenbrillen, hinter denen sich die unglaublichsten Projektionen, Spaltungen und

Abgründe abspielen. Doch hat dieser beobachtbare Wahnsinn wie jeder Wahnsinn auch einen realen Gehalt, den jeder täglich in den Medien nacherleben darf. Diese unterirdischen Strukturen erzeugen und reproduzieren in ihrer sterilen Ordnung die Phantasien vom kafkaesken Bau. Zwar fällt keinem etwas auf den Kopf, niemand stürzt in eine Grube oder wird in einer Verschalung einbetoniert. Gleichwohl warten alle ohne Ausnahme auf ein mit an Sicherheit grenzender Wahrscheinlichkeit eintretendes nicht konditionierbares Ereignis.

Doch ganz so, wie sich der deutschnationale Daseinsbürokrat Martin Heidegger dieses nichtkonditionierte Ereignis erdacht hat, realisiert es sich geschichtlich im Untergrund nicht, obschon es für den Einzelnen, der auf die heutigen Untergrundkämpfer in einer Unterführung oder U-Bahn trifft, wirklich voraussetzungslos ist: Es geschieht ihm. Auch was ihm dann passiert, ist für ihn selbst in aller Regel ohne jede rationale Vermittlung. Fast wie in der Phantasie der freien Tat, wie sie am Anfang dieses Jahrhunderts etwa von André Gide gefordert und von André Breton surrealistisch herbeigesehnt wurde, trifft es ihn rein zufällig in der Masse. Wen diese Situation erwischt, der kommt sich danach vor wie ein Leberecht Hühnchen, den der Schoß noch einmal ausgespuckt hat. Doch selbst dann, wenn man außer Betracht läßt, daß trotz aller Hermeneutik nicht ganz klar ist, wie das nichtkonditionierte Ereignis bei Heidegger aussieht, ist es in seiner unterirdischen Spielart wenig utopisch. Die Ereignispalette der Wirklichkeit in der städtischen Unterwelt, auf die sich in Amerika bereits viele durch Visualisieren beim Geländetherapeuten vorbereiten, verzichtet auf alle metaphysischen Halluzinationen. Sie beginnt beim x-maligen Anpumpen und Anpöbeln, setzt sich in täglichen Überfällen und Vergewaltigungen bis hin zum Mord fort. Die Koseworte dafür heißen Buck-checking, Brick-checking, Blood-checking. Natürlich ist diese Tendenz zur Gewalt nicht auf den Untergrund beschränkt. In Gegenden, wo es dank unbegrenzter Flächen keine unterirdischen Spielräume gibt, wird als Ersatz das Car-checking praktiziert. Die meisten Metropolenbewohner benötigen daher ihre ganze »Entschlossenheit«, um diese Daseinsbereiche etwa in einer »hellen Nacht«, in der sich »das Nichts der Angst« einstellt, zu durchschreiten. In der betäubenden Einförmigkeit des Untergrunds erfüllt sich für den Einzelnen die surrealistische Utopie des Zufalls: Er wird ganz der Gewalt unterworfen.

Unbestreitbar ist, daß sich an dieser stummen Herausforderung des Untergrunds wenig ändern läßt. Kein neuer Anstrich, keine Vitrinen, keine Kunst am Bau, keine Verschönerung durch Graffiti machen diese unterirdische Situation erträglicher. Selbst dann, wenn die Situation noch nicht so weit fortgeschritten ist wie anderswo und lokale Baubehörden in

Städten mit viel Geld wie in Stuttgart oder Frankfurt anfangen, ihre unterirdischen Verbindungswege etwa in Einkaufspassagen zu verwandeln, ändert sich selten etwas. Allenfalls tritt vorübergehend eine Beruhigung ein. Ihr Scheitern ist konstitutiv, weil sich letztlich keiner darum kümmert, was aus diesen Systemen werden soll. Im Gegensatz zu den oberirdischen Stadtlandschaften haben die unterirdischen so gut wie keine architektonische Bedeutung, sondern sind allein aus dem Effekt ihrer Funktionen entstanden. Doch jeder soziale Körper muß, über sein Funktionieren hinaus, in einer ganz prinzipiellen Bedeutung auch Sinn machen, will er auf Dauer und mit Erfolg funktionieren. Es gilt die postmoderne Faustregel: Ohne Sinn funktioniert nicht einmal das Nichtfunktionieren. Was deshalb in der U-Ebene zum Vorschein kommt, könnte man als das Gesetz der tendenziellen Verwahrlosung formulieren. Im Untergrund wird alles, was in ihn eindringt, früher oder später in Müll verwandelt. Dabei reicht ein Minimum an Verwahrlosung aus, um den mehr oder weniger rasanten Abstieg einzuläuten. Was in der Wahrnehmung eines Boulevards oder Platzes dem Fußgänger keine Probleme macht, etwa eine achtlos weggeworfene Zigarettenschachtel, eine auf der Bank vergessene Zeitung, eine in der Ecke stehende ausgetrunkene Flasche, ein auf dem Gehweg sitzender Bettler, radikalisiert sich in der Wahrnehmung untertage sofort in die Vermüllung des Ortes. Der kleinste Schnipsel und die winzigste Scherbe sind im Vergleich mit der Oberwelt nicht auszuhalten, da sie alle Anstrengungen, einen halbwegs gepflegten Eindruck zu erreichen, mit einem Minimum an Material zunichte machen. Ein Studium der Klettpassage in Stuttgart, der B-Ebene in Frankfurt oder jeder beliebigen anderen in eine Passage verzauberten Unterführung zeigt diesen Verdreckungstrend deutlich.

Sind es aber allein die nicht mehr zu ändernden deformierten Gewohnheiten der durchgeschleusten Passanten der letzten Jahrzehnte – wie so viele Urheber dieser U-Ebenen zu ihrer Selbstverteidigung behaupten –, die eine Neugestaltung des Untergrunds verhindern? Läßt das Umfeld, das sich an diesen Orten ergibt, wo sich sinnbildlich ganz unten alle morbiden Heldengestalten treffen, die schon einmal ohne fremde Hilfe in das Grab hinabsteigen wollen, das Interesse an den Räumen verblassen? Jeder weiß, wie sich das klassische Personal des Untergrunds zusammensetzt: Trinker, Obdachlose, Bettler, Fixer, Stricher, die von ihren nahen Vewandten, dem sich auf dem Nachhauseweg befindenden frustrierten Kleinbürgertum, auf ein »Bierchen mit Schnaps« besucht werden. Verhindert die Erwartung dieser Klientel etwa, daß von Anfang an zu wenig investiert wird? Würde es mit dreckresistenteren Baumaterialien unterirdisch hübscher aussehen? Wenn das nur so wäre. Bis jetzt läßt sich allenfalls eines sagen: Um heute unterirdisch Eindruck zu machen und Erfolg zu haben, bedarf man einer fast unmenschlichen Widerstandskraft gegen die Tiefe.

Einzig, was unmittelbare Bedürfnisbefriedigung verspricht, kommt unten an. Wer nicht abstürzen will, muß sich an diese Grundregel halten. Deshalb ist jeder Untergrund sofort auch uniform. Es sind die immergleichen Kaffeetresen und Bierschenken, Würstchen- und Brezelnischen, Suppenküchen und Imbißläden, Pornoshops und Billigwarenflops. Alles andere hat in der Regel unter dem Boden soviel Chancen wie eine frischbestattete Leiche. Die Verwesung beginnt früher oder später. Sicher hat die tendenziöse Verwahrlosung dieser U-Ebenen auch mit einer Verdrängung zu tun, derer heute keiner mehr sich bewußt ist. So verließen früher etwa die Fahrgäste eines Bahnhofs in einer Großstadt das Gebäude, gingen die Treppe hinunter auf die Straße, überquerten sie und waren in der Stadt. Heute werden die Besucher als Fußgänger fast überall in den Untergrund gezwungen, weil die Straße in erster Linie im Hinblick auf den Autoverkehr gesehen wird. Über-den-Fußgängerweggehen kostet den fließenden Verkehr, aus der Perspektive der Stadtplanung nüchtern und sachlich betrachtet, zuviel Zeit. Zugespitzt bedeutet das, daß die Stadt nicht mehr begehbar ist. Gehen als eine – pathetisch formuliert – aristokratische oder intellektuelle Bewegungsform mit dem zweckfreien Passieren von Plätzen, Boulevards und Passagen, als zielloses Vor-sich-hin-gehen oder lustvolles Schlendern einschließlich des dazugehörigen Sinnierens oder Grübelns ist nicht mehr möglich. Gehen ist in der Stadt von heute, trotz der dafür ausgewiesenen Schutzzonen mit einem im Normalfall vorhandenen Brunnen als Vandalismusaufforderung, ein Defekt.

Es ist die Rache des Gehens, die jede unterirdische Passage tötet. Die Wiederkehr des Zwecks in der Bewegung, des schnellen und energischen Vorankommens, verhindert jedes Interesse für die aus schlechtem Gewissen nach unten verlagerten halluzinatorischen Erlebnisboutiquen. So scheitern auch Kunstgriffe wie die pseudotransparenten Glasplatten von der Decke bis zum Boden, die dann oftmals wieder mit Werbefolien aus Plastik beklebt werden. Als Ersatzspielräume für das Gehen werden diese in Untergrundpassagen verwandelten Verkehrsunterführungen nirgends wirklich angenommen. Die relative Erfolglosigkeit liegt auch nicht am Duft der großen weiten Welt, dem immer vorhandenen Uringeruch. Zu oft fallen zu guter Letzt teure und folgenschwere Entscheidungen im Zustand der Verwirrung der Sinne durch Gerüche. Zudem weiß jeder, daß auch schlechte Luft kein Hindernis für erfolgreiche Geschäfte sein muß. Nicht, ob es wieder einmal zieht oder eine schwüle Heizungsluft in der unterirdischen Passage im Raum steht, ist entscheidend. Allein die Bewegung zählt. So läßt sich Schritt für Schritt nachvollziehen, woran die unterirdischen Räume scheitern. Wer sich nach unten begibt, verfällt früher oder später in ein Hasten, als ob ein anthropologischer Eilreflex ausgelöst würde. Man steigert sein Tempo, legt einen Schritt zu, als habe man keine Zeit zu verlieren. Es liegt auf der Hand, daß es nicht die Besorgnis ist, den nächsten Anschluß zu verpassen, die keinen Aufschub duldet. Die Angst im Nacken, die Beklemmung, das kafkaeske Gefühl, auf das viele mit der Erhöhung der Geschwindigkeit reagieren, das ist es, woran der unterirdische Städtebau scheitert.

Ihm fehlen die Innenvisionen als utopischer Entwurf, wie sie am Ursprung der Moderne formuliert wurden und die einmal die Folie für die Faszination der Eroberung der Tiefe lieferten. Verbraucht ist der Kitzel eines neuen Raumgefühls in seiner ganzen Ambivalenz, in das die Menschheit wie bei den Revolutionsarchitekten Boullée und Ledoux hineinmarschierte, um durch die Tiefe wie beispielsweise in dem Kenotaph für Newton in unendlichen Treppen zum Himmelsloch emporzusteigen. Die Gattung krabbelte quasi in Gotteskonkurrenz ans Licht.

Zu der Faszinationsgeschichte des unterirdischen Städtebaus gehören auch die Kanalisationssysteme, deren Architekturen bis heute Gültigkeit besitzen und funktionieren. Allerdings haben wir im Lauf der Zeit die Übersicht über ihre Bedeutung verloren. Selbst der romantische Charme, den sie als Filmkulisse in dem Krimi »Der dritte Mann« mit Orson Welles als Kanalratte abstrahlen, gibt allenfalls eine verklärte Vorstellung wieder. Die Kühnheit und das Ausmaß dieser Entwürfe in Paris, Wien oder Berlin läßt sich in unseren Tagen schwer begreifen. In heutigen Preisen – Architektenhonorare nicht eingeschlossen – müßte grob geschätzt beispielsweise in Berlin die gesamte Haushaltssumme der nächsten zehn Jahre investiert werden, um das unterirdische Wunderwerk jetzt zu erbauen. Der Umzug vom Hochsicherheitstrakt in Bonn in das begrenzt begehbare Regierungsviertel am Spreebogen oder der Wiederaufbau des Stadtschlosses ist dagegen ein Abenteuer aus der Portokasse.

Doch auch die Höhlenphantasien in der Architektur sind von den Mühlen der Zeit zerrieben worden. Ihr Sinn und ihre Attraktivität ist seit langem weitgehend verdrängt. In seinem Zauberflötenentwurf denkt sich Boullée die Architektur als Höhle mit Ausblick auf den Sternenhimmel. Das Innen dehnt sich und wird erweitert in einen magischen Raum. Zum klassischen Bild in der unter dem Boden liegenden Architekturutopie gehört die Höhle als Schutzraum mit den verschiedensten Rückzugs- und Regressionsphantasien. Nicht für den Bunkerbau war diese Idee folgenreich. Vielmehr findet sie ihre Anwendung zum Beispiel in der Ausstattung vieler bürgerlicher Wohnungen des 19. Jahrhunderts mit schweren Vorhängen, dunklen Tapeten, gewichtigen, fast unverrückbaren Möbeln. Das Vorzeigemodell für diese Form der Höhlenverehrung ist weltberühmt. Es handelt sich um das Arbeitszimmer des berühmtesten Innenraumarchitekten unseres Jahrhunderts: Sigmund Freud. Dieses Arbeitszimmer stellt in seiner Räumlichkeit und in seinem angefüllten Innenleben den Prototyp der Höhlenutopie dar.

Gegen die Höhlengemütlichkeit richtet sich die Kritik anfang dieses Jahrhunderts mit der Phantasie des Lichts und der Abwehr alles Dunklen. Die Räume mußten entleert werden. Allein das radikale Ausräumen schien der Verschmutzung jeglichen Innenlebens vorzubeugen. Am sichtbarsten wird dieser Trend in der mittlerweile schon zu den Klassikern zählenden Erneuerungsbewegung der Gartenstädte mit der dazugehörigen Freikörperkultur mit ihrer nicht ungefährlichen Nähe zu der unstillbaren Sehnsucht nach Sozialhygiene.

In der alten Welt zeichnet sich an der Wende des 20. Jahrhunderts das Sterben der Tiefenvisionen ab. Für eine prachtvolle Ausnahme sorgte allein Josef Stalin mit dem Bau der Moskauer Metro. Durch seinen Kraftakt gibt es unter der Erde wahre Verkehrspaläste. Zur Ironie der Geschichte gehört, daß die heutige Umbenennung von Straßen und Plätzen ihr Vorbild im stalinistischen Neuschreiben von Geschichte durch die Umbenennung von Moskauer U-Bahnhöfen hat. Böse Zungen behaupten sogar, daß jeder informierte Sowjetbürger in das tiefste sibirische Bergwerk verbannt wurde, wenn er weitererzählte, daß in London oder Paris oder sonstwo auch schon Untergrundbahnen existierten.

Sechs Jahrzehnte nach diesem letzten gigantischen Untergrundunternehmen sucht sich die ordnungsliebende Verkehrsmetropole ihre optischen Entsprechungen in der Vertikalen lieber vom Sockel an aufwärts. Wenn auch oftmals rückwärtsgewandt. Es beginnt mit der Feier des Hochhauses und endet mit der Wiederkehr der Fassade als Attrappenkultur. Die horizontalen Errungenschaften dieses Jahrhunderts finden sich in den Trabantenstädten wie dem Märkischen Viertel in Berlin oder etwa in La Défense am Rande von Paris. Das Unterirdische als Reflexion des Urbanen ist mittlerweile eine esoterische Angelegenheit, an deren Ergründung nur noch ein paar Fachhistoriker arbeiten. Die historischen Gründe liegen auf der Hand. Einerseits sind die Städte in jeder Hinsicht kanalisiert. Allein aus der Finanzknappheit der öffentlichen Kassen würde sich jedes größere unterirdische Projekt als aussichtslos erweisen. Zudem ist unter der Erde für reibungslosen Verkehr gesorgt. Andererseits ist auch die Höhle in ihrer utopischen Kraft schwer angeschlagen. Ihr Hauptmangel ist leicht zu erkennen. Sie ist letztlich kein transitorischer Ort. Dies wäre aber notwendig, damit sich ihr Raum ohne weiteres zum Expansionsdrang mit seiner Dynamik ins Verhältnis setzen ließe. Dem ist aber nicht so. Die Tiefe ist aus der Diskussion über Stadt und Utopie verschwunden.

Seitdem gibt es allein in der neuen Welt Versuche, die Tiefe unbeeindruckt durch ihre Schattenseiten wieder zu erobern. So haben die Brüder Ghermezian in Edmonton, Alberta, eine Unterwelt erbaut, die alle bisher bekannten Ausmaße sprengt: The West Edmonton Underground Mall. Das Terrain ist so groß wie 150 amerikanische Football-Felder und zieht sich über eine Länge von sechs Straßenblocks hin. Durch 21 Eingänge hat der Besucher Zutritt zu mehr als 800 Einkaufsläden, 110 Restaurants, Tavernen, Bars, Pizzerien, Cafes und Eisdielen. 14 verschiedene Kinos sorgen für den richtigen Film. Wer der kanadischen Wildnis entkommen will, der kann zu jeder Jahreszeit auf einem Indoor-Golfplatz das richtige Einlochen wie auf echten Golfplätzen üben. Für alle, denen der Sommer nicht genügend Badefreuden beschert hat oder denen das Wasser zu kalt war, steht ein Indoor-Beach bereit, dessen Horizontlinien sich über drei riesige Stockwerke hinziehen und an dessen Strand sich von der Karibik träumen läßt. 150 Security-Leute sorgen dafür, daß die Besucher vor den gängigen Horrorgeschichten der amerikanischen Städte verschont bleiben. Frei vom Lärm und Chaos des Verkehrs, unabhängig von der Willkür der Natur, wird ein totales Entspannungserlebnis geboten. Wem die freundliche Kommunikation mit den Entertainern oder Mitbesuchern zu menschlich ist, der kann im hauseigenen Zoo sein Glück bei den Schimpansen versuchen. Eine Super-Love-Boutique hält alles moderne Know-how für erotische Phantasien, S/M-Wünsche sowie die neuesten Ersatzteile für diesen echt menschlichen Tiefenbereich bereit. Wer mehr will, als es ihm seine Vorstellungskraft ermöglicht, kann sich im Ernstfall in das projekteigene Hotel zurückziehen. Ausnahmslos jedem hilft das raffiniert ausgeklügelte Beleuchtungssystem. Es läßt selbst den rotnackigen Whiskytrinker im rechten Licht erscheinen. Auch die Narben des letzten Face-liftings verschwinden im dunklen Dimmerton der mit den Regressionsmöglichkeiten der Höhle spielenden Bars. Die mögliche Provinzialität des realen Ortes wird konterkariert mit nachgebauten Dörfern, die auf international bekannte Plätze, berühmte Lokale und Stadtteile anspielen. Wer sich nach Italien sehnt, geht an der Piazza ins Café Roma und trinkt einen Cappucino. Frankophile trinken ein Glas Rotwein und essen ein Stück Camembert im Petit Coupole. Ein Calvados-Smash ist dort auch nicht zu verachten. Auf den einsamen Samurai wartet die Sushi-Bar mit einem kräftigen Sapporo, Miso-Suppe und Shasimi de Luxe. Die Einkaufsmöglichkeiten versammeln alle internationalen Marken, die jeder aus Lifestyle-Magazinen und aus der Werbung kennt. Die Angebote reichen vom klassischen Blazer bis zum himalajatauglichen Rucksack, vom Diamantring zur Lammfelljacke, vom T-Shirt zum Seidenschal; von den Elektronikbergen ganz zu schweigen. Mit entsprechendem Bargeld oder, besser noch, mit einer Reihe ausgewählter

Kreditkarten läßt sich das Ich in dieser Unterwelt durch Konsum zum wahren Weltmeister aufblasen. Für diejenigen, denen die Auswahl zu groß wird und die sich infolge des Überangebots langweilen, steht ein Amüsement-Park bereit, der jede denkbare Zerstreuung aus der Geschichte der Spielsalons bietet und einem die meisten Entscheidungen im Stile der einarmigen Banditen abnimmt. Wer gerne auf die Fresse fällt, kann es am billigsten beim Schlittschuhlaufen oder Roller-Skating probieren. Durch eine eigene Polizeistation werden selbst Leute mit langen Fingern oder falschen Gedanken sportlich gefordert. Sie reiht sich in das totale Erlebnis nahtlos ein.

Der Untergrund der Superlative mit seinen unterirdisch geschaffenen Erlebnisketten kennt kein Ende, ist wie der anfangs studierte Bau endlos. Mit seinen ständigen Ups und Downs ist er eher das manische Gegenstück seiner depressiven Tunnelbrüder. Wenn er eine Philosophie formulierte, würde sein kategorischer Imperativ in aller Kürze lauten: Fortsetzung folgt. Nach dem Kommando In-Out sind alle seine Szenen in ständiger Bewegung. Die Magie dieses heller als alle Sonnen strahlenden Untergrunds liegt in seiner absoluten Künstlichkeit. Seine Utopie kann nicht anders lauten als: Weltkonsumrausch total. Die politischen Lehren lassen sich auf den Satz reduzieren: Money talks, bullshit walks. Ob diese Unterwelt letztlich den architektonischen Weg zum Licht verkörpert, ist schwer zu entscheiden. Jedenfalls glauben ihre Erbauer, ein Paradies ohne Himmel errichtet zu haben. Das riecht fast nach einem ideologischen Komplott für den Kapitalismus als Religion. Besonders nach einem Kassensturz stellen sich diverse Zweifel ein. Aber eine sofortige, überhitzte Konsumkritik mit häßlich schriller Stimme erinnert allein an stille Tage in Klischee. Ohne Ausbeutung und Unterdrückung kann niemand mehr irgendwo untertauchen. Das lehrt der Tiefstand der Unterwelt. Vielleicht läßt sich sagen, daß sich die alte Unterwelt der U-Bahnen und U-Ebenen komplementär zur neuen verhält. Der tiefsinnige Gedanke stellte sich für einen Augenblick auf dem Boden einer Frozen Margarita an der Acapulco-Bar in Alberta ein. Nimmt man den Widerspruch, den die verschiedenen Unterwelten radikalisiert erscheinen lassen, ernst, läuft praktisch alles auf eine prekäre Entscheidung hinaus, die sich für einige schon stellt: Konsumieren oder Töten. Die Vorahnung dessen läßt einem die Haare zu Berge stehen, bedeutet dies doch theoretisch auf jeden Fall: das Mensch-ärger-dich-nicht-Spiel fängt postwendend von vorne an.

# Karl Markus Michel
# Liebknechts Balkon

## Oder die Vergangenheit als Denkmal dargestellt am Beispiel Berlins

### *1. Ein Auftritt*

Gegen halb fünf am Samstag nachmittag fuhr er vor dem Eosander-Portal des Schlosses vor. Vom Dach des Automobils aus rief er der erregten Menge zu: »Durch dieses Tor wird die neue sozialistische Freiheit der Arbeiter und Bauern einziehen.« Zunächst zog er selber ein, aber er verweilte nicht im Schloßhof, den die aufständischen Matrosen besetzt hatten, er strebte höher hinauf. Er nahm, so steht zu vermuten, den kürzesten Weg, über den prunkvollen Treppenaufgang zum zweiten Obergeschoß, zum Weißen Saal. Hier hatte er vor gut vier Jahren gestanden, am 4. August 1914, als der Kaiser den bei Kriegsbeginn einberufenen Reichstag feierlich eröffnete. Wahrscheinlich hatte er, als erklärter Antimilitarist, nicht mit den anderen Abgeordneten »Bravo« gerufen und »Heil Dir im Siegerkranz« gesungen, als Wilhelm II. sie auf den Burgfrieden einschwor; aber den Kriegskrediten hatte auch er zugestimmt, aus Parteidisziplin. Schon vier Monate später mußten neue Kredite bewilligt werden. Da lehnte er ab, als einziger von 110 SPD-Abgeordneten, woraufhin die Genossen ihn schnitten. (In der SED-Legende galt das später als »der erste Schritt zur Wiederherstellung der Einheit der Arbeiterklasse«.[1]) Da er nicht aufhörte, den Burgfrieden zu stören, wurde er im März 1916, zusammen mit anderen Abtrünnigen, der Spartakusgruppe, aus der Fraktion ausgeschlossen und am 1. Mai auf dem Potsdamer Platz verhaftet. Vier Jahre Zuchthaus wegen Hochverrats, so lautete das Urteil. Im September 1918, der Krieg war längst verloren, wurde er begnadigt, und »der Prophet einer neuen Friedenszeit« kehrte »wie ein Triumphator« nach Berlin zurück[2], rechtzeitig für die Novemberrevolution.

Jetzt biegt er nach rechts in die sechzig Meter lange Bildergalerie ein, läuft vorbei an den gekrönten Häuptern in Öl, an bunten Schlachtenbildern und Krönungsszenen, an Anton von Werners »Kaiserproklamation in Versailles« – er achtet nicht darauf, es ist auch fast schon dunkel an diesem 9. November. Aber warum hat er sich erst so spät auf den Weg hierher gemacht? Seit dem Vormittag strömten die Massen ins Zentrum der Stadt, zum Reichstag, zum Schloß, und als kurz vor ein Uhr die

Nachricht, daß Wilhelm II. abgedankt habe, über die Fernschreiber kam und durch Extrablätter verbreitet wurde (es war eine Lüge: die letzte Amtshandlung des Reichskanzlers, Prinz Max von Baden, und seine bedeutendste: sie trieb den Kaiser noch selbigen Tages ins Exil), da mußte gehandelt werden. Ein SPD-Führer tat es. Gegen zwei Uhr, als im Reichstag das Gerücht auftrat, die Spartakusgruppe wolle die Räterepublik ausrufen, lockte die »unabsehbare singende und rufende Menschenmenge«, die sich auf dem Königsplatz versammelt hatte, den impulsiven Philipp Scheidemann hinaus auf einen Balkon des Lesesaals, von wo aus er dem »siegreichen« Volk eine neue Regierung unter Friedrich Ebert versprach und sich von den »brausenden Hochs« dazu verleiten ließ, in eigener Vollmacht die »Deutsche Republik« auszurufen.[3] Was taten derweil die Spartakisten? Der Legende zufolge waren sie seit dem Morgen auf den Beinen, liefen mit den Demonstranten durch die Stadt.[4] Zugleich aber machten sie, dem »Beispiel der Oktoberrevolution« folgend, »die ersten praktischen Schritte« auf dem Weg zur Macht[5]: sie gründeten eine Tageszeitung, *Die rote Fahne,* die dank der Besetzung von Verlag und Druckerei des reaktionären *Berliner Lokal-Anzeigers* sofort erscheinen konnte, schon am Abend verkündete eine Extraausgabe: »Die rote Fahne weht über Berlin.«

Als er jetzt endlich, um halb fünf, hier oben den Weg zum Balkon sucht – vielleicht hat er es unten einfach nicht mehr ausgehalten, ob nun auf der Straße oder in der Redaktion, gepeinigt von der Schmach, daß die Ebert-Bande, diese Kaisersozialisten ihm zuvorgekommen sind, *ihm,* von dem Lenin am 16. April 1917, soeben in Petrograd eingetroffen, das Signal für den Ausbruch der Weltrevolution erwartet hatte: »Die Stunde ist nicht fern, in der, auf den Ruf meines Genossen Karl Liebknecht, das Volk die Waffen gegen seine kapitalistischen Ausbeuter kehren wird«[6], hat Lenin gesagt, und vor wenigen Wochen erst, es stand in der *Prawda,* haben Moskauer Arbeiter mit einer »gewaltigen Demonstration« seine Entlassung aus dem Zuchthaus gefeiert: »Die Moskauer Arbeiter wissen, daß jetzt Karl Liebknecht an der Spitze der deutschen revolutionären Bewegung steht – Karl Liebknecht, das ist der deutsche Lenin!«[7] – und nicht dieser Scheidemann, denkt er vielleicht, als er nun, am Ende der Galerie, sich die Tür öffnen läßt und hinaustritt auf den imperialen Balkon über Portal IV, gegenüber dem Lustgarten – so wie Lenin im April 1917 im Palast der Kschesinskaja auf den Balkon getreten war, um die »sozialistische Weltrevolution« auszurufen –, sieht das Volk, das sich da unten drängt, kaiserlos, einen neuen Heros erheischend, und vergißt alle Warnungen der Genossin Rosa vor putschistischen Abenteuern, vor dem Handstreich einer Minderheit, dem Kopfstand des revolutionären Ich, den sie gerade Lenin vorgeworfen hatte[8], wird gepackt von der »vulkanisch eruptiven Leidenschaftlichkeit«, die sich, so sah es sein Bewunderer Harry Schumann, »wie durch ein Fluidum, einen magischen Zauber den Massen mitteilte«, ähnlich vielleicht wie später bei – nein, wir wollen nicht vorgreifen, wir bleiben in der guten alten Zeit, bei Wilhelm II., der vier Jahre zuvor, am 1. August 1914, auf demselben Balkon gestanden und seinem Volke gelobt hatte, daß Deutschland kämpfen werde »bis zum letzten Atemzug von Mann und Roß«, und das Volk war begeistert, »wie ein Mann«, so las man es in der *Täglichen Rundschau*, »schwillt der Jubel zum Herrscherpaar empor. Die Leute sind gar nicht zu beruhigen ...«, was den kriegerisch behelmten Kaiser wiederum hinreißt zu den Worten: »In dem jetzt bevorstehenden Kampfe kenne ich in meinem Volk keine Parteien mehr. Es gibt unter uns nur noch Deutsche«, und sein Volk dankt es ihm mit brausenden Hurra-Rufen, »und nochmals Hurra und wieder Hurra!«[9] – damals.

Heute, am 9. November 1918, ruft das Volk nicht Hurra, das paßt nicht mehr. Aber begeistert ist es doch, als nun Karl Liebknecht da oben erscheint und zu reden beginnt (»Die Wahl dieser Rednertribüne«, schrieb Theodor Wolff, der Chefredakteur des *Berliner Tageblatts*, »sollte wohl dem Volk zu verstehen geben, daß nun er der Herr und kein anderer neben ihm sei«[10]) und sagt: »Der Tag der Freiheit ist angebrochen!« und daran erinnert, daß vor siebzig Jahren Friedrich Wilhelm IV. an diesem Ort (es war aber ein anderer Balkon) sich vor den Märzgefallenen verneigen mußte (und verschweigt, daß die Menge daraufhin ergriffen einen Choral angestimmt hatte) und verspricht: »Nie wieder wird ein Hohenzoller diesen Platz betreten ...«, und an dem riesigen Mast über dem Balkon, wo bisher die kaiserliche Standarte wehte, wenn Wilhelm II. im Schloß war, wird jetzt eine rote Fahne gehißt, und Liebknecht ruft aufgeregt: »Ich verkünde die freie sozialistische Republik Deutschland, die alle Stämme umfassen soll, in der es keine Knechte mehr geben wird... Wer von Euch die freie sozialistische Republik Deutschland und die Weltrevolution erfüllt sehen will, erhebe die Hand zum Schwur!« Und wieder bezeugt sich die »fast dämonische Macht dieses Mannes« (Harry Schumann), die Massen werfen jubelnd die Hände hoch, rufen »Hoch die Republik!« und »Hoch lebe ihr erster Präsident Liebknecht!«[11]

Grandios, dieser Auftritt, fast wie eine dadaistische Soirée jener Zeit. Ich. Ich verkünde. Keine Knechte mehr. Und die Aufforderung zum Schwur... So hatte auch Wilhelm II. am 4. August 1914 die Parteivorstände aufgefordert, ihm »in die Hand zu geloben«, daß sie ihm »durch Dick und Dünn« folgen werden. Aber nicht solcher Übereinstimmungen wegen wurde Karl Liebknecht zum Gründungsheros der DDR (obwohl sich das Kaiserwort »Ich kenne keine Parteien mehr« durchaus als Vorspiel einer später vollstreckten Einheit hätte deuten lassen). Vielmehr mußte das Bild Liebknechts zurechtgebogen werden, bevor jener Balkon als Palladium dienen konnte. Diese Arbeit besorgte im Jahre 1958 das Zentralkomitee der SED mit seinen »Thesen über die Novemberrevolution 1918 in Deutschland«.[12] Die entscheidenden Sätze stehen in These 12: »In Berlin rief die Spartakusgruppe ... zum bewaffneten Aufstand auf. Hunderttausende Arbeiter und Soldaten folgten diesem Aufruf ... Die revolutionäre Bewegung fegte die Monarchie und die kaiserliche Regierung hinweg. Karl Liebknecht proklamierte unter begeisterter Zustimmung der Massen die ›sozialistische Republik‹. Nachdem es der Führung der SPD nicht gelungen war, die Revolution zu verhindern, änderte sie ihre Taktik. Die Monarchie wurde aufgegeben, und der Sozialdemokrat Scheidemann rief die ›freie deutsche Republik‹ aus.«

Bemerkenswert, wie hier nicht nur die Reihenfolge der Proklamationen vertauscht, sondern auch das Adjektiv ›frei‹ wie ein *pudendum* aus der Rede Liebknechts entfernt und in die von Scheidemann verpflanzt wird. Ärgerlich an diesen Thesen ist weniger, daß sie die Geschichte verfälschen, als daß sie es so schlampig tun. These 9 sagt über den blutigen Januar-Aufstand: »Der Bourgeoisie gelang es, mit Hilfe von Provokateuren der revolutionären Vorhut vorzeitig unvorbereitete Kämpfe im Berliner Zeitungsviertel aufzuzwingen.« Wieso aber ›unvorbereitet‹, wenn schon am 9. November ›Hunderttausende‹ dem Aufruf zum ›bewaffneten Aufstand‹ gefolgt sind? Und wer waren die ›Provokateure‹, wenn nicht Karl Liebknecht und Wilhelm Pieck, die den Aufstand vom Zaun gebrochen hatten? Nichts wissen die Thesen und die sie begleitende Literatur von Differenzen unter den Spartakus-Führern, nichts von dem Wutausbruch der Rosa Luxemburg, als sie von dem agitatorischen Alleingang der beiden erfuhr, den so viele mit dem Leben bezahlen mußten. »Sie haben Blut um Heiliges vergossen, das so geheiligt wurde«, rief Liebknecht ihnen nach, denn für ihn war Revolution etwas Religiöses, ein »Golgathaweg« zur »Erlösung der Menschheit«.[13] An dem Tag, als dieser Nachruf auf den Putsch in der *Roten Fahne* erschien, wurde er selbst ermordet. Und Rosa Luxemburg auch. Aber nicht mit Liebknechts heiligem Putschismus hat die Partei später das Scheitern des Januar-Aufstandes erklärt, sondern mit Fehlern, die überwunden zu haben das ZK der SED sich rühmen durfte: »Die Spartakusgruppe überschätzte das spontane Moment in der revolutionären Massenbewegung und unterschätzte die organisierende und mobilisierende Rolle der marxistischen Partei.«[14]

Die Sprengung des Schlosses[15] begann am 7. September 1950 und dauerte bis zum 30. Dezember, als das Eosanderportal samt Stülers Kuppel fiel. Dann stand nur noch, vis-à-vis dem Alten Museum, Portal IV mit dem Liebknecht-Balkon. Im Januar 1951 wurden die plastischen Elemente des Portalrisalits abgetragen und in Pankow-Heinersdorf gelagert, darunter die beiden den Balkon stützenden Hermen, die Balthasar Permoser zugeschrieben werden: Herbst und Winter. Zerstört sind ihre Pendants an Schlüters Portal V, das dem Portal IV Modell stand: Frühling und Sommer. Sie haben keinen Liebknecht getragen.

In der kurzen, heftigen Debatte vor der Sprengung des Schlosses wurde von offizieller Seite, von Ulbricht, Grotewohl und Friedrich Ebert, dem Oberbürgermeister Berlins, wiederholt beteuert, die »historisch und künstlerisch wertvollen Teile« des Renaissance-Schlosses sollten geborgen und für eine spätere Verwendung aufbewahrt werden; es war die Rede von einer Wiedererrichtung des Schlüterhofs und des Eosanderportals an anderem Ort. Welche Säulen und Pilaster, welche Plastiken und Reliefs wirklich im Märkischen Sande lagern, ist ungewiß. Sichtbar überlebt hat nur das Portal IV – dank Liebknecht. Der Portalrisalit wurde 1962/64 dem Treppenhaus des Staatsratsgebäudes an der Südseite des Marx-Engels-Platzes vorgeblendet: eine Spolie, die der einfältigen Fassade dieses Neubaus fast den Rang der Architektur verleiht. Aber abgesehen vom ästhetischen Effekt: Wofür steht der »originale« Portalrisalit, dem freilich die vier Standbilder auf der Balustrade, Hohenzollern als olympische Götter darstellend, entwendet sind (so wie ihm auch die beiden einstmals den Eingang flankierenden Rossebändigergruppen von 1841 fehlen, die schon im Krieg entfernt wurden und heute im Kleistpark ziemlich sinnlos, weil in übergroßem Abstand einander gegenüberstehen) – was bedeutet diese Spolie? Eine Besetzung des Schlosses, eine revolutionäre Aneignung der Hohenzollerntradition? Sicherlich nicht, das hätte eher zu Karl Liebknecht gepaßt. Auch die Trümmer des gesprengten Schlosses interessierten Ulbricht nicht, die wurden unter fröhlichem Zulangen von Honeckers FDJ einfach weggeschafft, während die Besatzungsmacht, in der Tradition der Sieger, Marmorblöcke von Hitlers neuer Reichskanzlei dem Ehrenmal im Tiergarten einfügte und mit Granitquadern, die für Speers Monumentalbauten bereitlagen, das Ehrenmal im Treptower Park errichtete. Solche Gesten lagen Ulbricht fern, was kümmerte ihn die Geschichte! Er wollte nur seiner DDR ein bißchen Paulskirchenweihe verschaffen, oder sagen wir: eine Art nationalen Familienroman. Das Hohenzollern-Zitat am Staatsratsgebäude war ein Spartakus-Zitat, es besagte, daß von hier aus –

richtiger: rund 200 Meter nördlich – am 9. November 1918 die »sozialistische Republik« (die jetzt nicht mehr frei sein sollte) ausgerufen worden war. Nichts weiter erfuhr zu DDR-Zeiten auch der Tourist.[16] Wie es um den Wahrheitsgehalt dieses Familienromans steht, verraten die beiden Hermen: sie mühen sich redlich ab mit Liebknechts Balkon, doch der Herbst läuft aus in Emblemen der Trunkenheit (Weintrauben), der Winter in solchen der Täuschung (Masken). Die historische Bedeutung jenes Ereignisses kann das Portal nicht ausdrücken, nicht einmal die romanhafte; es bezeugt lediglich, daß irgendwo jemand etwas gerufen hat und daß der Balkon, auf dem dies geschah, später abgebaut wurde, weggetragen und schließlich ausgestellt wie ein Gnadenbild.

Da hatte man es mit dem Scheidemann-Balkon in der anderen Hälfte Berlins, nur etwa zwei Kilometer westlich, viel leichter. Die Reichstagsruine[17] wurde nicht abgerissen, sondern in den sechziger Jahren wieder hergerichtet, aber »stilbereinigt«, also entschnörkelt und entkernt, auch betrogen um das einzige kühne und heitere Element des Wallot-Baus, die verglaste Kuppel, so daß er jetzt wie eine wilhelminische Besserungsanstalt dasteht. Eine unscheinbare Gedenktafel befindet sich im ehemaligen Lesesaal neben der Balkontür, durch die Scheidemann hinaustrat an die Brüstung. Doch weder die Tafel noch die ständige Ausstellung »Fragen an die deutsche Geschichte« mit ihrem Überfluß an Flachware sagt dem Besucher des Reichstagsgebäudes, daß Scheidemann – ähnlich wie zweieinhalb Stunden später Liebknecht – auf eigene Faust handelte und daß Parteiführer Ebert – ähnlich wie Rosa Luxemburg am 5. Januar 1919, vielleicht auch schon an diesem 9. November – wütend war, als er von dem Vorpreschen des Genossen erfuhr. »Du hast kein Recht, die Republik auszurufen«, schimpfte der redliche Mann, der die Revolution, wenn er sie schon nicht verhindern konnte, wenigstens legalisieren wollte (und dabei zu ihrem »Henker« wurde, wie Liebknecht höhnte). In dem Katalog zur Ausstellung lesen wir: »Doch die Ereignisse überstürzten sich. Von einem Fenster des Reichstagsgebäudes ruft Eberts Parteifreund Philipp Scheidemann die ›Deutsche Republik‹ aus.« Wieso Fenster? Das ausgestellte und abgebildete Photo zeigt, daß Scheidemann sogar auf der Brüstung des Balkons stand, links an den Pilaster gelehnt, die Rechte demagogisch gestreckt ... Weiter im Text: »Der Führer des Spartakusbundes« – der damals noch kein ›Bund‹ war – »Karl Liebknecht proklamiert wenig später vor dem Schloß« – wieso denn ›vor‹? – »die ›freie sozialistische Republik‹.«[18] Welch merkwürdige Scheu vor politischen Balkonen! Bedeutet das Abwehr des Balkons dort drüben, auf dem der Kaiser und der Kommunist gleichsam nebeneinander standen? Oder bedeutet es Verdrängung jenes anderen, näher gelegenen Balkons, der von Anfang an »historisch« hieß und unterging mit der Reichskanzlei, an der

Hitler ihn 1933 anbauen ließ, damit der Führer, wie Albert Speer es erinnerte[19], »sich dort der jubelnden Menge repräsentativer zeigen konnte«, denn die Menge jubelte oft auf dem Wilhelmsplatz, bis 1939, dann seltener, es mußten »Jubelaufgebote« organisiert werden, aber Hitler trat jetzt nur noch ungern hinaus auf den Balkon, an den heute nichts mehr gemahnt, man kann dort Nasi Goreng essen.

Steine sind Steine. Sie schaffen Orte, an denen mitunter etwas geschieht, dessen Bedeutung, solange sie währt, sich an diese Orte heftet, und sonst nichts. Daß es immer wieder Jubel war, der die denkwürdigen Steine umbrandete, liegt nicht an ihnen, sondern an der Überlieferung. Tränen fließen schneller ab.

Stellen wir uns vor, man hätte den Reichstag in den fünfziger Jahren abgerissen und den Scheidemann-Balkon mit allem Drum und Dran an einem Bonner Gebäude, zum Beispiel am Langen Eugen, vorne angeklebt. Dann wäre er zu einem Blickfang geworden, womöglich sogar zu einem Sinnfang. Aber hätte das der Republik geholfen? Hätten die Parlamentarier öfters etwas »zum Fenster hinaus« gesagt? Das ist schwer zu glauben. Stellen wir uns weiter vor, das Berliner Stadtschloß würde tatsächlich wieder errichtet werden; dann müßte natürlich der Portalrisalit vom Staatsratsgebäude abgelöst und dem Schloßnachbau eingefügt werden, als ein »originales« Detail in einer Kopie, das ein bißchen gefälscht wirken würde. Doch diese Rückführung könnte den Balkon entlasten: nicht nur von Liebknecht, auch von anderen historischen Gestalten, die dort einmal etwas gerufen haben und als Wiedergänger zurückkehren, bis der Balkon versöhnt ist, nur noch behauener Stein. Aber wie stünde das Staatsratsgebäude dann da – vorn ganz entblößt! Man müßte ihm entweder eine Kopie des echten Risalits vorblenden oder den ganzen Kasten abreißen, was ohnehin manch ein Bonner Bauherr verlangt. Gegen diesen Abriß (und schon gegen die Entblößung) gäbe es natürlich Proteste: das Gebäude samt Spolie sei ein »historisches Dokument«, es zeuge von der DDR-Geschichte und ihrem Umgang mit dem Erbe, das dürfe nicht einfach ausgelöscht werden; selbst Ulbricht habe vom Hohenzollernschloß wenigstens Portal IV geborgen ... Man ließe sich das sicher gesagt sein in Bonn und würde zusammen mit dem Risalit die zwei daran grenzenden Fensterachsen des Staatsratsgebäudes in die neue Schloßfront integrieren (und ein größeres Stück Thermoglas vom Palast der Republik wohl auch): echte DDR im falschen Preußen – welch ein Triumph post mortem!

Man könnte den Unfug noch weitertreiben, wobei vermutlich herauskäme, daß es für belastetes, umstrittenes Gemäuer nur eine Lösung gibt: ab ins Museum. Dort wird alles Zitat, alles Dokument.

Jetzt steht er im Museum, der Lenin von Eisleben. In Wahrheit stammt er gar nicht aus Eisleben bei Halle, sondern aus Puschkin bei Leningrad. Dort war die etwa vier Meter hohe Bronzestatue 1924 als eines der ersten Lenindenkmäler errichtet worden. Als 1943 die deutschen Soldaten nach Puschkin kamen, forderten sie als Beutegut »entweder die Glocken oder den Lenin«. Die Puschkiner gaben den Lenin her. Der wurde nach Eisleben transportiert, wo er eingeschmolzen werden sollte. Aber es kam nicht dazu, vielleicht war er zu sperrig, oder er wurde tatsächlich, wie man sich später erzählte, von russischen Kriegsgefangenen versteckt gehalten. Jedenfalls konnten 1945 ein paar beherzte Bürger – Antifaschisten nannte man sie nachher – die Statue noch vor dem Eintreffen der Roten Armee im Zentrum der Stadt aufrichten. »Lenin ist uns vorausgeeilt«, meinten die sowjetischen Soldaten, als sie ihn dort stehen sahen, und sie verschonten Eisleben vor der Plünderung. Lenin durfte stehen bleiben, die Sowjetunion schenkte ihn 1949 der Stadt, und bald schon kündete manche Legende von der wunderwirkenden Kraft des neuen Stadtheiligen. Doch nach der Wende haben die Eislebener sich ihres Leninkultes geniert, sie wollten die Statue lossein. So steht sie jetzt im Zeughaus Unter den Linden und wird dort verwundert betrachtet: ein ganz unheroischer Kumpel, der, eine Hand in der Hosentasche, gemütlich unter seiner Schirmmütze hervorblickt, fast ein bißchen verschmitzt.

Derweil liegt der viel größere, massige Lenin von Berlin-Friedrichshain zerstückelt im Staub, er wurde vor eineinhalb Jahren abgebaut und weggeschafft. Ulbricht hatte das Denkmal Ende der sechziger Jahre errichten lassen – nicht von einem seiner Staatskünstler, denen mangelte es noch am Willen zum Pathos, zur Grandiosität; deshalb wurde aus Moskau der Bildhauer Nikolai Tomski geholt und aus der Urkaine viel roter Granit. Tomskis Lenin ist – ach, *war* – neunzehn Meter hoch, also höher als die Germania vom Niederwald, und erreichte, falls man das so sagen darf, aufs Haar die dralle Münchner Bavaria, deren Kopf freilich hohl ist, nicht mit Beton gefüllt wie der seine, was auch darüber hinwegtrösten mochte, daß der gleichfalls hohlköpfige Arminius im Teutoburger Wald ihn um sieben Meter überragt (dank hochgerecktem Arm mit Schwert). Fast wären die Abrißbemühungen gescheitert an dem massiven Koloß. Dann hätte er stehen bleiben dürfen wie der gut zehn Meter dicke Betonpfropf an der Kolonnenbrücke in Schöneberg – kein Werk von Tomski, aber von Speer, er prüfte damit die Belastbarkeit des Bodens in der Nähe der Stelle, wo Hitlers Prachtstraße auf den megalomanen Triumphbogen zulaufen sollte.[20] Bei beiden Körpern, dem für Belastung und dem für Erhebung, verbot sich, als sie ausgedient hatten, der Einsatz von Sprengstoff, weil in der Nähe Wohnblocks stehen. So blieb uns der Speer-Pfropf erhalten, vielleicht bis in alle Ewigkeit, wie des Generalbauinspektors »Ruinenwert-Theorie« es vorgesehen hatte, obschon für andere Monumente. Diese Theorie, die Hitler umgehend zum »Ruinengesetz« erhob, besagt, daß repräsentative Bauten durch den Einsatz besonderer Materialien und Techniken »im Verfallszustand, nach Hunderten oder (so rechneten wir) Tausenden von Jahren etwa den römischen Vorbildern gleichen würden«.[21] Heute, nach tausend und fünfzig Jahren, gleicht in Berlin zwar kein Großer Bogen und keine Große Halle, wohl aber ein Großbelastungskörper den Grabmälern an der Via Appia Antica. Der große Granit-Lenin hingegen wurde in mühsamer Handarbeit kleingemacht. Er liegt jetzt in einer Kiesgrube bei Köpenick – zwischengelagert bis zu seiner dermaleinstigen Auferstehung, so möchte man meinen, wenn man die Kosten seiner Beseitigung, seiner Bergung bedenkt: geraunt wird von zwei Millionen.[22]

War es überhaupt *damnatio memoriae*, was den Lenin stürzte? Nur kurze Zeit nach der Wende waltete der Rausch der Vernichtung, er traf, abgesehen von der verhaßten Mauer, vor allem Konsumgüter aus eigener Produktion, ob Jeans, Wurst oder Trabi. Den symbolischen Gütern, gegen die sich doch sonst der losgelassene Volkszorn wendet, geschah nur wenig, und bald schon verbreitete sich eine DDR-Nostalgie, die sich heute sogar an den gräßlichen Palast der Republik klammert wie eine Nachbarschaft an ihre Eckkneipe, ihr Pantoffelkino, als handelte es sich um ein Nationalheiligtum. Man habe dort schöne Stunden verlebt, so geht die Rede, der Bau habe sozial funktioniert mit seinem Postamt, seinen Restaurants und Festsälen und 1989/90 habe er sogar politisch funktioniert, als Ort des Wende-Parlaments. Es wäre deshalb ein großer Fehler, ihn abzureißen, es wäre politisch instinktlos, ihn durch eine Schloßkopie zu ersetzen.[23]

Die Sorgen, die uns die steinerne Hinterlassenschaft des Sozialismus bereitet, betreffen weniger deren Beseitigung als deren Erhaltung. Das gilt nicht nur für den Plattenbau, sondern auch für den Überbau, den nunmehr entpflichteten. Allein in Berlin, so hat eine Senatskommission ermittelt, stehen noch rund 300 sozialistische Reliquien herum, von der riesigen Anlage des sowjetischen Ehrenmals im Treptower Park und der 500-Tonnen-Büste Thälmanns am Prenzlauer Berg bis zu einfachen Gedenksteinen und -statuen allerorten. Was tun damit? Unser öffentlicher Reliquienkult hat schon seine Hand darauf gelegt. Denkmalpfleger jeglicher Art plädieren dafür, daß die großen Monumente erhalten bleiben (das heißt, wenn sie nicht zu groß sind; der Thälmann, so will es der letzte Schrei der Kommission, muß weg, nicht wegen Unwürde, sondern wegen Übergewichts), aber übergrünt möchte man sie haben, oder übertüncht, ideologisch: kluge Schrifttafeln sollen uns belehren. Die kleineren, mobilen Memorials hingegen könnten an *einem* Ort versammelt werden, der aber nicht Halde sein soll, sondern Museum, so daß auch diese Stelen volkspädagogisch in Dienst bleiben würden. Denn die Erinnerung an den Staatssozialismus muß dessen Untergang überleben.

Das war nach dem Untergang der Nazi-Diktatur anders. Niemand wäre nach dem Krieg auf den Gedanken gekommen, die Monumente des Terror-Regimes zu konservieren. Sie fielen, soweit sie noch standen, der Abrißbirne und der Planierraupe anheim. Es war eine legitime Vernichtung. Doch sie diente zugleich dem falschen Vergessen. Ausgelöscht wurde mit der Erinnerung an den großdeutschen Wahn das Bewußtsein der eigenen Teilhabe daran. Als das Verdrängte dann wiederkehrte, in Westdeutschland, wurden Fundamente freigelegt, Trümmer gehegt, Gelände umzäunt, als waltete hier ein *genius loci*, den es zu versöhnen, zu befrieden gilt. Das war in der Mitte der achtziger Jahre. Eine Welle des Gedenkens ging über das Land. Sie erfaßte nicht nur die Relikte des Nationalsozialismus, etwa das Gestapo-Gelände in Berlin, sondern auch andere Reste: in München die Renaissance-Arkaden am Hofgarten, in Frankfurt die Fundamente der alten Judengasse, in Bonn den Plenarsaal des Bundestags, als 1986 sein Abriß beschlossen wurde; und so weiter. In Köln schließlich empfahlen die Konservatoren sogar, die letzten Baulükken pfleglich zu behandeln, als kostbare Zeugnisse der Bombenschäden. Kurzum: fast alles kann uns zum Denkmal werden; die Bedingung ist nur, daß es sich begehen oder anfassen läßt.

Diese modische Topolatrie, die wie die Idolatrie zum Kniefall neigt, erfuhr im letzten Sommer eine Irritation. In dem Bunkersystem westlich der Wilhelmstraße, nicht weit von der einstigen Reichskanzlei, wurde ein vorschnell als »Führerbunker« bezeichneter Raum entdeckt, der einer Einheit von Hitlers Leibstandarte, vermutlich der Fahrbereitschaft, als Aufenthaltsraum gedient haben mag. An den Wänden fand man große, gut erhaltene Fresken – der SS-Elite »künstlerische Hinterlassenschaft«, wie mit Tremolo gesagt wurde. Um die Zukunft dieser Sonntagsmalerei ging dann ein Streit, der wieder einmal unsere Unsicherheit in der Einschätzung nationalsozialistischer Symbolik bewies. Alfred Kernd'l, Direktor am archäologischen Landesamt in Berlin, jubelte über den Fund; er sprach von »authentischen Zeugnissen der Geschichte dieser Stätte«, er empfahl sogar, »mit der Authentizität des Ortes zu wuchern« – alle diese Bunker müßten als »begehbare Denkmale *in situ* erhalten bleiben« und der Öffentlichkeit zugänglich gemacht werden. Seitdem beherrschte das Modewort »Authentizität« die Diskussion; wir liegen ja auf den Knien vor allem Authentischen, und käme es aus dem Müll. Sogleich trat auch die Befürchtung auf, dieser authentische SS-Raum könnte zur Kultstätte werden, ein »Wallfahrtsort für alte und neue Nazis«. Die Sorge ist begründet, denn die Rechte, insbesondere ihre Blut-und-Boden-Fraktion, hat ja seit je eine Neigung zur Besetzung von Orten, die für ein nationales oder völkisches Heil einstehen. Inzwischen aber hatten auch Linke und Liberale sich angewöhnt, vor der »Authentizität« eines Ortes zu erschauern, zum Beispiel auf der als »Topographie des Terrors« hergerichteten Brache des Gestapo-Geländes an der Prinz-Albrecht-Straße, dort konnte man »Spuren« suchen, Devotionalien der Betroffenheit. Jetzt jedoch, nur wenige Schritte entfernt, diese anderen Spuren, Rückstände des SS-Alltags – wie sollte man sich dazu verhalten, ergriffen oder empört? Empfohlen wurde schließlich, die Bunker zuzuschütten, die Fresken aber zu bergen – in einem Museum, natürlich. (Man sollte ein Übriges tun und sie in der Nähe der Mosaiken, die das Mausoleum des Sowjetischen Ehrenmales im Treptower Park schmücken, zur Schau stellen: um eine Geschmacksverwandtschaft zu demonstrieren, die in beiden Fällen einer kultischen Verehrung bzw. Verteufelung dieser Höhlenbilder entgegenwirken könnte.)

Die westliche Mode der Topolatrie hat zweifellos, als sie auf den Osten übergriff, dort den raschen Übergang vom Kehraus zur Raumpflege befördert. So können wir damit rechnen, daß uns manche DDR-Nische erhalten bleibt, gegen Modernisierung gefeit durch Verklärung des Mangels.

### *4. Die Andacht zum Stein*

Die heutige Denkmalpflege[24] legt Wert darauf, nichts mit Stadtverschönerung zu tun zu haben, sich von Ästhetik nicht blenden zu lassen. Ihr Bemühen gilt nicht dem Schönen, sondern dem Echten, dem Dokument, dem Zeugnis. Aber das bisherige Kriterium für die Gewährung von Pflege und Schutz, daß etwas »Zeugnis einer abgeschlossenen Kulturepoche« sei, erscheint heute zu eng. »Geschichte beginnt mit dem gestrigen Tag«, so steckt der Berliner Landeskonservator Helmut Engel sein Territorium ab.[25] Längst schon sind die fünfziger Jahre fürsorgerisch erfaßt. Der neueste Pflegefall: die späte DDR-Kultur. Insbesondere die deutsch-deutsche Grenze genießt eine Zuwendung wie früher nur der Limes. Kürzlich wurde die Kontrollstelle Dreilinden unter Denkmalschutz gestellt: als »wichtiges bauliches Zeugnis für die besondere Situation West-Berlins ...«, so heißt es in der Begründung. Das bauliche Zeugnis besteht aus einem Brückenhaus mit Lkw-Rampen, zwei Tankstellen, einer Raststätte samt Toiletten – da darf man dann mal, ganz ohne Angst ...

Andererseits aber ist der Begriff der »abgeschlossenen Kulturepoche«

auch viel zu weit, denn die Einheit, in der Pflegefälle auftreten, ist ja nicht die Kultur, nicht einmal eine Großstadt, sondern der Stadtteil, das Viertel, der Kiez. »Der Kiez ist die eigentliche Heimat«, sagt Helmut Engel. Damit wird der Zugriff der Denkmalpflege total. In jedem Kiez gibt es Objekte oder Ensembles, die seine Bewohner nicht missen mögen, die deshalb Schutz verdienen. Damit entfällt auch das leidige Problem der Entscheidung über gute und schlechte Architektur; nicht einmal Architektur muß es sein, eine Verkehrsinsel oder ein Anger genügt. Was zählt, ist allein die »dokumentarische Bedeutung«.[26] Die Stadt wird, wie es Tilmann Breuer schon seit Jahren fordert, zur »Denkmallandschaft«. Ist das ein verspäteter Anschlag auf das Projekt der Stadtlandschaft, der Gartenstadt, an dem die Moderne scheiterte? Nein, es ist eine Umarmung: die Denkmallandschaft umschließt die Stadtlandschaft, denn auch diese macht eine »geschichtliche Aussage«.[27] Und ebenso, versteht sich, die Nazi-Bauten: »Sie sind gerade als Menetekel und damit in ihrem strengsten Monumentencharakter zu bewahren.«[28] Widerstanden werden müsse »der Versuchung, sich zum Beispiel aus übergeordneten Gründen der Stadtqualität solcher Erbstücke zu entledigen«.[29] Ein Denkmal sei »schließlich ein kostbares Gut der Allgemeinheit«, »Veränderungen, die das Geschichtsdokument zerstören, müssen unter allen Umständen vermieden werden«.[30] So etwa im Falle der italienischen Botschaft in Berlin-Tiergarten: »Keine ›schöne‹, wohl auch keine ›gute‹ Architektur, sondern ein wichtiges Dokument... ein unverzichtbares, weil auch im Innern noch unverfälschtes Zeugnis der Baugesinnung des Dritten Reichs«.[31] Anders die japanische Botschaft gleich daneben: nur eine Kopie, die aber »mit Sicherheit einmal ein sehr bezeichnendes Denkmal für das Denkmalverständnis und Architekturtrends der achtziger Jahre werden wird«.[32]

Eine kühne Idee: das Denkmalpflegedenkmal! Im Lichte solcher Selbstbespiegelung der Zunft erschiene eine Rekonstruktion des Berliner Schlosses zwar als Sünde, aber auch als unschätzbares Zeugnis für den Geschmack der Jahrtausendwende. So wie etwa die Restfassade des Anhalter Bahnhofs »heute allgemein als Zeugnis, ja Mahnmal einer an der eigenen Kurzsichtigkeit gescheiterten Denkmalpolitik« gilt, oder wie der aus Kriegstrümmern aufgeschüttete Teufelsberg, unter dem kurzsichtig der ganze Nazi-Hochschulkomplex begraben wurde, als »Freizeitberg« doch auch ein »Denkmal der Vergangenheitsbewältigung« darstellt.[34] Daß man hier, um der Erholung willen, Hunderttausende von Bäumen gepflanzt habe, sei schon als »Geste« denk-würdig – während man lieber nicht gedenkt der Geste Speers, der im Grunewald Zehntausende von Laubbäumen pflanzen ließ, um den Kiefern- zum Mischwald umzuforsten, denn das war nicht kreativ, es war nur die Wiederherstellung jenes

Zustands, der dort herrschte, bevor Friedrich II. die Laubbäume zur Finanzierung des Schlesischen Kriegs hatte abholzen lassen. In diesem Wald darf man als Deutscher sich unbeschwert eins fühlen mit den Bäumen.

Speer meinte übrigens *post festum:* »Von dem ganzen riesigen Projekt der Umgestaltung Berlins sind diese Laubbäume alles, was geblieben ist.«[35] Aber da war er ausnahmsweise einmal zu bescheiden. Es ist so manches geblieben und heute ganz selbstverständlich integriert in das Stadtbild und Stadtleben, obwohl man doch immer bedenken und bezeugen müßte, daß – daß Hitlers Speer die Straßen der Ost-West-Achse vom Brandenburger Tor bis zur Heerstraße auf 50 Meter verbreitern ließ und sie kilometerweit mit seinen Art-deco-Kandelabern, den »Speerlampen« bestückte; daß er im Zuge dieser Blähungen die beiden Säulengruppen des Charlottenburger Tors kräftig auseinanderrücken ließ, damit sie die marschierenden Kolonnen nicht beengten; daß er den Großen Stern sogar von 80 auf 200 Meter Durchmesser vergrößern ließ und die Siegessäule vom Königsplatz dorthin verfrachtete, die der Wirkung wegen um 7 Meter aufgestockt wurde; daß er auch das Bismarck-Denkmal und andere gegossene Heroen zum Großen Stern schaffen ließ, damit hier eine »Erinnerungsstätte« fürs Kaiserreich entstünde; daß er noch im Krieg die Häuser im Spreebogen abreißen ließ, so daß es dort heute nur noch Bäume gibt... Dies alles und mehr: ist es nun gut oder schlecht? Zeugt es von Größenwahn und Stadtzerstörung, oder dürfen wir, wie es tatsächlich geschieht, damit leben?

Die Mehrzahl der Entwürfe für das Regierungsviertel im Spreebogen – allen voran der preisgekrönte von Axel Schultes – legt übrigens nicht Hand an jene Bäume, als mangelte es dem Bezirk an Grünzeug. Vielleicht ist es ja ein besonderes Grün, das dort wächst, wo 150000 Menschen stehen sollten unter einer Kuppel, die mehrmals den Petersdom hätte aufnehmen können. Es gibt so manche Denkmal-Flora in Berlin, man muß da genau unterscheiden; zum Beispiel die wildwüchsige Mahn-Flora auf dem Prinz-Albrecht-Gelände, das für immer Brache sein soll, aber in anderem Sinn als die seit Kriegsende ungenutzten Bahnanlagen, wo Biotope entstanden sind, »die heute Ökologen und Naturschützer begeistern« – auch sie »bedürfen dringend des Schutzes, soll das Denkmal nicht verschwinden, bevor es überhaupt recht erkannt ist«.[36]

Erst wo Grünzeug ins Spiel kommt, fühlen sich deutsche Denkmalpfleger und Architekturhistoriker ganz daheim. Deshalb wohl ist ihr liebstes Sorgenkind heute der Städtebau der fünfziger Jahre, dessen Erzeugungen jetzt langsam pflegebedürftig werden. Wer jene stickigen Jahre, die Adenauerzeit, am eigenen Leibe erlebt hat, der reibt sich die Augen, wenn er die jüngsten Gutachten liest: Das muß, jedenfalls architektonisch, das reine Pfingsten gewesen sein, überall »Offenheit« und »Transparenz«.[37] Um es an einer Winzigkeit zu illustrieren (sie steht oder schwebt am Kranzler-Eck): »Zu den heute schon als kostbar zu nennenden Dokumenten der Hoffnung auf uneingeschränkte Mobilität, die in den Jahren nach dem Krieg in den Individualverkehr gesetzt wurden, gehört zweifellos auch die einzige Berliner Verkehrskanzel, 1954/55 nach Plänen Werner Klamkes unter der künstlerischen Oberleitung Bruno Grimmeks errichtet... In einzigartiger Weise dokumentiert die gesamte Anlage durch die entmaterialisierte Leichtigkeit, die große Transparenz und Durchlässigkeit und den Anschein des ›Schwebens‹ einzelner Teile zeittypische Gestaltungsabsichten.«[38]

Frei Otto sagte einmal, im Hinblick auf die schon als Symbol, als Denkmal gebaute (und 1980 kollabierte) Kongreßhalle im Tiergarten: »Man kann das ›freie Gespräch‹ nicht bauen.« Man kann auch so vieles andere nicht bauen, was die Architektur-Lyrik seit damals – und heute besonders schrill – als architektonischen Ausdruck feiert, als wäre ein Bauwerk umstandslos gleichzusetzen mit einer politischen oder moralischen Bedeutung; als wäre zum Beispiel die »Offenheit« der Demokratie eine Frage der Entkernung und Verglasung, wie es immer wieder vom Reichstag behauptet wurde.[39] Aus jener Zeit des offenen, redlichen Stuckabschlagens stammt auch die Forderung der Authentizität: ein Bauwerk soll ehrlich sein, verpönt ist jede Verkleidungssymbolik, jeder Rückgriff auf die Geschichte, jede Kopie – und das in einer Zeit der Restauration! Anna Teut schrieb 1957, als über die Herrichtung des stark beschädigten Wallot-Baus debattiert wurde: »Wir können nicht glauben, daß die Bundesregierung ihren Ehrgeiz in die Restauration früherer Werte setzt, nur weil dies aus politischen Gründen opportun erscheint. Dies wäre dasselbe, was jenseits des Brandenburger Tors geschieht und was wir dort verurteilen und verabscheuen«[40] – gemeint war die historisierende Architektur der Stalin-Allee sowie die Wiedererrichtung des Forum Fridericianum und des Linden-Ensembles. Die westdeutschen Denkmalpfleger, ob beamtet oder privat, haben diesen rigorosen Standpunkt nicht durchgehalten; aber nach dem Ansturm der Postmoderne mit ihrer »Unterhaltungsarchitektur« (Robert Frank) bestehen sie doch wieder auf »Echtheit« und verweigern sich der Stadtverschönerung und Geschichtsverbesserung durch »Imitate« und »Falsifikate«, als ob nicht jedes zweite historische Gebäude schon einmal (oder schon dreimal wie Knobelsdorffs Oper Unter den Linden) rekonstruiert worden wäre, also eine Kopie darstellte. Sie bedenken nicht, daß sie selbst Geschichte fälschen, indem sie Geschichte sistieren, das heißt in einem bestimmten Zustand festschreiben. Dieses Dilemma wird in der Frage der Rekonstruktion des Berliner Stadtschlosses wieder einmal akut.

Der Mann hatte eine Vision. Gekeimt war sie wohl in Moskau, auf dem Roten Platz, aber sich entfalten konnte sie erst in Berlin, das in Trümmern lag. Vielleicht stand er eines Tages vor dem ruinierten Schloß, vielleicht sogar an einem Fenster des Weißen Saals (oder auf Liebknechts Balkon) und hatte den freien Blick über die Schutthalden Unter den Linden. Da sah er eine neue Architektur, sah Menschenblöcke, Leiber als Quader, hunderttausendfach, eine bewegte Masse, die an- und abschwillt, sich hinbewegt zu ihm, dem kollektiven Körper, dem Auge der Macht, das sie erfaßt und dann vorbeiziehen, verebben läßt. So etwa muß es gewesen sein. Denn bald darauf, als er die Macht errungen hatte, machte er sich daran, diese Vision zu verwirklichen. In seiner Rede auf dem III. Parteitag im Juli 1950 versprach er, »daß aus den Trümmern der von den amerikanischen Imperialisten zerstörten Städte solche Städte erstehen, die schöner sind denn je. Das gilt besonders für unsere Hauptstadt Berlin.« (Die Sowjetarmee, versteht sich, hat in Berlin nichts zerstört.) Dann wurde er deutlicher: »Das Zentrum unserer Hauptstadt, der Lustgarten und das Gebiet der jetzigen Schloßruine müssen zu dem großen Demonstrationsplatz werden, auf dem der Kampfwille und Aufbauwille unseres Volkes Ausdruck finden können.«[41of] Das bedeutete: die Schloßruine muß weg!

Der Generalsekretär blieb unerbittlich – die Regierung der DDR beschloß am 23. August 1950 den Abriß. Am 27. August erläuterte die *Berliner Zeitung*, der so erweiterte Lustgarten werde »der ideale Platz für fließende und stehende Demonstrationen sein und 350 000 Menschen aufnehmen können«[42]; und in Siebzigerreihen, so wurde errechnet, könnten 750 000 vorbeimarschieren an den 3000 Zuschauern auf der Tribüne, die an der Stelle des Ostflügels des Schlosses in Naturstein gebaut werden sollte (sie wurde 1951 provisorisch in Holz errichtet). Das sind Massenträume, die mit denen von Hitler und Speer konkurrieren. Und wenn man (aus der *Neuen Zeitung* vom 7. September 1950) des weiteren erfährt, daß die Front des Alten Museums »mit überdimensionalen Draperien behängt« werden solle, damit die demonstrierenden Massen einen »dekorativen Hintergrund« bekämen, denkt man gleich an die »Fahnenorgien«, die Hitlers »Chefdekorateur« veranstaltete: in Nürnberg und Goslar verhüllte Speer ganze Stadtkerne mit rotem Tuch.[43] (Armer Epigone Christo!)

Auf Diskussionen über den Schloßabriß ließ Ulbricht sich nicht ein. So war es Ministerpräsident Otto Grotewohl, an den sich Hans Scharoun, damals Leiter des Instituts für Bauwesen an der Akademie der Wissenschaften, am 31. August 1950 wandte; der Vorschlag, den er skizzierte, wollte Ulbrichts Vision nicht angreifen, sondern verbessern. Der Schlüterhof, meinte Scharoun, müsse erhalten bleiben und als Empfangsraum in den Tribünenkomplex integriert werden, die ganze Platzanlage solle weniger durch »gereckte« Fassaden als durch Terrassen bestimmt sein, »auf denen sich lebendig einbezogene Menschengruppen effektvoll entwickeln lassen« – als Ornament der Masse. Grotewohls Antwort vom 5. September verrät seine Sorge, daß Ulbrichts Aufmarschgelände durch den Entwurf Scharouns verkürzt werde. Der Schlüterhof, erklärte er (übrigens völlig zu Recht), könnte ebensogut wie in den Tribünen- in einen anderen Bau integriert werden, irgendwo in der Stadt. Dann überbot er den Architekten der Masse, indem er seiner Skizze mangelnden Massenbezug vorwarf: »Die Tribüne ist für die Demonstrierenden, die von den Linden kommen, nicht im Zentrum des Blickfeldes, und sie ist für die auf der Tribüne Stehenden nicht der richtige Standpunkt, von dem aus sie die anmarschierenden Demonstranten Unter den Linden sehen können.« Scharoun wies Grotewohls Blickfeld-Argument umgehend zurück: Wegen der Bepflanzung des Boulevards bis zum Alten Palais »treten erst am Beginn des August-Bebel-Platzes die anmarschierenden Demonstranten und die auf der Bühne Stehenden in einen optischen Bezug zueinander. An dieser Stelle kommt der wesentliche Teil [der Tribüne] in das Blickfeld der Anmarschierenden, um sich dann schnell und in ihrem ganzen Umfange den sich Nähernden zu entfalten.«[44]

Gespenstisch, dieser Architektur-Disput, in dem es um Leiber geht. (Er wurde nicht fortgesetzt, schon am Tag nach Scharouns zweitem Brief begannen die Sprengungen.) Man muß sich das vergegenwärtigen: Etwa an der Stelle westlich der Spree, wo sich heute der Palast der Republik breitmacht, steht eine Tribüne wie vor einer Trabrennbahn, und darunter, dahinter, eingeschlossen von beliebigem Gemäuer, der Schlüterhof als Empfangsraum für die Nomenklatura, die dann auf der Tribüne Platz nimmt, nein: Aufstellung nimmt, mit festem Blick auf die sich von den Linden her nähernde Masse, die stundenlang an den Herrschenden vorbeizieht wie ein marschierendes Ornament; oder die anhält vor der Tribüne im Anblick der Macht, als »ruhende Masse« (so sah es Scharoun), bis sie aus dem Bann entlassen wird. So ähnlich geschah's dann ja auch, bis zum 17. November 1989. Im Gedenken an dieses Datum sagt Simone Hain: »Einmal hat dieser Platz also funktioniert, wie es sich Walter Ulbricht wohl nicht erträumt hatte – als ›großer Demonstrationsplatz ..., auf dem der Kampfwille ... unseres Volkes Ausdruck‹ fand.«[45] Man sollte präzisieren: es geschah *gegen* Ulbrichts Traum; und sicher auch gegen Scharouns Traum, der zwar andere Wurzeln hatte, aber in gleicher Weise fixiert blieb auf strömende Massen, die sich ihm später materialisierten zu Autoströmen, die nach Schnellstraßen verlangen. Als

Stadtplaner in West-Berlin konnte Scharoun diesem Traum weiter anhängen, so wie Ulbricht dem seinen als Staatsplaner im Osten.

Ulbrichts Vision war durchaus avantgardistisch im Sinne der Moderne, die den Abriß des Überlieferten verlangte, wo immer es dem Neuen im Wege stand. Widerlegt wird damit die Ansicht, er habe das Schloß sprengen lassen, weil er in ihm eine Verkörperung der preußischen Geschichte sah. Eine solche Symbolisierung des Schlosses – mit der heute sowohl *für* als auch *gegen* seine Rekonstruktion argumentiert wird – lag Ulbricht wohl fern. Sonst hätte er nicht, von 1950 an, die »preußischen« Bauten unter den Linden wiedererrichten lassen, worüber man im Westen damals spottete. Damit entfällt auch das Argument der Schloßfreunde, hier sei eine Wiedergutmachung fällig.[46] Fällig ist vielmehr die Entscheidung, wo der historische Schnitt zu führen sei, wenn über die zukünftige Gestalt jenes Platzes befunden wird. Denn außer der vernünftigsten und unwahrscheinlichsten Lösung, der eines kongenialen Neubaus, bedeutet jede Entscheidung, daß man einen bestimmten historischen Zustand festschreibt. Da aber jeder historische Schnitt sogleich als politisches Bekenntnis verstanden wird, ist bei unserer zerrütteten Geschichtsbeziehung eine konsensfähige Entscheidung kaum zu erwarten. Hinzu kommt, daß in der Debatte darüber gemeinhin so getan wird, als ginge es um ein schlichtes Entweder-Oder, Schloß oder Palast, obwohl es um mehrere Varianten geht. Schon die einfachste Option – die für 1989 – führt in ein Dilemma: Erhaltung und Sanierung des asbestverseuchten Palasts der Republik, aber für welche Nutzung? Was soll man anfangen mit diesen tausend Räumen, die allenfalls als Parkhaus für Trabis taugen? Man könnte den Bau entkernen. Und die Fassaden, die das Auge beleidigen? Da muß etwas geschehen. Aber warum dann nicht gleich ein neuer Bau? Außerdem steht der Palazzo ganz falsch, man müßte ihn um 90 Grad drehen und in der Breite noch einiges anstückeln, damit er auf die Dimensionen des Schlosses kommt und dessen urbanistische Funktion erfüllt, die mit Recht eingeklagt wird. So wie der Bau Mitte der siebziger Jahre errichtet wurde, war er ja ein Kompromiß[47], der von der Verkleinbürgerlichung der DDR unter Honecker zeugt. Da hatte Ulbrichts Wahn doch anderes Format und verdiente es eher, in Erinnerung gerufen zu werden: ein leeres Gelände, über 80 000 Quadratmeter groß, am östlichen Rand die wiedererrichtete Tribüne – da ließen sich DDR-Gedenktage veranstalten, heilsame.

Die Alternative: das Schloß. Aber welches? Wenn man alles kopieren kann, wie behauptet wird, hat man ja die Wahl. Soll es der letzte Zustand sein? Das wäre die Ruine von 1945 (oder für Zyniker: ihr Zustand im Oktober 1949, nach den Dreharbeiten zu dem sowjetischen Film »Schlacht um Berlin«, bei denen als Statisten eingesetzte – fehlbesetzte –

Rotarmisten sich im Schloß ausgetobt hatten, es plündernd und verwüstend ...) – das würde ein treffliches Denkmal abgeben. Oder soll es der vorletzte, noch heile Zustand sein, sagen wir: als Wilhelm ging und Liebknecht kam? Erst ca. 25 Jahre vorher waren die Häuser an der Schloßfreiheit, die sich wie ein Riegel zur Schloßbrücke schoben, abgerissen worden; erst seit damals also (und insgesamt nur 55 Jahre) gab es den freien Blick vom Schloß zum Linden-Ensemble, zum Forum Fridericianum und von dort zum Schloß, der in den Projektionen der Schloß-Lobby heute die entscheidende Rolle spielt (ähnlich wie einst in den Projektionen von Ulbricht und Scharoun): »Das Stadtbild verlangt an dieser Stelle einen Raumkörper, der ... den Linden einen Fluchtpunkt gibt.«[48] Das Schloß, heißt das, wird vom Westen her benötigt; vom Osten, von der Einöde des Alexanderplatzes und des Marx-Engels-Forums her gesehen, würde die Schloßfassade heute sehr verloren wirken, wie verwaist. Oder will man das Häusergewimmel östlich der Spree, dem das Schloß einst benachbart war, ebenfalls rekonstruieren? Dann sollte man sich gleich dafür einsetzen, daß das Schloß in dem Zustand kopiert werde, in dem es am längsten verharrte, nämlich ohne Stülers Kuppel über dem Eosanderportal, die erst 1845-53, rund 130 Jahre nach der Vollendung des Schlüter-Eosander-Baus, errichtet worden ist. Das aber würde bedeuten: Der Dom müßte verschwinden, weil seine Kuppel, die seit 1905 mit der des Schlosses wetteiferte, ein kuppelloses Schloß degradieren würde. Überhaupt, kein historisches Gebäude in Berlin spielt sich so auf wie der wilhelminische Dom, der so tut, als wäre er die Stadtkrone. Eben deshalb ist er freilich auch »Dokument«. Außerdem legt er »Zeugnis« ab vom realen Humanismus: »Wir hatten die Wahl: Schloß oder Dom? Hätten wir den Dom abgerissen, dann hätte der Westen für einige Jahre ... von den ›Kirchenstürmern‹ gesprochen. Dann lieber das Schloß.« So verriet es Wilhelm Girnus, Kulturredakteur des *Neuen Deutschland*.[49] Die Restaurierung des stark mitgenommenen Doms, die immer noch nicht ganz abgeschlossen ist, mußte seit 1977 die evangelische Kirche bezahlen, natürlich in D-Mark, als Preis dafür, daß sie weiterhin politische Gefangene freikaufen durfte.

All dies betrifft nur die Fassaden – auf sie allein scheinen die Schloßfreunde Wert zu legen. Aber gerade die Fassaden sind die Krux der Rekonstruktion. Das Schloß war einmalig – als Bildhauerarchitektur. Vor allem der Schlüterhof mit der Wendeltreppe stellte eine Gesamtplastik dar. Wer soll das imitieren, wenn nicht eine Bande begnadeter Fälscher? Die heute so laut bezweifeln, daß lebende Architekten fähig sein könnten, einen honorigen Schloß-Ersatz zu schaffen (und wer möchte ihnen da frohgemut widersprechen?), scheinen ein grenzenloses Zutrauen zu haben zur Fähigkeit von Restauratoren, die gerade wieder bei den

Schloßbauten in Sanssouci gezeigt haben, daß sie nicht einmal einen richtigen Anstrich zustande bringen. Wolf Jobst Siedler erledigt das Problem, indem er frei heraus erklärt, daß die Schloß-Kopie nicht der Denkmalpflege, sondern der Stadtbildpflege dienen solle; um die plastische Qualität des Nachbaus kümmert er sich nicht – wer habe denn früher auf die »skulpturalen Zutaten von Schlüter« geachtet, fragt er souverän. Entscheidend ist für ihn allein die »gewaltige, schwarze Masse« des Schlosses, die er so gern beschwört, sie soll Berlin wieder eine »Mitte« geben, einen »Halt«.

Auch Scharoun hatte davon gesprochen, daß Berlin an der Stelle, wo damals das Schloß noch stand, wieder »einen Inhalt, eine Seele« gewinnen müsse, und hatte deshalb *Massen* beschworen, marschierende und ruhende – welcher Einklang im Widerspruch der Positionen! Wenn das Irrlicht der Homonymie erlischt, bleibt doch die Vermutung, daß in Deutschland nicht nur Staats- und Stadtplaner, sondern auch viele Intellektuelle fixiert sind auf »Masse«: sie muß gebannt werden. Wir unterscheiden gute und schlechte Massen, die sich uns in guter und schlechter Architektur vergegenständlichen. So leben wir zwischen Totenmälern. Abhanden gekommen ist uns offenbar die Idee, daß ästhetische Entscheidungen auch im Vorgriff, ohne Rückgriffe auf Historisches, gefällt werden können. In Fragen wie der, ob Schloß oder Palast, kann der Blick in die Geschichte uns jedoch zeigen, daß das Ästhetische, wenn es gelingt, die politischen Absichten, die es einmal befördern sollte, immer überlebt.

*PS. Diepgens Vision* (nach dem Beschluß von Bundesregierung und Berliner Senat, den Palast der Republik abzureißen und dort das Außenministerium und ein Konferenzzentrum mit Stadtbibliothek und Restaurant zu errichten).

»Ich schaue noch einmal aus meinem Fenster [im Roten Rathaus] und erlaube mir ein Gedankenspiel, um das große Wort Vision zu vermeiden. Es ist ein Sommertag an der Grenze des Jahrhunderts, der neue Platz zwischen Lustgarten, Außenministerium und Stadtbibliothek hat den Charakter und Charme einer Stadtlandschaft, wie wir sie von alten Schwarzweißfotos kennen. Auf Parkbänken und Stühlen eines Straßencafés sitzen salopp gekleidete Studenten der nahegelegenen Humboldt-Universität, die hier ihren Espresso trinken und in einem Buch aus der Bibliothek blättern. Vornehm gekleidete Besucher und Beamte des AA schlendern vorbei, Besucher aus aller Welt suchen einen freien Platz im Restaurant oder kaufen internationale Zeitungen. Ein idealer Flucht- und Ruhepunkt nach einem langen Bummel Unter den Linden ...« (Eberhard Diepgen, »Gestern Schinkel, heute Kinkel?«, *FAZ* 16. 4. 1993)

## Anmerkungen

1 *Spartakusbriefe,* hrsg. vom Institut für Marxismus-Leninismus beim ZK der SED, Berlin 1958, S. XI.
2 Harry Schumann, *Karl Liebknecht,* Dresden 1919, 2. Aufl. 1923, S. 60 f.
3 Vgl. Eduard Bernstein, *Die deutsche Revolution,* Berlin 1921, S. 33. In Bernsteins Wiedergabe der Balkonrede ruft Scheidemann die »*freie* deutsche Republik« aus, im Unterschied zu anderen Darstellungen (s. u.).
4 Vgl. J. S. Drabkin, *Die Novemberrevolution 1918 in Deutschland,* Berlin 1968, S. 150 ff.
5 Kommission der Historiker der DDR und der UdSSR, *Die Oktoberrevolution in Deutschland.* Protokolle der wissenschaftl. Tagung in Leipzig 25.-30. 11. 1957, Berlin 1958, S. 220.
6 David Shub, *Lenin,* Wiesbaden 1962, S. 219.
7 Kommission der Historiker ..., a. a. O. (Anm. 5), S. 338.
8 Arthur Rosenberg, *Geschichte der Weimarer Republik,* Frankfurt/Main 1963, S. 23, und Rosa Luxemburg, *Die russische Revolution,* hrsg. von Ossip K. Flechtheim, Frankfurt/Main 1963, S. 26 ff.
9 Zit. nach Edgar Haider, *Versunkenes Deutschland,* Wien–Köln 1989, S. 38 f.
10 Theodor Wolff, *Die wilhelminische Epoche* (1936), Frankfurt/Main 1989, S. 178.
11 Vgl. Drabkin, a. a. O. (Anm. 4), S. 157 f.
12 Abgedruckt in: Eberhard Kolb, Hrsg., *Vom Kaiserreich zur Weimarer Republik*, Köln 1972, S. 369 ff.
13 Schumann, a. a. O. (Anm. 2), S. 75.
14 *Spartakusbriefe,* a. a. O. (Anm. 1), S. XXV.
15 Zum Folgenden vgl. Renate Petras, *Das Schloß in Berlin,* Berlin–München 1992, S. 115 ff.
16 Z. B. Hans Prang, H. G. Kleinschmidt, *Durch Berlin zu Fuß,* Leipzig 1990, S. 85 f.
17 Vgl. Michael S. Cullen, *Der Reichstag,* Berlin 1983, S. 393 ff.
18 *Fragen an die deutsche Geschichte,* Ausstellungskatalog, 17. Aufl., Bonn 1991, S. 240, 243.
19 Albert Speer, *Erinnerungen,* Frankfurt/Main–Berlin 1969, S. 173 und Bildlegende zwischen S. 160 und 161.
20 Vgl. Hans J. Reichhardt und Wolfgang Schäche, *Von Berlin nach Germania,* Ausstellungskatalog, Berlin 1990, S. 61 f.
21 Speer, a. a. O. (Anm. 19), S. 69.
22 Vgl. Götz Aly u. a., *Demontage ... revolutionärer oder restaurativer Bildersturm? Texte und Bilder,* Berlin 1992, passim.
23 Siehe z. B. Friedrich Dieckmann, »Staatsräume im Innern Berlins« und Anna Teut, »Wider die Kopie des Berliner Stadtschlosses«, beide in: *Architektur in Berlin. Jahrbuch 1992,* Berlin 1992, S. 33 bzw. 56.
24 Siehe z. B. Norbert Huse, Vorwort zu: *verloren gefährdet geschützt. Baudenkmale in Berlin,* Ausstellungskatalog, Berlin 1988, S. 11 ff.; Robert Frank, »Denkmalschutz oder Stadtverschönerung?«, ebd. S. 157 ff.; Wolfgang Engel, »Berlin um 1900«, in: Claus Peter Echter, Hrsg., *Das geschichtliche Bild der Städte. Großstadt und Denkmalpflege,* Berlin 1991, S. 33.
25 Helmut Engel, »Geschichtslandschaft Berlin«, in: *verloren ...,* a. a. O. (Anm. 24), S. 67.
26 Günter Kühne, »Das Unmögliche ermöglichen. Schwierigkeiten der Denkmalpflege in der Weltstadt«, in: *Architektur in Berlin ...,* a. a. O. (Anm. 23), S. 123.

27 Vgl. Christine Hoh-Slodczyk, »Großstädtische Denkmallandschaften«, in: *verloren...*, a. a. O. (Anm. 24), S. 81.
28 W. Engel, »Geschichtslandschaft Berlin«, a. a. O. (Anm. 25), S. 57.
29 Norbert Huse, »Bauten des ›Dritten Reiches‹«, in: *verloren...*, a. a. O. (Anm. 24), S. 137.
30 Wolfgang Wolters, »Die ehemalige italienische Botschaft im Tiergarten«, in: *verloren...*, a. a. O. (Anm. 24), S. 306 f.
31 Ebd. S. 305.
32 Ebd. S. 306.
33 Norbert Huse, a. a. O. (Anm. 24), S. 17.
34 Antonia Gruhn-Zimmermann, »Berliner Baudenkmale. Beispiele«, in: *verloren...*, a. a. O. (Anm. 24), S. 218.
35 Speer, a. a. O, (Anm. 19), S. 92.
36 Huse, a. a. O., (Anm. 24), S. 18.
37 Vgl. Dietrich Worbs, »Offenheit und Transparenz«, in: *verloren...*, a. a. O. (Anm. 24), S. 145 ff.
38 Gruhn-Zimmermann, a. a. O. (Anm. 34), S. 220.
39 Vgl. Frank, a. a. O. (Anm. 24), S. 163.
40 Zit. nach Cullen, a. a. O. (Anm. 17), S. 407.
41 Zit. nach Simone Hain, »Berlin, ›schöner denn je‹ – Stadtideen im Ostberliner Wiederaufbau«, in: *DAM Architektur Jahrbuch 1992*, München 1992, S. 20.
42 Zit. nach Petras, a. a. O. (Anm. 15), S. 114.
43 Speer, a. a. O. (Anm. 19), S. 72.
44 Zit. nach Petras, a. a. O. (Anm. 15), Anlagen 2-4, S. 135 f.
45 Hain, a. a. O. (Anm. 41), S. 21.
46 Zur Schloß/Palast-Kontroverse vgl. u. a. Joachim Fest, »Plädoyer für den Wiederaufbau des Stadtschlosses«, in: Michael Mönninger, Hrsg., *Das neue Berlin*, Frankfurt–Leipzig 1991, S. 108 ff.; Anna Teut, »Wider die Kopie des Berliner Stadtschlosses«, *Architektur in Berlin. Jahrbuch 1992*, Berlin 1992, S. 36 ff.; Tilmann Buddensieg und Wolf Jobst Siedler, *Spiegel*-Gespräch über den Wiederaufbau des Berliner Schlosses, *Spiegel*, 14. 12. 1992, S. 195 ff.; Tilmann Buddensieg, »Die Schloß-Lüge«, *Süddeutsche Zeitung*, 30. 12. 1992; Wolf Jobst Siedler, »Berlin kommt um den Wiederaufbau des Schlosses nicht herum«, *Die Zeit*, 5. 3. 1993; Ulrich Greiner, »Weshalb Berlin um den Wiederaufbau des Schlosses herumkommt«, *Die Zeit*, 5. 3. 1993.
47 Siehe dazu Simone Hain, a. a. O. (Anm. 41), S. 21.
48 Joachim Fest, a. a. O. (Anm. 44), S. 115.
49 Zit. nach Petras, a. a. O. (Anm. 15), S. 125.

ROWOHLT
BERLIN

# Auf zum letzten Gefecht?

Die Russische Revolution war mehr als ein Kampf um die Macht in einem Land. Die Bolschewiki wollten einen vollkommenen Neuentwurf von Staat, Gesellschaft, Wirtschaft und Kultur – den Neuen Menschen. Das Auseinanderbrechen des sowjetischen Imperiums macht damit eine Neubewertung der Russischen Revolution unumgänglich. Richard Pipes, Professor für russische Geschichte an der Harvard-Universität, legt mit seinem monumentalen Werk eine umfassende Darstellung des «wohl bedeutendsten Ereignisses dieses Jahrhunderts» vor.

Band 1: «Der Zerfall des Zarenreiches»
640 Seiten. Geb. DM 58,–

Band 2 «Die Macht der Bolschewiki»
928 Seiten. Geb. DM 78,–

Der dritte und letzte Band «Rußland unter dem neuen Regime» erscheint im Herbst 1993

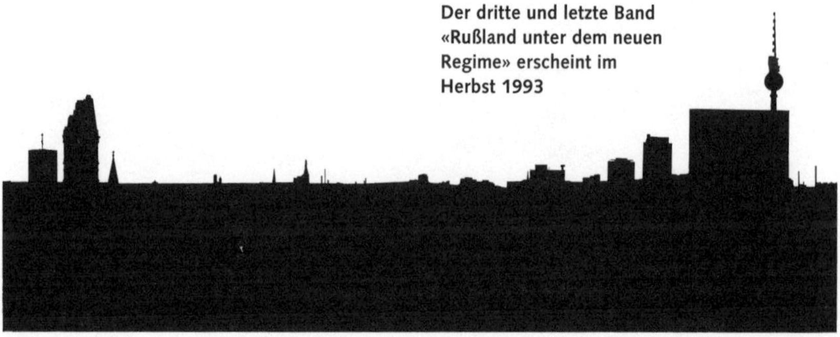

# Péter Nádas
# Schicksal und Technik



Zu Anfang möchte ich einige bekannte Wörter sagen.

Niederlage. Verlust. Zusammenbruch. Bankrott. Verwüstung. Armut. Hunger. Findigkeit. Gestank. Hoffnungslosigkeit. Hilflosigkeit. Kummer. Krankheit. Schwäche. Schmerz. Verfall. Pein. Kälte. Staub. Betrübnis. Schwermut. Bedenken. Zweifel. Verzweiflung. Geschäftemacherei. Freude. Verlegenheit. Entsagung. Verdrängung. Vergessen. Erniedrigung. Isolation. Beschuldigung. Selbstbeschuldigung. Vorwurf. Jammer. Wut. Rache. Selbstbetrug. Lüge. Genugtuung. Abhängigkeit. Feigheit. Ausgeliefertsein. Erinnerung. Wagemut. Rebellion. Scheitern. Ungerechtigkeit. Rechtlosigkeit. Gefangenschaft. Willkür. Enge. Angst. Beklemmung. Atemnot. Schande. Scham. Mangel. Leiden.

Einige besonders peinliche Wörter habe ich gar nicht erst erwähnt. Verhör. Schläge. Folter. Hinrichtung. Und tödliche Stille.

Und hier einige andere vertraute Wörter:

Übereinkunft. Bauen. Fortschritt. Hoffnung. Entwicklung. Beschäftigung. Expansion. Ordnung. Ausbau. Investition. Ertrag. Gewinn. Erfolg. Freude. Eifersucht. Neid. Wettbewerb. Betrug. Vorsicht. Aufmerksamkeit. Strebsamkeit. Begabung. Niveau. Qualität. Ausgewogenheit. Wohlgeruch. Fülle. Wohlstand. Überfluß. Egoismus. Genuß. Übersättigung. Besitzdrang. Wollust. Maß. Enthaltsamkeit. Kritik. Einsicht. Härte. Gnadenlosigkeit. Offenheit. Kraft. Heiterkeit. Wohltätigkeit. Ernst. Irrtum. Neuanfang. Distanziertheit. Differenziertheit. Strukturiertheit. Selbständigkeit. Sterilität. Kälte. Einsamkeit. Isolation. Selbstbewußtsein.

Und dabei habe ich ein paar wichtige Wörter noch gar nicht erwähnt. Kreativität. Souveränität. Spontaneität. Freiheit.

Mit diesen Wortgruppen wäre ein einzelner Mensch nicht zu beschreiben, denn ein einzelner vermag bei sich selbst Erfolge von Mißerfolgen, Freuden von Leiden, Siege von Niederlagen, Gestank von Wohlgeruch nicht zu trennen. Und doch sind diese Wortgruppen möglicherweise geeignet, diejenigen Lebensbedingungen und gesellschaftlichen Organisationsprinzipien zu kennzeichnen, die in den vergangenen vierzig Jahren den Rahmen für unser Leben abgegeben haben: nicht die Prinzipien und Ideologien, sondern die Realitäten unseres Lebens.

Die eine Gruppe von Wörtern steht für einen Menschen, der dem Schicksal ausgeliefert ist, die andere für einen, der das Schicksal selbst in die Hand nimmt und organisiert. Der eine versucht zu überleben und zu ertragen, wo der andere einzurichten und zu gestalten bestrebt ist. Das macht einen erheblichen Unterschied, was persönliche Erfahrungen, aber auch was Sehnsüchte, Ziele, Handlungsmuster und die Wahl der Methoden angeht. Ich zweifle nicht daran, daß wir einander in den kommenden Jahrzehnten unseres gemeinsamen Lebens im Zeichen dieser Unterschiede mißverstehen werden.

Ich möchte von einer Gruppe von Erscheinungen sprechen, die ein Grieche, welcher so ähnlich wie ich gedacht hätte, zum einen als Schicksal, Fügung, als von den Göttern vorbestimmt, als *tyché* bezeichnet, zum anderen als handwerkliche Geschicklichkeit, als professionelles Können, Kunstfertigkeit, Gewandtheit, Pfiffigkeit, List, als *techné* definiert haben würde. Heute würden wir Schicksal und Technik sagen. Der Mensch der einen Wortgruppe erlebt sein Schicksal als etwas, was er weder ordnen noch gestalten kann, das heißt, er besitzt keine Technik für den Umgang mit seinem Schicksal. Der Mensch der anderen Wortgruppe verfügt zwar über die Technik, weiß aber in Wirklichkeit nicht, was er gestaltet und ordnet. Beide haben innerhalb einer Dualität verschiedene Prioritäten gesetzt: Der eine sieht zu weit, der andere zu kurz, und so haben sie kaum eine Chance, einander zu verstehen. Ich will nicht behaupten, sie hätten überhaupt keine Chance, denn obwohl ihre Wahrnehmungen unverändert im Zeichen dieser Dualität ablaufen, finden ihre Tätigkeiten und ihr Denken auf jeden Fall im Zeichen der eigenen Prioritäten statt. Woraus folgt, daß der eine nicht nur mit dem Verständnis des anderen Probleme hat, auch das eigene Leben ist nichts weiter als die logische Abfolge peinlicher Mißverständnisse. Woraus jedoch geschlossen werden kann, daß es sich nicht um eine einfache Kommunikationsstörung zwischen beiden handelt, sondern vielmehr um eine Kommunikationsstörung, die der Störung ihrer Selbstkenntnis und Weltkenntnis entspringt. Beide gehen nicht mehr von der Dualität von Selbstkenntnis und Weltkenntnis aus: Der eine gibt der Weltkenntnis, der andere der Selbstkenntnis Priorität.

Der dem Schicksal ausgelieferte Mensch begreift die Ereignisse als Naturerscheinung, universalisiert seine Lage leichtfertig, faßt seine Tätigkeit als Zwang auf, während der sein Schicksal selbst ordnende Mensch den Wirkungskreis seiner Tätigkeit streng eingrenzt, seine Lage individualisiert und annimmt, daß die Ereignisse durch Übereinkünfte gestaltbar sind. Der dem Schicksal ausgelieferte Mensch denkt regressiv, schließt von der Wirkung auf die Ursache, sucht Erklärungen in der Vergangenheit und beruft sich auf die Wahrheit. Der das Schicksal selbst ordnende Mensch denkt progressiv, er schließt aus der Ursache auf die Wirkung, sucht eher in der Gegenwart nach akzeptablen Übereinkünften und beruft sich auf die Gesetze. Der seinem Schicksal ausgelieferte Mensch hat nur Geschichte, aber keine individuelle Vergangenheit; der sein Schicksal selbst ordnende Mensch hat nur eine individuelle Vergangenheit, aber keine Geschichte. Der erstere schaut eher in die Zeiten zurück, die vor der Französischen Revolution liegen, weil er für seinen Überlebens- und Anpassungszwang moralisch fundierte Muster braucht; der letztere dagegen faßt die ganze Geschichte als eine Abfolge von Schritten hin zur Individualisierung auf, und in Zeiten, die vor der Modernisierung liegen, schaut er am liebsten gar nicht erst zurück. Der eine erinnert sich zwanghaft, der andere vergißt zwanghaft. Der Sprachgebrauch des Menschen, der seinem Schicksal ausgeliefert ist, ist dementsprechend immer persönlich, vertraulich, aber nicht individuell. Der Sprachgebrauch dessen, der sein Schicksal selbst gestaltet, ist immer individuell, doch er vermeidet alles, was auf etwas Vertrauliches oder Persönliches hinweisen könnte. Der eine beruft sich lieber auf die Tradition, der andere auf die Aktualität, der eine schöpft aus magischen und mythischen Bewußtseinsinhalten, der andere aus mythischen und mentalen Bewußtseinsinhalten. Die Sprechweise des einen ist von einer seltsamen, unangenehmen Langsamkeit, Antiquiertheit und Provinzialität, der andere demonstriert – nicht weniger unangenehm – seine Schnelligkeit, Wohlinformiertheit und Weltläufigkeit. Der seinem Schicksal ausgelieferte Mensch findet in der kollektiven Identität zu sich selbst, der sein Schicksal gestaltende in der individuellen Identität.

Die Störung ihrer Kommunikation ist ziemlich einfach zu beschreiben, weil es einsichtig ist, welche Verhaltensmuster und Sprachschemata hinter der einen und hinter der anderen Mentalität stehen. Es läßt sich nicht allzu schwer begreifen, daß die Bulgaren den Kopf schütteln, wenn sie »Ja« meinen, und nicken, wenn sie etwas verneinen, oder daß die Briten nicht auf der rechten, sondern auf der linken Seite der Straße fahren. Die Kommunikationsstörung wird jedoch dadurch verstärkt, daß hinter den verschiedenen Verhaltensmustern und Sprachschemata nicht nur Widersprüche stehen, die mit der Verschiedenheit der historischen Situation oder des Zivilisationsniveaus erklärbar wären, sondern auch eine Störung der Selbst- und Weltkenntnis, die die gesamte europäische Kultur kennzeichnet.

Diesen Zusammenhang möchte ich anhand eines ganz einfachen Beispiels demonstrieren.

Allein schon, um den einfachsten Ansprüchen von Höflichkeit Genüge zu tun, fragt ein Mensch den anderen: Wie geht es dir? Zwar ist die Frage durch häufigen Gebrauch schon stark abgenutzt, doch seltsamerweise schadet ihr das nicht, denn direkt hinter ihr steht die Dualität von gut und schlecht, in ihr sind Neugierde und der Wunsch, den anderen kennenzulernen, aufgehoben, der Prozeß von Kontrolle und Selbstkontrolle, und je nachdem, wie die Antwort ausfällt, Wahrheit und Lüge, Ehrlichkeit und Falschheit, Zurückweisung und Mitgefühl, Annahme und Schlußfolgerung, also in Spurenelementen alles, woraus ein Werturteil aufgebaut wird, alles, woraus Selbstkenntnis und Weltkenntnis entstehen können.

Treffen zwei zusammen, die dem Schicksal ausgeliefert sind, so würde die Antwort »Es geht mir gut« das denkbar größte Befremden hervorrufen. Bedeutete sie doch, daß in dem ganzen Elend, das ihrer beiden Leben ausmacht, der eine die Schicksalsgemeinschaft mit dem anderen aufzukündigen gedenkt, also werden sie, wenn sie höflich sein wollen, bestrebt sein, die Unerträglichkeit ihres Schicksals in den schillerndsten Farben darzustellen, und versuchen, sich dabei geradezu zu übertreffen. Das werden sie selbst dann tun, wenn sie sich aufgrund irgendeines Zufalls ausnahmsweise wohl fühlen sollten, denn die kollektive Identität, die sich in der elementaren Höflichkeit ausdrückt, befiehlt ihnen, den anderen durch die eigenen angenehmen Gefühle nicht zu belasten. Von denen, die ihr Schicksal selbst gestalten, erfordert die elementare Höflichkeit das genaue Gegenteil. Treffen zwei von ihnen zusammen, so ist ihr grundlegendes Interesse, einander auch dann nicht mit ihren unangenehmen Gefühlen zu belasten, wenn es ihnen ausnahmsweise nicht gut geht, denn würden sie anders handeln, so müßten sie einem Fremden die intime Information anvertrauen, daß sie ihr Schicksal falsch gestaltet und Konkurs erlitten haben, daß sie Versager sind, und in diesem Falle würden sie geradezu die Funktionsfähigkeit jenes allgemeingültigen Prinzips in Frage stellen, auf das die kollektive Identität derer aufgebaut ist, die ihr Schicksal selbst gestalten. Die ersteren sind zwanghafte Simulanten, die letzteren zwanghafte Dissimulanten.

So ist es auch nicht weiter verwunderlich, daß bei einem Zusammentreffen eines dem Schicksal Ausgelieferten mit einem, der sein Schicksal selbst gestaltet, jeder von der Antwort des anderen schockiert ist. Unvermeidlich entsteht bei jedem der Eindruck, der andere verletze die elementaren Regeln der Höflichkeit, obwohl sich Simulation und Dissimulation jeweils auf die gleiche Sache beziehen: das Schicksal. Aber weder der eine noch der andere kann erkennen, warum er dem Schicksal gegenüber zur Simulation beziehungsweise zur Dissimulation gezwungen ist. Was für den einen unbegründetes Gejammer ist, weil er innerhalb der Dualität von gut und schlecht dem Guten Priorität zugesprochen hat, ist für den anderen unbegründete Prahlerei, weil er innerhalb derselben Dualität dem Schlechten Priorität gegeben hat. Und noch peinlicher wird ihr Zusammentreffen, wenn sie einander Ratschläge erteilen. Das sieht ein wenig so aus, wie wenn ein heftig mit dem Schwanz wedelnder Hund auf eine Katze trifft, die den Schwanz steif in die Höhe hält. Sie werden unvermeidlich übereinander herfallen, denn was in der Sprache des einen ein Zeichen für Interesse und freundliche Annäherung ist, bedeutet in der Sprache des anderen Mißtrauen und Angriffsbereitschaft.

Bisher habe ich noch nicht einmal der Einfachheit halber gesagt, es handele sich bei dem einen um einen osteuropäischen und beim anderen um einen westeuropäischen Menschen. Eine solche Unterscheidung wäre nur dann begründet, wenn diejenigen, um die es geht, sich nicht nur durch ihre Mentalität und das Niveau einer gleichgerichteten Entwicklung unterschieden, das heißt durch alles, was in den Bereich des fachlichen Könnens, der fachlichen Fertigkeiten und Versiertheit fällt oder unmittelbar daraus folgt. Es müßte sich dabei um klar voneinander abgrenzbare Gruppen von Menschen handeln, die ihr Schicksal deshalb mittels verschiedener Methoden ordnen und gestalten, weil sie verschiedene Vorstellungen darüber haben, was zu ordnen und zu gestalten ist. Leider aber ist es in unserem Falle nicht so.

Der eine weiß zwar, was er zu gestalten und zu ordnen hätte, hat aber gerade hierfür keine Technik, der andere hat zwar die Technik, weiß aber nicht, was er mit ihr gestaltet und ordnet. Deshalb sehe ich nicht den Unterschied zwischen ihnen, sondern eher den Zusammenhang zweier verzerrter Betrachtungsweisen, die aus verschiedenen konstitutionellen Eigenschaften hervorgehen, einen Zusammenhang, den sie gerade durch die Simulation und Dissimulation oder eben durch den schematischen Kontrast geographischer und politischer Begriffe vor sich selbst und den anderen verbergen.

Ich kann es nicht als Werk des Zufalls erachten, daß die nationalen Gemeinschaften derer, die ihr Schicksal selbst gestalten und ordnen, ausgerechnet in dem Augenblick anfingen, die juristischen und wirtschaftlichen Rahmenbedingungen ihres geographisch getrennten Lebens entscheidend zu harmonisieren, als jenes auf Universalisierung gerichtete Machtgefüge zusammenbrach, das das Leben der ihrem Schicksal Ausgelieferten restlos ungestaltbar und unregelbar gemacht hatte.

Vielleicht ist es eher so, daß der ideologisch begründete Universalismus einem ideologisch begründeten Separatismus den Boden bereitet hat, doch dieser Separatismus war bestrebt, innerhalb eines geographischen Rahmens die gleichen, als universell erachteten Prinzipien zu bewahren, welche die andere Ideologie auf alle Kontinente und Nationen auszubreiten bestrebt war. Der erstere sonderte sich geographisch ab, bewahrte aber in seiner Politik den universellen Anspruch der ursprünglich gemeinsamen Prinzipien, der letztere dagegen verlor die Legitimität seines Universalismus, da er sich ja politisch absondern mußte. Es blieb ein beiden gemeinsamer Wesenszug, daß zwischen Theorie und Praxis, Ideologie und Realität jeweils ein unüberwindlicher Abgrund klaffte, auch wenn der eine eher zur Simulation, der andere mehr zur Dissimulation neigte. Es liegt auf der Hand, daß es nicht weniger unmöglich ist, aus dem Mangel an elementarsten Voraussetzungen für Einheit, aus der Verneinung einer kulturellen Gemeinschaft heraus ein einheitliches Europa zu schaffen als aus dem Mangel an Brüderlichkeit, aus der Verneinung von elementarsten Voraussetzungen für persönliche Freiheit heraus Gleichheit zu schaffen.

Ich muß also davon ausgehen, daß ein Zusammenhang existiert, wenn die nationalen Gemeinschaften derer, die ihr Schicksal selbst gestalten und ordnen, gerade dann die Zeit gekommen sahen, aus ihren nationalen Grenzen herauszutreten und sich aufgrund ihrer politischen, ideologischen Gemeinschaften in einer juristischen und wirtschaftlichen Gemeinschaft eine neue Identität zu schaffen, als die politisch und ideologisch abgesonderten Gemeinschaften der dem Schicksal Ausgelieferten schon alle jene mentalen und wirtschaftlichen Reserven aufgezehrt hatten, die der Praxis einer übernationalen gesellschaftlichen Organisationsform entsprungen waren, so daß diese also zur Herstellung einer neuen Identität gar nicht geeignet sein konnte. Die Absonderung war nicht zu verwirklichen, die Universalisierung scheiterte.

1989 ist nicht nur der Versuch des Kommunismus gescheitert, ausgehend vom Primat der Gleichheit mit dem Mittel gewalttätiger Expansion eine universelle Freiheit zu verwirklichen, die er den Individuen jedoch vorenthielt und deren Fehlen auch verhinderte, daß unter den Individuen Brüderlichkeit entstehen konnte. Zugleich erscheint auch der Versuch angeschlagen, der es geographisch und politisch abgesondert unternahm, auf Kosten von Gleichheit und Brüderlichkeit eine auf das Primat individueller Freiheit aufbauende Praxis der gesellschaftlichen Organisation zu verwirklichen. Scheinbar ist der Unterschied enorm, denn es sieht so aus, als wäre der Zusammenbruch in erster Linie wirtschaftlicher, das Angeschlagensein dagegen mehr politischer Natur. Wenn es so wäre, könnten wir wenigstens auf die Lebensfähigkeit des einen Modells hoffen.

Die zusammenbrechenden Systeme haben den angeschlagenen Systemen jedoch eine Endabrechnung eingereicht, die keineswegs nur wirtschaftlichen Charakter hat. Es ist gleichzeitig offenkundig geworden, daß die gemeinsamen universellen Prinzipien, die in der geographisch abgesonderten Existenz bewahrt wurden, Modifizierungen erfahren haben:

Der Begriff Freiheit wurde abgelöst vom Begriff Rechtsgleichheit; der Begriff Gleichheit vom Begriff soziales Gleichgewicht, und in der Praxis der notwendigen Absonderung geriet der Begriff Brüderlichkeit vollkommen in Vergessenheit. Die menschlichen Gemeinschaften, die aus ihren nationalen Grenzen herauszutreten gedenken, sind gerade durch die reale Praxis der Absonderung unfähig geworden, ihre verbal vierzig Jahre lang und auch heute noch vertretenen Prinzipien zu verwirklichen. Die aber wollen die Völker der östlichen Hemisphäre nun endlich eingelöst wissen, indes stürzen sie in dem Maße in ihre nationalen Begrenzungen zurück, wie sich die von den Völkern der westlichen Hemisphäre ihren abgesonderten Bedingungen angepaßten universalistischen Prinzipien als funktionsunfähig erweisen.

All das, was zwischen beiden geschehen ist und geschieht, weist auf einen Bankrott oder zumindest schwerwiegende Funktionsstörungen der gesamten europäischen Kultur hin, und es ist zu befürchten, daß der wirtschaftliche Zusammenbruch auf der einen Seite deshalb nicht aufzuhalten ist, weil die Kommunikationsstörung auf der anderen Seite nicht mit politischen Mitteln zu beheben ist. Was von Prag und Budapest, teils aber auch von Berlin aus gesehen als unüberbrückbarer kultureller Bankrott erscheint, ist von Zürich, Paris oder Frankfurt aus betrachtet nur eine überwindbare Kommunikationsstörung. Wer angesichts einer Kommunikationsstörung von kulturellem Bankrott spricht, denkt an Schicksal, wer angesichts eines kulturellen Bankrotts von Kommunikationsstörung spricht, denkt an Technik.

Schicksal bedeutet Zeitlichkeit und Zeitlosigkeit, Geschehensablauf, Zufall und Eventualität; Technik bedeutet im ursprünglichen Sinne des Wortes List, Pfiffigkeit, Kunstfertigkeit und fachmännisches Können, wodurch all das, was Klotho auf ihrer Spindel gesponnen hat, nutzbar wird, was Lachesis zugeteilt hat, sich einteilen, was Atropos unabwendbar gemacht hat, sich irgendwie deuten läßt. Ein Grieche, der so ähnlich wie ich gedacht hat, hätte vielleicht gesagt, es gibt Dinge in der Welt, die ihr Entstehen der Fügung verdanken, sie sind von Natur *(physis)* gegeben. Und es gibt Dinge, die vom handwerklichen Können *(techné)* hervorgebracht sind, die aufgrund menschlicher Übereinkunft *(nomos)* nutzbar werden. Nomos hat jedoch niemals Priorität auf Kosten der Natur genießen können, weil die von Natur gegebenen Dinge als die mächtigeren erachtet wurden, und so haben die Griechen auch nicht auf den Gedanken kommen können, *tyché* Priorität gegenüber *techné* zuzusprechen, so wie wir das tun, und sie konnten auch nicht auf den Gedanken kommen, ohne der Macht der Natur gewärtig zu sein, *tyché* zu interpretieren oder Übereinkünfte aufgrund handwerklicher Fertigkeiten einzugehen.

An der Funktion dieser miteinander zusammenhängenden Begriffspaare hat sich im Laufe von tausend Jahren nichts geändert, auch wenn die Rolle der Fügung von der göttlichen Vorsehung abgelöst worden ist. Und obwohl sich seit dem siebzehnten Jahrhundert die inneren Akzente dieses Zusammenhangs wesentlich verändert haben – ob wir nun »Kreativität« sagen wie diejenigen, die das Schicksal gestalten, oder »Findigkeit« wie diejenigen, die dem Schicksal ausgeliefert sind –, denken wir ungefähr an dieselbe Zeitlichkeit und Zeitlosigkeit, an welche die Griechen gedacht haben dürften, wenn sie von Nemesis sprachen, oder die Römer, als sie das Fatum anriefen. Der Mensch gestaltet seine Lage mal günstig und mal ungünstig, man kann sie im voraus weder austüfteln noch berechnen. Doch unseren Tüfteleien und Berechnungen stellt sich nicht mehr die Fügung in Form naturgegebener Dinge in den Weg, und sie werden auch nicht von der göttlichen Vorsehung mit ihrer dem menschlichen Geist nicht ermeßlichen Einsicht gelenkt.

Die innere Verschiebung der Akzente könnte als der Raumgewinn von Nemesis auf Kosten des Fatums beschrieben werden. Dank Lumière denken wir seit etwa dreihundert Jahren vor allem an eine Art von Schicksal, das uns gemäß unseren Verdiensten zugesprochen wird, beziehungsweise – dank Bildung – an ein Schicksal, das man auch dann zu gestalten bestrebt sein muß, wenn es vorherbestimmt ist. Vor dieser Zeit hatte man im Angesicht göttlicher Vorsehung vielmehr an eine Art Schicksal zu denken, das uns zuteil wurde, das starr und unveränderlich war, und so wird es vielleicht eher verständlich, warum diejenigen, die dem Schicksal ausgeliefert sind, auf die Zeiten vor der Französischen Revolution zurückblicken müssen, diejenigen dagegen, die das Schicksal selbst gestalten, eher auf das, was seitdem passiert ist. Und vielleicht wird so auch verständlicher, warum der das Schicksal gestaltende Mensch von Verständnislosigkeit und panischer Angst ergriffen wird im Angesicht des Fatums, das er gegen Nemesis ausgetauscht hat, und warum der dem Schicksal ausgelieferte Mensch jedes persönliche Verdienst als eitlen Selbstbetrug auffaßt, da doch das ganze Leben vom Fatum gelenkt wird. Vielleicht wird jetzt verständlicher, warum sich der eine nach einem Schicksal sehnt, das eher in den Händen der Nemesis ruht, und warum es den anderen vor einem Schicksal graut, das in der Hand des Fatums liegt. Diesen kaum merklichen Unterschied gibt es erst seit vierzig Jahren in der europäischen Geschichte. Jene kritische Akzentverschiebung kann erst auf dreihundert Jahre zurückblicken. Die Bewegung dieser zeitlich eingrenzbaren Vorstellungen aber gründet sich auf eine fast tausendjährige Geschichte, die sich gerade aufgrund solcher gemeinsamen Vorstellungen von anderen Kulturen abgrenzt, beziehungsweise sich anderen Kulturen eben im Zeichen solcher gemeinsamen Vorstellungen aufdrängen will.

Der seinem Schicksal ausgelieferte und der sein Schicksal selbst gestaltende und ordnende Mensch des Abendlandes unterscheiden sich nicht in der Art, wie sie die Zeit betrachten. Ob einer simuliert oder dissimuliert, der Gegenstand seiner Sorgen ist der gleiche. Schon beim Frühstück möchte er wissen, was sein Abendbrot sein wird, so daß seine Vorstellung von der Zeit durch einen Wunsch bestimmt ist, der nicht auf die Gegenwart einzugrenzen ist. Ob er sein Schicksal in der Hand des Fatums oder der Nemesis wähnt, er müßte in beiden Fällen über ein Zukunftsbild verfügen, das ihm weder Fatum noch Nemesis gestattet.

Die abendländische Kultur hat gegenwärtig eine allgemeine und eine spezielle Sorge bezüglich des eigenen Zukunftsbildes.

Die allgemeine Sorge besteht darin, daß diese Kultur zwar den sehr engen Spalt vergrößert hat, den die *tyché* einer Stadt, eines Staates oder gar eines ganzen wirtschaftlich und politisch integrierten Kontinents der menschlichen List, Pfiffigkeit und dem fachmännischen Können zu öffnen erlaubt, sie wurde jedoch dem Maß und der Art der Differenziertheit und Strukturiertheit der technischen Fertigkeiten entsprechend mit der Macht der Natur konfrontiert. Differenziertheit und Strukturiertheit bedeuten also nicht, daß der Mensch des Abendlandes über sein Schicksal verfügt, sondern daß er viel weniger darüber verfügt, als er es noch vor dreihundert Jahren hoffte. Er hatte die Macht der Natur in dem Maße vergessen, wie es ihm gelungen war, die göttliche Vorsehung durch menschliche Übereinkünfte abzulösen.

Innerhalb dieser allgemeinen Sorge ist es nur eine spezielle, daß diejenigen, die dem Schicksal ausgeliefert sind, eher an Fatum denken, wenn sie von brauchbaren Lebenstechniken sprechen, während diejenigen, die das Schicksal selbst gestalten und ordnen, dabei eher an Nemesis denken, die Schicksal nach persönlichem Verdienst zuteilt.

Ich weiß nicht, ob der Mensch über sein Schicksal wirklich verfügt und demzufolge den vernichtenden Elementen trotzen muß, oder ob er nicht über sein Schicksal verfügt und sich deshalb bestenfalls List und Pfiffigkeit den vernichtenden Elementen gegenüber erlauben kann. Ich weiß auch nicht, ob Differenzierung und Strukturierung tatsächlich Qualitätskriterien für etwas sind, aber ich bin gezwungen zu sagen, daß sie es sind. Die vierzig Jahre des Kalten Krieges und der friedlichen Koexistenz haben jenes Problem bloß vertieft, das die gemeinsame Kultur seit dreihundert Jahren mit sich schleppt und nicht lösen kann. Kennzeichnend ist, daß im Laufe dieser dreihundert Jahre bereits zwei politische Systeme mangels kultureller Kohärenz zusammengebrochen sind, und nicht weniger kennzeichnend ist, was an ihrer Stelle übrigblieb.

Die faschistische Utopie ist die Zukunftsidee bloß einer ethnischen Gemeinschaft, eine für alle anderen Nationen und Ethnien vernichtende

Methode. Die kommunistische Utopie ist die Idee für eine gemeinsame Zukunft, aber keine Methode. Die pragmatische Denkweise der sich von beiden Ideen abgrenzenden Demokratien enthält keine Idee für die Zukunft, sie ist bloß eine Methode. Wenn wir von einer Kommunikationsstörung sprechen, welche den Umgang der ihrem Schicksal ausgelieferten mit den das Schicksal selbst gestaltenden Menschen so erschwert, dann könnten wir sagen, daß sich hier Ekel vor Utopie und Mangel an Utopie Aug in Auge gegenüberstehen. Mangel an Utopie denen anzubieten, die jeder Utopie gegenüber Ekel empfinden, aber doch wissen möchten, was ihr Abendbrot sein wird, ist ein ebenso sinnloses Unterfangen, wie Mangel durch Ekel ersetzen zu wollen.

Nur wenn wir die auf Übereinkünften beruhende Methode vom Gesichtspunkt des Schicksals aus prüften und daher nur solche menschlichen Übereinkünfte gelten ließen, die das Primat der Natur sicherstellen, könnten wir versuchen, jene Kommunikationsstörung zu beheben. Wenn jedoch ein recht kleiner Kreis von Menschen sich sein Abendbrot weiterhin so sichern will, daß er damit das Abendbrot aller übrigen gefährdet, dann wird sich nicht nur diese Kommunikationsstörung vertiefen, sondern auch die ökologische Krise.

Ökologische Krise und Kommunikationsstörung zusammen machen den kulturellen Bankrott aus.

*Aus dem Ungarischen von Krisztina Koenen*

Leon Wieseltier

# Nach der Erinnerung

GEDANKEN ZUM HOLOCAUST MEMORIAL MUSEUM IN WASHINGTON

»Lieber Gott, laß uns unsere Erinnerungen austauschen –
Ich werde mich an den Anfang erinnern, Du an das Ende.« (A. Sutzkever)

I

Früher einmal bestand die Gefahr in der Vergangenheit. Mit all ihren Diktaten und Forderungen, all ihren Erwartungen erdrückte sie die Gegenwart und wurde so zu einer »Last«, der widerstanden werden mußte. Noch leben wir in der Kultur dieses Widerstandes. Es gab viele Instrumente des Widerstandes gegen die »Last«. Es gab Phantasien der Vergangenheitsvernichtung, die zu Plänen wurden, dann zu Revolutionen. (Die wiederum zu Vergangenheit wurden, welche erneut Phantasien über die Vernichtung der Vergangenheit inspirierte, die zu Plänen wurden, dann zu Revolutionen.) Die vielleicht unwahrscheinlichste Methode des Zurückdrängens von Vergangenheit wurde das Studium der Geschichte. Die kritische Überprüfung heiliger Texte, die im 17. Jahrhundert ernsthaft einsetzte und im 19. Jahrhundert aufblühte, hat eine kräftige Lektion erteilt: daß Wissen eine Form der Herrschaft ist. Objektivität, die grundsätzliche Trennung von den privaten Lebensumständen, die die Geschichte von den Wissenschaften übernahm, schien dem Wissenden Macht über das Gewußte zu geben; oder zumindest entnahm sie der Vergangenheit einen Teil jenes Geheimnisses, dem sie ihre Autorität verdankte. Diese Ablösung, die sich als Ideal der Wissenschaft etablierte, wurde rasch zum Ideal des Lebens überhaupt. Und so verschwand für eine Weile der Terror aus der Vergangenheit.

Der Preis für diese Ablösung wurde fast umgehend deutlich. Die glänzende, weltliche, unheimgesuchte Gegenwart, die übrigbleiben sollte, wenn die »Belastungen der Vergangenheit« abgetan sind, entpuppte sich als weit weniger inspirierend und anspornend denn der schwierige alte Weg. Die Absetzung des Heiligen im Namen der Geschichte endete in der Heiligung der Geschichte. Geschichte wurde zu Gott, magerer Beitrag des 19. und 20. Jahrhunderts zum Göttlichen; aber es war ein Gott, der niemanden ansprach und selbst nicht anzusprechen war, gefangen in der Zeit und niemals eingreifend, es sei denn als »Prozeß«, der scheinbar jede nur denkbare menschliche Entwicklung rechtfertigte. Geschichtsbewußtsein wurde lediglich zu einem modernen Dogma und das wissenschaftliche Studium von Geschichte zu einer Beschäftigung, die alles austrocknete, einem Instrument, das die Primärenergien von Individuen und Völkern erschöpfte. Der Geschichte schien die Vitalität von Erinnerung zu fehlen. Geschichtsschreibung erwies sich als unfähig, die von ihr erforschten Traditionen zu fördern und an die Generationen weiterzugeben, die das erwarten konnten. Plötzlich war nicht mehr die Vergangenheit die Gefahr, sie selbst war in Gefahr geraten. Und nicht länger war die »Last der Vergangenheit« das Problem; das wahre Problem wurde die Last der »Last der Vergangenheit«: die Härte, mit der sie zur historischen Haltung verpflichtete, zu dem Empfinden, daß den Erben der Vergangenheit nichts anderes blieb, als festzuschreiben und festzuhalten, dankbar und bewahrend zu sein.

Und so erwuchs als Reaktion auf das Weitergeben von historischem Bewußtsein die moderne Romantik der Erinnerung. Erinnerung bekämpfte Geschichte um den Preis einer lebendigen Vergangenheit. Dies war natürlich insofern ironisch, als Geschichtsschreibung sich doch gerade als Antwort auf die Unzulänglichkeiten der Chroniken und Jahrbücher entwickelt hatte, die hauptsächlich auf Erinnerungen beruhten – oder als Antwort auf die Angst, daß Erinnerungen verlorengingen. Die Erinnerung als überlegener Zugang zur Vergangenheit wurde durch Bergson, Proust und Freud zuerst in der Philosophie, der Literatur und der Psychologie entdeckt und landete später bei den Berufshistorikern; aber in den letzten Jahrzehnten hat sie auch die in eine Krise versetzt. Pierre Nora hat den Widerspruch zwischen Erinnerung und Geschichte sehr schön beschrieben:

»Erinnerung ist Leben, getragen von lebendigen Gesellschaften und begründet in ihrem Namen. Sie bleibt in ständiger Entwicklung, offen für die Dialektik des Erinnerns und Vergessens und ohne das Bewußtsein etwa nachfolgender Verformungen, verwundbar durch Manipulationen und Aneignungen, anfällig für Tiefschlaf und periodisches Aufwachen. Geschichte ist andererseits die immer problematische, immer unvollständige Rekonstruktion dessen, was nicht mehr ist. Erinnerung ist ein andauernd aktuelles Phänomen, ein Band, das uns an die ewige Gegenwart bindet; Geschichte ist die Darstellung der Vergangenheit. Erinnerung, als etwas Anrührendes und Magisches, gibt nur jenen Tatsachen Raum, die ihr passen ... Geschichte verlangt Analyse und Kritik ... Erinnerung ist verwurzelt im Konkreten, im Raum, in Gesten, Bildern und Objekten; Geschichte hält sich streng an zeitliche Kontinuitäten, an Entwicklungen und Beziehungen zwischen den Dingen. Erinnerung ist absolut, während Geschichte nur das Relative wahrnehmen kann ... Im Kern der Geschichte findet ein kritischer Diskurs statt, der sich antithetisch zur spontanen Erinnerung verhält. Geschichte ist von permanentem Mißtrauen gegen Erinnerung begleitet, und ihr wahrer Auftrag ist deren Unterdrückung und Vernichtung.«

Nora ist ein Historiker, der für die Erinnerung Partei ergreift. Wie schon gesagt, eine romantische Sicht, sogar eine elegische, mit einer Sehnsucht nach gewachsenen Gemeinschaften mit nahtlosen Überlieferungen, die ihre Bedeutung durch Handlungen und Schauplätze erhalten, die den ursprünglichen Handlungen und Schauplätzen ausreichend angenähert sind, um echte Kontinuitäten zu ermöglichen. Eine derartige Sicht der Erinnerung hat eine mystische Qualität. Gemeinsame Erinnerung wird gewiß immer eine mystische Qualität haben, da sie in der unerklärlichen Fähigkeit besteht, sich zu erinnern – nicht zu wissen, sondern sich zu erinnern – an die Dinge, die anderen geschahen. Besonders Juden waren Pioniere dieser erfrischenden Aufhebung von Zeit und Raum: Man könnte sagen, daß Erinnerung, in ihren rituellen, gesetzlichen und liturgischen Ausdrucksformen, die Juden vor der Geschichte schützte. (Ebenso wie vor der Geschichtsschreibung: erst nach den spektakulären Versprengungen im 16. Jahrhundert mündete die jüdische Vergangenheitsobsession in eine methodologisch strenge und verweltlichende Sicht dieser Vergangenheit.) Eine Generation zuvor war der Jude der Entfremdete. Jetzt ist der Jude einer, der sich erinnert. So Nora in einer typischen Vereinfachung: »In der [jüdischen] Tradition, die keine andere Geschichte als die eigene Erinnerung hat, bedeutet Jüdischsein, sich zu erinnern, daß man so ist.« Natürlich liegt etwas Brackiges, um sich selbst Kreisendes (und historisch Unkorrektes) in einer solchen Charakterisierung jüdischer Identität; aber das gegenwärtige Prestige der Erinnerung scheint sich allem gegenüber durchzusetzen. In der Sicht vieler Historiker und Kritiker war es der mit Hilfe der kritischen Geschichte und der Reform der rituellen und liturgischen Erinnerungsträger vollzogene Eingriff in die Geschichte, der das moderne Judentum mit einem Bruch zurückließ, der immer noch nicht geheilt ist.

Der Wettbewerb zwischen Erinnerung und Geschichte wird akut, gar qualvoll, wenn das Thema des Rückblicks die Katastrophe ist. Was den nazistischen Krieg gegen die Juden so beispiellos machte, ist unter anderem die Tatsache, daß er in einer Ära des historischen Bewußtseins stattfand. Die grausamen Angriffe auf die jüdischen Gemeinden in Ashkenaz oder im Rheinland während der Kreuzzüge von 1096 und 1146 waren der erste ernsthafte Versuch (es gab einen ähnlichen Versuch im visigotischen Spanien, über den nur wenig bekannt ist), das gesamte Judentum physisch auszurotten; die ashkenasische Literatur, die auf diese Grausamkeiten folgt, erstaunt allerdings wegen ihrer Zurückhaltung gegenüber diesen Ereignissen. Liturgische Klagen wurden geschrieben und Chroniken der Ereignisse hergestellt, die auch für liturgische Zwecke gedacht waren; aber ansonsten ist die jüdische Literatur in der Folge dieses Traumas eher auffällig durch das Fehlen eines ausführlichen Bezugs oder eines dokumentarischen Impulses.

Die Grausamkeiten von 1933-45 wurden im Gegensatz dazu in einer Kultur verübt, die von historischem Bewußtsein geradezu durchtränkt war. Tatsächlich waren selbst die Mörder durch eine Geschichtsphilosophie animiert, waren von krankhafter Dokumentationssucht, hinterließen viel Papier und Filmmaterial. (Die Filme der Mörder über Tötungen, von denen einige im Holocaust Memorial Museum in Washington gezeigt werden, sind eine Vergewaltigung des Auges.) Und hinter dem historischen Bewußtsein der Mörder wartete das historische Bewußtsein der Überlebenden und der Wissenschaftler. Umgehend erstellten sie eine Masse von Beweisen jenes Völkermordes, dessen Ausmaß und raffinierte Durchführung verblüffen. Die Geschichtsschreibung des Holocaust war ein Akt von intellektuellem Heldentum, nicht zuletzt deshalb, weil es ja die Absicht der Nazis war, eine solche Geschichtsschreibung unmöglich zu machen. Seltsamerweise glaubten sie, daß sie die Spuren ihrer Verbrechen verbergen könnten und daß die Beweise für den Tod der Juden mit den Juden sterben würden. Himmler sagte 1943 in Posen vor einer Gruppe von SS-Offizieren:

»Unter uns soll es einmal ganz offen ausgesprochen sein, und trotzdem werden wir in der Öffentlichkeit nie darüber reden … Von Euch werden die meisten wissen, was es heißt, wenn 100 Leichen beisammen liegen, wenn 500 da liegen oder wenn 1000 daliegen. Dies durchgehalten zu haben, und dabei – abgesehen von Ausnahmen menschlicher Schwächen – anständig geblieben zu sein, das hat uns hart gemacht. Dies ist ein niemals geschriebenes und niemals zu schreibendes Ruhmesblatt unserer Geschichte …«

Aber einige von Himmlers Opfern waren, auf ihre Art und Weise, ebenfalls hart. Das Werk der Geschichtsschreibung wurde, im Warschauer Ghetto und anderswo, von den Opfern selbst begonnen. Das Blatt wurde geschrieben, wenn auch nicht so, wie Himmler es geschrieben hätte. Im Krieg zwischen seiner Geschichte und der Geschichte siegte die Geschichte.

Beim Sammeln der Aufzeichnungen über den Nazikrieg gegen die Juden haben allerdings Geschichte und Erinnerung zusammengearbeitet. Die Überlebenden brachten präzisen Schmerz und die Gelehrten schmerzhafte Präzision ein. Ohne ihre eigene Methode zu verraten, ging die Geschichte so nahe wie möglich an die Erinnerung zum Thema heran. Das war, in Noras bewunderndem Verständnis, »konkret«. Gewiß haben der Aufschwung der »Holocaust-Studien« und ihre Professionalisierung auch eine anästhesierende Wirkung: Die Plaudereien dieser Experten können einem das Mark in den Knochen gefrieren lassen. (Beim Historiker des Bösen ist allerdings intellektuelles Gleichgewicht eine geistige Leistung.) Aber bald werden die Überlebenden gegangen sein, und nur die Gelehrten werden bleiben. Es gilt nicht mehr, was ein altes indianisches Sprichwort sagt: daß ein Ereignis nur so lange lebt wie der letzte Mensch, der sich daran erinnert; die Historiker haben das Vergessen aufgehalten. Trotzdem wird es nicht mehr lange dauern, bis wir uns in einem alltäglicheren, distanzierteren, bedächtigeren und indirekteren Bezug zum Holocaust finden werden.

Werden wir den Verlust der Erinnerung bedauern? Wird der Verlust der Erinnerung den Verlust der Vergangenheit bedeuten? »Wir sprechen so viel von der Erinnerung«, schreibt Nora traurig, »weil so wenig von ihr da ist.« Nun ja, die Älteren sterben. Das Entgleiten des Unmittelbaren ist unvermeidbar. (Für die Überlebenden der Katastrophe ist dieses Entgleiten natürlich eine Erleichterung, ein Übergang zum Frieden.) Nicht zuletzt aus diesem Grund sollten wir in bezug auf die Idealisierung von Erinnerung und die Herabsetzung des historischen Vorgehens vorsichtig sein.

Es gibt aber noch andere Gründe. Erinnerung ist der Zwilling des Vergessens. Erinnerung ist nicht Bewahrung, sondern Auswahl. (Erinnerung ist genau das, was ein Computer *nicht* hat.) Die Erinnerung an ein Ereignis ist seine Interpretation; und eine Interpretation mag wunderschön oder bewegend oder zu irgendeinem Zweck nötig sein, aber sie bereitet dem Verstand Arbeit, die getan werden muß. Die Beziehung zwischen Erinnerung und Geschichte ist eine zwischen Magie und Zweifel. Ohne Magie gibt es keine Kontinuität; ohne Zweifel gibt es keine Zeitgenossenschaft. Traditionen verfaulen oder verschwinden, wenn sie nicht erinnert werden, aber sie blühen nicht in den Händen jener, die in der Vergangenheit leben. Auch kann Erinnerung die Sicht auf die eigene Zeit trüben oder hemmen. Wahr ist freilich auch, daß Erinnerung demagogisch ist. Sie erzeugt Zwang; obwohl doch die Welt gewiß nicht an einem Mangel an Zwängen leidet. Deshalb ist die Unterbrechung durch Geschichte kein Übel.

Manchmal verfremdet Erinnerung in einem stärkeren Maße als Geschichte; oder anders gesagt, sie ist zu nahe, um brauchbar zu sein. Erinnerung ist nicht immer oder ausschließlich ein Instrument des Wissens; sie ist auch eine Einschränkung, eine nicht mehr umkehrbare Verurteilung zur Vereinzelung. Hören Sie einer Überlebenden zu, die, sagen wir mal, am Küchentisch in Brooklyn sich ihrer Erfahrungen in Polen 1943 erinnert. Wenn Sie den Sinn verstehen, dann begreifen Sie auch die Distanz. Sie werden von jenseits eines Abgrundes angesprochen, durch eine dicke Wand aus Glas, aus der entferntesten Ecke eines verbannten Herzens. Sie hören aufmerksam zu, aber eine Annäherung an ihre Erfahrung ist das Höchste, was Sie erhoffen können. Und die Liebe, die Sie für diese Frau empfinden, macht das Gefühl der Unerreichbarkeit noch schwerer zu ertragen. Sie beginnen zu verstehen, daß es Situationen gibt, in denen Erinnerung kein Privileg ist, in denen Geschichte der Erinnerung vorzuziehen ist; wenn Geschichte die einzige Quelle Ihres Wissens über die Dunkelheit ist, dann gehören Sie zu den Glücklichen.

Sie sehen diese Frau bei ihrer Erinnerungsarbeit, und sie nehmen nicht mehr die Schönheit der Erinnerung oder ihren Nutzen für das Sichern von Wissen über die Katastrophe wahr; Sie wünschen nur noch, daß die Erinnerung zusammenbricht und stirbt, und Sie preisen die Augenblicke des Vergessens ebenso wie alle Ablenkungen durch das alltägliche Leben nach dem Ende der Welt.

Erinnerung ist, alles in allem, nicht nur authentisch, leuchtend, poetisch. Sie ist auch schmerzhaft und fragil (wer spricht denn heute noch von der Ausrottung der Armenier, fragte Hitler) und, im strengen Sinn, nicht übertragbar. Deshalb bedarf sie der Stärkung durch Geschichte: der Korrekturen, der Vergleiche, der Schlußfolgerungen. (Erinnerung ist Farbe, Geschichte ist Linie.) Die erste der vielen Errungenschaften des amerikanischen Holocaust Memorial Museum, das Ende April auf der Mall in Washington eröffnet wurde, ist das Paradox seines Namens: ein Erinnerungsmuseum, ein Haus der Erinnerung *und* der Geschichte. Hier wird die Lebendigkeit des Erinnerten mit der Strenge der Forschung vereinigt. Die schmerzende Subjektivität der Zeugnisse von Überlebenden begegnet in diesen Hallen der herben Objektivität von Photographien, Filmen, Karten, Statistiken und Gegenständen.

Die Errichtung eines Denkmals liefert jedoch einen weiteren Grund, warum Erinnerung von Geschichte begleitet sein, weshalb Gefühl durch Fakten kommentiert werden muß, und das ist die Denkmälern selbst innewohnende Unbeständigkeit. Diese Male entledigen sich ihrer Bedeutung mit beinahe zynischem Eifer. Die öffentlichen Plätze moderner Städte sind mit mehr oder weniger deutbaren Figuren und Hinweisen bestückt. Ihre Unklarheit ist eine Art Befreiung von den Details der Vergangenheit. Statt Geschichte vermitteln sie ein warmes Gefühl von geschichtlicher Authentizität. Ihre Aussage lautet einzig: Es gab einmal jemanden, der wollte hier an etwas erinnern. Niemand bleibt mehr vor diesen Figuren und Hinweisen stehen, nachdenklich oder erschauernd. Sie sind Bollwerke gegen das Denken, Mittel zur Verhinderung des Eindringens von Vergangenheit in die Gegenwart. »Es gibt nichts auf der Welt, was so unsichtbar wäre wie Denkmäler«, sagte Musil:

> »Sie werden doch zweifellos aufgestellt, um gesehen zu werden, ja geradezu, um die Aufmerksamkeit zu erregen; aber gleichzeitig sind sie durch irgend etwas gegen Aufmerksamkeit imprägniert, und diese rinnt Wassertropfen-auf-Ölbezug-artig an ihnen ab, ohne auch nur einen Augenblick stehenzubleiben ... Nun, man kann das ohne Zweifel erklären. Alles Beständige büßt seine Eindruckskraft ein. Alles, was die Wände unseres Lebens bildet, sozusagen die Kulisse unseres Bewußtseins, verliert die Fähigkeit, in diesem Bewußtsein eine Rolle zu spielen.«

Durch die Anhäufung von Holocaust-Gedenkstätten in den USA stellt sich dieses Problem massiv. Die Banalität der Erinnerung an das Böse, so könnte man es nennen. In seinem interessanten Überblick über die Holocaust-Gedenkstätten, der soeben unter dem Titel *The Texture of Memory* bei Yale University Press erschienen ist, schreibt James E. Young: »Heute ist fast jede amerikanische Stadt Heimat von wenigstens einer und manchmal auch mehreren Gedenkstätten für Aspekte des Holocaust.« Das ist ärgerlich, es ist sogar abstoßend. Gewiß läßt es die Angst, der Holocaust könne vergessen werden, fast lächerlich erscheinen. Schlimmer aber ist dies: es macht klar, daß, falls der Holocaust vergessen oder an die Peripherie des Bewußtseins und der Kultur gedrängt würde, dies zum Teil auf die Mahnmale selbst zurückzuführen wäre, die den Horror allbekannt machten und ihn damit seiner Kraft beraubten, zu schockieren und ein Ende zu setzen. Über das Mahnmal in Tucson schreibt Young, daß »das Monument jetzt als architektonischer Einlaß dient, durch den die Besucher auf ihrem Weg in eine erstaunliche Ansammlung von Hörsälen, höhlenartigen Turnhallen, Schwimmbädern und Tennishallen gehen. Eingepaßt in eine Wand und die Plaza, beherbergt und prägt das Mahnmal gewissermaßen alle Aktivitäten, die im Inneren stattfinden.« Das Raoul Wallenberg Tennis Classic?

Erinnern rettet; aber es beruhigt auch. Zu wenig Erinnerung verhöhnt die Katastrophe; aber dasselbe gilt für ein Zuviel. Beim Betrachten der Todeslager müssen wir Fremde sein; und wenn wir nicht Fremde sind, wenn die Namen der Mörder und die Orte des Mordens und die Zahl der Ermordeten uns allzu leicht von der Zunge gehen, dann erinnern wir nicht, um zu erinnern, sondern erinnern, um zu vergessen. Natürlich dient die Banalisierung der Erinnerung vielen Zielen. Sie spiegelt die Armut des amerikanischen Jüdischseins wider. »Es ist eine traurige Tatsache«, sagte der Hauptwohltäter des grotesken Simon-Wiesenthal-Zentrums in Los Angeles, »daß Israel und die jüdische Erziehung und alle anderen bekannten Reizworte es nicht mehr schaffen, die Juden in ihren Gemeinden zu formieren. Der Holocaust dagegen funktioniert jedesmal.« Seine Ehrlichkeit war erfrischend, selbst wenn sie obszön war. Beim Thema Vernichtung der europäischen Juden sind die amerikanischen Juden allzu lautstark. Sie brauchen das Thema zu sehr. Jene Juden des Rheinlandes im 12. und 13. Jahrhundert, die ihre Erfahrungen mit der Grausamkeit aus so vielen ihrer liturgischen Verse und Gesetzesauslegungen, frommen Predigten und mystischen Spekulationen ausließen, hatten es nicht vergessen. Tatsächlich waren sie im Gedenken an ihre Märtyrer die Erfinder jüdischer Anfälligkeit in der Diaspora. Aber ihr Judentum war zu groß, um von dieser Anfälligkeit niedergerungen zu werden.

Zwischen der 14. und 15. Straße in Washington wird dem Mahnmal durch das Museum das Schicksal aller Mahnmale erspart werden, und, dem Museum wird das Schicksal aller Museen durch das Mahnmal erspart werden. Die Entwerfer dieser Einrichtung haben eine Vorkehrung für den Schock getroffen. Eine der Leistungen des Holocaust Memorial Museum ist, daß es den Besucher geradewegs von der Geschichte ins Schweigen führt. Seine Ausstellung endet in der Halle der Erinnerung, einem sechseckigen, klassisch proportionierten Raum aus Kalksandstein, einer schlichten Leere, siebzig Fuß hoch und unbehindert durch Ikonographie, getaucht in gebrochenes Licht, ein Licht, das sich über die eigene Angemessenheit zu sorgen scheint. Rings um den kalten Marmorboden gibt es Stufen, die wohl in der Hauptsache als Sitzgelegenheit dienen werden. Das wenigste, was man tun kann nach dem, was man gerade gesehen hat, ist, sich hinzusetzen und still zu sein.

Die Halle der Erinnerung ist ein Tempel des Unaussprechlichen. Das also ist die Abfolge, die historische und geistige Sequenz der höllischen Darstellung an der Mall: Erinnerung, gefestigt durch Geschichte; dann ins Schweigen gebannt.

## II

Das Museum ist ein pädagogisches Meisterstück. Es fängt am Anfang an und endet am Ende. Es beschreibt die Leiden aller, die gelitten haben. Es widersteht der Rhetorik von *Shoah ve Gvurah*, Holocaust und Heldentum, die so tut, als hätte es ebensoviel Heldentum gegeben wie Holocaust. Weder beschönigt es, noch verschont es den Zuschauer vor dem Schlimmsten. (Nazifilme von Tötungen in den Gruben und von medizinischen Experimenten in den Lagern werden auf Bildschirmen hinter Mauern gezeigt, die zu hoch sind, als daß Kinder noch etwas sähen. Erwachsene könnten wünschen, daß die Mauern noch höher wären.) Und das Ende wird nicht triumphierend erzählt. Es gab keinen Triumph. Zumindest nicht für die Juden. Es gab ein knappes Entkommen, das ist alles. Die Nazis haben ihren Krieg gegen die Juden nicht gewonnen. Aber sie haben ihn auch nicht verloren.

Das Gebäude selbst lehrt. Es scheint aus seinem Thema gefiltert, dennoch nicht abstrakt geworden zu sein. Hauptsächliche Materialien sind Ziegelstein und Stahl sowie Ziegel mit Stahlbolzen. Die Ausstellungsgegenstände sind in acht Türmen untergebracht, jeder gekrönt von einer Art Wachhäuschen; sie umschließen einen großen Innenhof, in den man eintritt. Der Eindruck ist elegant und bedrückend. Die Fabrikatmosphäre ist unheilvoll. Es ist ein Innenhof ohne Luft; er enthält das Gegenteil von Luft, das Ende aller Luft. Eine Treppe, die wie Eisenbahnschienen wirkt, steigt auf zu einer Wand aus schwarzem Marmor, in die eine Öffnung geschnitten wurde; sie ist eingefaßt mit Ziegeln in der Form des Eingangs von Birkenau, dem Tötungszentrum in Auschwitz. Auch das Oberlicht erweckt den Eindruck eines Bahnhofs, bis man anfängt zu merken, daß diese gigantische Stahlkonstruktion verzogen und verdreht ist, eine rational entworfene Unordnung. Oberhalb des Oberlichts aus einer der Glasbrücken, welche die Türme verbinden, ist die Deformation wahrlich erschreckend. Das Gebäude scheint genau durch das zusammengehalten zu werden, was es auseinanderreißt. Wie die Überlebenden; wie die Juden.

Ein Großteil der Information, die dieses Museum vermittelt, ist haptisch. Neben Wandkarten und Tabellen, Filmen und Photographien gibt es die Gegenstände, die Dinge der Verfolgung und der Mörder. Das Museum ist eine Art Reliquiar. Die Relikte sind heilig und profan; und obwohl es auf der Welt heiligere Dinge gibt, gibt es gewiß keine profaneren. Hier ist die angeschwärzte Metallbahre, auf der in Mauthausen Leichen verbrannt wurden, wenn die Öfen zu voll waren, um sie aufzunehmen, und hier sind auch die Kanister und die Kristalle des Zyklon-B-Gases. Hier ist ein Haufen Regenschirme und Teesiebe, Dosenöffner und Zahnbürsten, die von Juden nach Auschwitz gebracht wurden. Hier ist der Holzrahmen der Arche, welche die Thorarollen der Synagoge in Essen enthielt, zerstochen und zerkratzt über jenen Worten, die den Betenden mahnten, sich zu erinnern, vor Wem er stehe – heute ein fast christliches Bedürfnis erweckend, die Wunde zu berühren. Hier ist ein Modell des Ghettos Lodz mit wahnwitzigen Details, geformt aus dem Koffer eines sich versteckenden Juden. Hier sind Reste eines Mausergewehrs und einer Steyn-Pistole, verwendet von jüdischen Kämpfern im Warschauer Ghetto. Hier ist ein dänisches Fischerboot, das Hunderte von Juden in Sicherheit brachte. (Hier lächelt man. Es ist die einzige Stelle im Gebäude, wo man das tut.)

Vielleicht die überraschendste Passage in Claude Lanzmanns *Shoah* war die Rekonstruktion des Wegs des Tötungswagens in Chelmno, in der realen Zeit gefilmt, alles sozusagen zeitgleich; der Wagen wurde auf der Originalstrecke gefilmt, für genau jene Zeitdauer, die das Gas gebraucht hat, um die Menschen im Wagen zu töten. Im Holocaust Memorial Museum ist der Raum real. Hier gibt es einen Bahnwaggon Typ Karlsruhe, Nummer 31599-G, in dem Juden in die Todeslager transportiert worden sind. Der Güterwagen wiegt fünfzehn Tonnen, die Decke ist niedrig, vier kleine Luken und Eisenriegel an den Türen. Auf jeder Fahrt transportierte der Waggon ungefähr einhundert Juden. Jetzt, im Halbdunkel einer Ausstellungshalle in Amerika, steht man im Waggon und ist wie erschlagen. Die hölzernen Wände sind zerkratzt und zersplittert, und zu jedem Kratzer und Splitter denkt man sich eine Hand in

Panik. Obwohl leer, wirkt der Raum überfüllt und erdrückend. Man wünscht sich menschliche Gerüche, riecht aber nur altes Holz und den allgemeinen Gestank technokratischer Effizienz. Der Gedanke kommt auf, man stünde in einem Sarg. Ebenso der Gedanke, daß Überlebende dieses Museum besuchen und sich zum zweitenmal in diesem Sarg finden.

Hier sind auch die Baracken aus Auschwitz. Noch mehr realer Raum. Mehr altes Holz. Die Wohnquartiere der Sterbenden. Die Gefangenen schliefen, was immer das heißen mag, zu sechst in einer Reihe, auf drei Ebenen. Angesichts dieser Konstruktion wird einem bewußt, daß sie zwar Ruhe gegeben haben mögen, aber immer rastlos blieben. Das Holz ist hart und beim Hingreifen überraschend glatt, als wäre es von all den Leibern poliert worden, die darauf zu liegen kamen. Da ist kein Platz, um aufrecht zu sitzen oder sich auszustrecken. Hier wurden Menschen oder das, was von ihnen übrigblieb, für die Nacht in Reihen gestapelt. Man versucht sich die Verzweiflung vorzustellen, mit der sie am Abend zu diesen Holzbohlen zurückkehrten. Man streicht mit den Fingern immer wieder darüber, diese Materialisierung weckt einen auf. Man wird daran erinnert, daß all dieses Sterben gelebt wurde.

Aber gelebt von wem? Die übliche Antwort lautet: von Juden, Zigeunern, Homosexuellen, Kommunisten, Jehovas Zeugen und so weiter. Aber diese Bezeichnungen umschreiben Gruppen, nicht Individuen; und wenn man, in der Erinnerung an die Katastrophe, die Opfer als Individuen sieht, dann in der Regel im Zeitraum zwischen dem Ende ihres Lebens und der Vollendung ihres Todes, im Fegefeuer zwischen der Rampe und dem Ofen, als verhungerte, nackte, rasierte, numerierte, ausgemergelte Männer und Frauen, deren physischer Ausnahmezustand und seine angstvolle Festschreibung in ihren Gesichtern einen vor den Photographien stehen bleiben läßt, um sie einzeln, eine nach der anderen, zu betrachten. Zu diesem Zeitpunkt waren diese Menschen allerdings schon dahin; sie waren nur noch nicht tot. Die Opfer des Holocaust sind allzu bekannt durch die Arten ihres Todes.

Im Museum an der Mall gibt es einen Turm der Photographien, drei Stockwerke hoch. Es sind Photographien der Juden von Ejszyszki, einer Stadt in Litauen. Juden lebten 900 Jahre in Ejszyszki, bis 1941, als die jüdische Gemeinde von Ejszyszki in zwei Tagen erschossen wurde. (Es gab über 4950 Städte, Dörfer, Weiler und Flecken, in denen die Nazis sowie ihre polnischen, ukrainischen, lettischen, litauischen, estnischen, slovakischen, ungarischen und kroatischen Komplizen die jüdische Bevölkerung vernichtet haben.) In den Jahren vor dem Krieg haben vier örtliche Photographen sich an die Aufgabe gemacht, die Juden von Ejszyszki im Bild festzuhalten, und jetzt ragen ihre Bilder hoch hinauf in den stillen Ziegelturm, Schicht über Schicht, in Schwarzweiß und Sepia, und nun sieht man, *wer gestorben ist.*

Da sind Gymnasiasten und Lehrer, Händler und Rabbiner, Kindermädchen und Schriftsteller und Schreiner. Da sind aufgeputzte männliche Badegäste am Strand, humorlose zionistische Aktivisten der Linken und der Rechten, Familien, versammelt in dunklen, holzgetäfelten Räumen an schweren gedeckten Tischen, die mit Kuchen beladen sind; Kantoren nach dem bestandenen Examen, dümmlich wirkend in ihren Gewändern; ein Mädchen und ein Junge, die im Wald faul in einer Hängematte liegen, ein Rabbiner im zerknitterten Anzug, der einen Hügel hinaufspaziert, die Hände hinter dem Rücken und seinen Text im Kopf; ein Mann in Mickymausverkleidung vor einem überraschten jungen Mädchen im Park; eine Gruppe junger Frauen, modisch zum Skilaufen herausgeputzt; ein Vater, der seinen Sohn auf seinen neuen, glänzenden Wagen hebt...

Ein Bild hat mich erschüttert. Ein Mädchen sitzt mit verschränkten Beinen auf einem Sofa. Sie trägt eine Wollmütze, ein kariertes Hemd zu einem langen, enganliegenden Rock und – in Ejszyszki! – Cowboystiefel. Sie ist unter zwanzig. In ihrer Hand hält sie eine Zigarette. An der Wand über ihr hängt das Bild eines strahlenden, mittelalterlich wirkenden Ritters. Nah bei ihr, sehr nahe, sitzt ein junger Mann im Schaukelstuhl. Er sieht dem Ritter absolut nicht ähnlich, sondern wirkt leicht verschroben, mit Augengläsern, einer Jacke und Krawatte. Vertraulich neigt sie sich zu ihm, und vertraulich zündet er ihre Zigarette an. Sie sehen nicht aus wie ein Liebespaar, obwohl sie eines sein könnten. Sie sehen nicht aus, als würden sie bald sterben, obwohl sie bald sterben werden.

Das ist es, was in so vielen Berichten über das Ende des jüdischen Lebens in Europa fehlt: der Eros des jüdischen Lebens in Europa vor seinem Ende. Diese abgeschlachteten Juden liebten die Welt. Sie waren in ihr zu Hause, Exil oder nicht. Die Melancholie der Tradition, die sie geerbt hatten, scheint ihre Lebenskräfte nicht geschwächt zu haben. Ihr Glaube und ihr Unglaube waren gleichermaßen robust. Über den Tausenden von Menschen auf diesen mehreren hundert Photographien schwebt kein Todesengel. Nur der heutige Betrachter sieht ihn, ungeduldig, in jedem Rahmen. Und darum gibt es in diesem großen, gräßlichen Gebäude keinen anderen Raum, in dem man sich mit mehr Bitterkeit aufhält. In den anderen Räumen, jenen, die den Tod zeigen, lernt man die Lektion der Endgültigkeit. In diesem Raum, der das Leben zeigt, kann man die Lektion der Vergänglichkeit lernen. Ich weiß nicht, welches die härtere Lektion ist. Wie soll man sich entscheiden zwischen Trauer und Angst?

In den Wochen vor der Eröffnung des Holocaust Memorial Museum in Washington war Deutschland nervös. Nach Marc Fisher in der *Washington Post* hat die deutsche Bundesregierung dem Museum »Millionen von Dollars« angeboten, um eine Ausstellung über das Nachkriegsdeutschland und seine Jahrzehnte der Demokratie einzubeziehen. Umgehend dementierte der Regierungssprecher, daß ein solches Angebot gemacht worden sei, fügte aber hinzu, daß die Bundesregierung es begrüßt hätte, wenn das Museum auch »Informationen über deutschen Widerstand gegen die Nationalsozialisten mitaufgenommen hätte [was es tut] ebenso wie über die erfolgreiche Etablierung des Rechtsstaates und der liberalen Demokratie im Nachkriegsdeutschland«. Ein Historiker in München, inoffizieller Berater von Kanzler Kohl, bemerkte, es wäre aus pädagogischen Gründen gut gewesen, zu zeigen, daß Deutschland sich seit 1945 geändert habe. Es sei ein Fehler, daß das Museum nicht auch andere Fälle von Genozid einschließe. In der *Frankfurter Allgemeinen Zeitung* las man, daß die nachdrückliche Herausstellung von Gaskammern und Todeslagern weniger mit der deutschen Vergangenheit als mit der amerikanischen Gegenwart zu tun habe; und der Washingtoner Korrespondent des Blattes stellte sich die Frage, ob es ein halbes Jahrhundert nach dem Ende des Krieges richtig sei, Millionen von Zuschauern durch ein Museum zu führen, das 1945 ende und auf diese Weise den bleibenden Eindruck hinterlassen könne, dies seien die Deutschen und dies sei Deutschland.

Es wirkt schon komisch, wenn Deutsche von Juden verlangen, ihnen bei der Darstellung dessen, was die Deutschen den Juden angetan haben, behilflich zu sein. Trotzdem ist diese Komödie ziemlich dünn. Die Klage, daß eine wahrhafte Darstellung des deutschen Krieges gegen die Juden ein Ausdruck von Feindseligkeit gegen Deutschland sei, war bereits früher zu hören. So wurde der Film *Shoah* wegen der unmißverständlichen Haltung gegenüber den Mördern angegriffen, wegen des ungebrochenen Hasses gegen die Deutschen, die der Film zeigt. Jetzt, in den dunklen Räumen des Museums an der Mall, angesichts dieser Photos von deutschen Ärzten, die sich in ihren weißen Kitteln über die sie faszinierenden Leichen beugen, von deutschen Soldaten, die Frauen höflich in die Wälder eskortieren, und deutschen Offizieren, die lächeln, während sie einem am Rande einer Grube kauernden Juden eine Kugel in den Kopf schießen, stellt sich die Frage nach dem Haß erneut. Deshalb möchte ich einiges zur Verteidigung des Hasses sagen.

Erstens ist Haß nicht immer der Feind von oder ein Hindernis für Verständnis. Manchmal, und ganz gewiß in Fällen des radikal Bösen, kann Haß der Beweis dafür sein, daß die Sachlage wirklich verstanden worden ist. Zur Illustration möchte ich über einen Fall von Grausamkeit berichten, der mich vor vielen Jahren vor dieses Problem stellte. Als ich ein Junge war, hörte ich von einem Nazidespoten in Galizien, der in den frühen vierziger Jahren einen jüdischen Säugling an den Beinen hochhob und ihn entzweiriß. Mein Verständnis der Welt hat sich seit jener Erzählung noch nicht erholt. Ich erinnere mich lebhaft meiner Reaktion. Es war Haß: Haß auf den Mann, Haß auf die Tat, Haß auf die Umstände, unter denen diese Tat begangen werden konnte.

Ich war, wie gesagt, ein Junge; aber wenn ich jetzt über den Mann, die Tat und die Umstände nachdenke, dann komme ich nicht zu dem Ergebnis, daß mein Haß etwas sei, das ich überwinden müßte zugunsten einer genaueren und humaneren Analyse. Ganz im Gegenteil. Wenn ich diesen Mann und diese Handlung und diese Umstände nicht hassen würde, oder wenn ich in Verwirrung darüber geriete, ob ich sie hassen sollte oder nicht, dann gäbe es Grund für die Frage, ob ich verstanden habe, was mir gesagt worden ist, ich meine die einfache Bedeutung der Geschichte, oder noch strenger: ob ich begriffen habe, was wir mit Verstehen meinen, also die Prinzipien, nach denen unsere Zivilisation menschliche Erfahrung ordnet und bewertet. Kurz und gut, es gäbe Grund für die Frage, ob ich nicht das sei, was man einen moralischen Idioten nennt.

Dieses Attribut verbindet zu Recht Urteil mit Intelligenz. Moralische Idiotie nicht zu erkennen, ist selbst eine Form von moralischer Idiotie. Verstehen wir unter Haß eine Haltung der Verurteilung, gepaart mit einer Intensität des Gefühls, so ist das Nichtvorhandensein von Haß nicht lediglich ein ethisches, sondern ein intellektuelles Versagen. Wenn ich die Nazis nicht gehaßt hätte, dann hätte ich sie nicht verstanden. Das Verhältnis zwischen Wissen und Urteil ist ein kompliziertes; Empirie und Moral lassen sich nur schwer entwirren. Es ist nicht immer wahr, daß *tout comprendre c'est tout pardonner*. Verstehen führt nicht immer zum Verzeihen. Tatsächlich bedeutet Verzeihung in bestimmten Fällen die Abwesenheit von Verstehen. Der Haß des Juden auf den Nazi war nicht lediglich ein Gefühl, sondern der emotionale Ausdruck einer richtigen Analyse der Situation des Juden in der Naziwelt.

Auch ist nicht aller Haß gleich. Es gibt, denke ich, eine oberflächliche Ähnlichkeit: ein Mann, der haßt, ist ähnlicher einem anderen Mann, der haßt, als einem Mann, der liebt; ebenso gibt es eine oberflächliche Ähnlichkeit zwischen einem Nazi, der einen Juden tötete, und einem Juden, der einen Nazi tötete. Beide waren Mörder. Aber man muß unterscheiden. Es gab einen Unterschied zwischen dem Haß des Nazis auf den Juden und dem Haß des Juden auf den Nazi. Der Nazi haßte den Juden, weil er glaubte, der Jude sei kein Mensch. Der Jude haßte den Nazi, weil er glaubte, der Nazi sei ein Mensch, der seine Menschlichkeit verraten hat. Der jüdische Haß, Lanzmanns Haß, der Haß, den man in diesem Museum fühlt, sagen wir: beim deutschen Film über das Massaker in Libau in Litauen, gründet sich auf die Annahme einer Gleichheit zwischen Unterdrücker und Unterdrücktem und ist somit eine Verteidigung der Gleichheit gegen jene, die sie bestreiten wollen.

Es gab auch anständige und mutige Deutsche, die versuchten, den Nazis zu widerstehen und den Juden zu helfen. Dies nicht festzustellen und jene Deutschen nicht zu ehren, entspricht der Annahme einer Kollektivschuld, einer äußerst nazistischen Annahme. Im Widerspruch zur Meinung deutscher Kritiker erkennt und ehrt das Holocaust Memorial Museum die deutschen Helden. Diesbezüglich hatten Lanzmanns Kritiker recht: Es war schändlich, daß in diesem Film keine Abweichler und Retter vorkamen. Aber ich will sogleich hinzufügen, daß es nur ein klein wenig schändlich war. Denn es gibt so etwas wie Verhältnismäßigkeit. Die Wenigen, so bewundernswert sie auch sein mögen, waren kein Ausgleich, keine Entlastung für die Vielen. Die geschichtliche Wahrheit ist brutal. Es mag vereinfachend, aber nicht falsch sein, die Ereignisse in Europa zwischen 1933 und 1945 zu beschreiben als den Versuch eines Volkes, genannt die Deutschen, ein anderes Volk, genannt die Juden, zu vernichten. Der Angriff auf die Juden war, aktiv und passiv, ein kollektiver Angriff. Es ist eine Verzerrung der Vergangenheit, den Abweichlern und Rettern ihren Platz in der Geschichte der Katastrophe zu bestreiten; aber es wäre auch eine Verzerrung, sie ins Zentrum zu stellen.

Es gibt noch mehr zu sagen. So wie Haß nicht notwendigerweise ein intellektuelles Scheitern darstellt, muß er auch kein moralisches Scheitern sein. In der Debatte um den Film *Shoah* wurde behauptet, Lanzmanns Haß gegen die Übeltäter mache ihn diesen ähnlich. Auch er, wurde gesagt, treffe absolute Unterscheidungen zwischen menschlichen Wesen. Einer der Kritiker schrieb: »Wenn man keine Ähnlichkeit zwischen sich und dem anderen sieht und glaubt, alles Übel liege im anderen und keines in einem selbst, dann ist man tragischerweise verurteilt, den eigenen Feind nachzuahmen. Wenn man aber, andererseits, die eigene Ähnlichkeit mit dem Feind erkennt und das Böse in sich ebenso wahrnimmt wie das Gute im anderen, dann ist man wahrlich anders als der Feind.« Diese Worte enthalten etwas Nobles, aber auch etwas Perverses: der Hingerichtete hatte mit den Henkern ungefähr so viel gemeinsam, wie es die Toten mit den Lebenden haben.

Sie ist schon merkwürdig, diese Sorge um die Tugend der Opfer. (Es wäre fairer, schrieb der Historiker aus München über das Museum in Washington, zu zeigen, daß Juden sich auch um andere Fälle von Völkermord kümmern.) Ich frage mich, wieviele von denen, die diese Erhabenheit über das Böse in uns allen predigen, bedacht haben, in welchem Ausmaß die Fähigkeit zum Widerstand gegen das Böse dadurch beschädigt wird. Was genau hat das Böse einer anderen Zeit und eines anderen Ortes zu tun mit dem Bösen dieser Zeit und dieses Ortes, außer den Kampf dagegen zu vereiteln? Können Teufel nur durch Heilige bekämpft werden? Die Folgerung aus derartigen Überlegungen lautet: *fiat justitita pereant Judeii*, laßt Gerechtigkeit walten und die Juden umkommen. Im Jahre 1943 waren es derartige Überlegungen, die Simone Weil zu der empörenden Hartnäckigkeit verführt haben, mit der sie darauf bestand, Frankreichs Kolonien hätten ihm die moralische Autorität entzogen, gegen Deutschland zu kämpfen. Gewiß ist der Unterschied zwischen dem Mann, der eine Pistole auf jemanden richtet, und dem, auf den die Pistole gerichtet ist, im Moment ihrer Begegnung größer als die Ähnlichkeit zwischen beiden, und es wäre grotesk, in diesem Moment darauf hinzuweisen, daß eines Tages das Verhältnis umgekehrt sein könnte, weil es Böses in uns allen gibt. Natürlich gibt es Böses in uns allen, aber nicht alle handeln nach dem Bösen.

Am 13. April 1943 schrieb Emanuel Ringelblum im Warschauer Ghetto die folgenden Worte in sein Tagebuch:

»War die beiden Pessachnächte bei Schachnas. Es gab eine interessante Debatte über Rache. Herr Isaac, der in einem Gefangenenlager in Pommern interniert gewesen ist argumentierte, daß Rache nichts lösen würde. Die Besiegten würden ihrerseits ihre Rache planen, und so würde es ewig weitergehen. Es war davon die Rede, daß nur die Heraufsetzung des moralischen Standards der Menschheit eine Lösung darstelle.«

Der Idealismus des Herrn Isaac ist herzerweichend. Aber Ringelblum war skeptisch. Seine Anmerkung zu der Diskussion am Sederabend führt eine andere moralische Stimme ein. »Die jüdische Rache ist, daß Juden allzusehr verzeihen. Schließlich sind die Deutschen ... auch nur Menschen.« Und er fügte hinzu: »außer der Gestapo«. Machen diese drei Worte Herrn Ringelblum ethisch kleiner? Zeigen sie seine Ähnlichkeit mit seinen Feinden? Das denke ich nicht. Denn die Gestapo, das waren nicht »nur Menschen«. Ihr Ausschluß aus Herrn Ringelblums Verständnis von Menschheit zeigt lediglich, daß er sie richtig verstanden hat.

Dies erlaubte es ihm, gegen sie aufzustehen. Wenn Wissen nicht zum Urteil geführt hätte, wenn, kritisches Denken nicht moralischem Handeln Platz gemacht hätte, dann wäre der Triumph der Nazis über die Juden total gewesen. Aber Ringelblum wurde einer der Organisatoren des Aufstandes, der zehn Tage später im Warschauer Ghetto ausbrach. Am 7. März 1944 wurde er mit seiner Frau und seinem Sohn in den Ruinen des Ghettos hingerichtet. Das Holocaust Memorial Museum in Washington wurde am fünfzigsten Jahrestag des Aufstandes im Warschauer Ghetto eröffnet, und die Milchkanne, die Ringelblums -

Gettoarchiv barg, ist im zweiten Stockwerk zu sehen. Getreulich hat sich ihre rostige Farbe in einen goldenen Schimmer verwandelt.

## IV

Dennoch: weshalb dieses Museum, dieses Mahnmal auf der Mall? Die Frage ist nicht neu. Schon 1946 hatte A. R. Lerner, ein vor den Nazis geflohener Wiener Journalist, der nach New York kam und dort unermüdlich die Kenntnis dessen, was die Nazis den Juden angetan hatten, verbreitete, vorgeschlagen, daß in New York ein »Mahnmal für die Helden des Warschauer Ghettos und die sechs Millionen von den Nazis umgebrachte Juden« errichtet werden sollte. Bürgermeister O'Dwyer und der für öffentliche Anlagen zuständige Beauftragte Moses stimmten dem Vorschlag zu, und der Bildhauer Jo Davidson wählte eine Stelle im Riverside Park aus. (Ich entnehme diese Geschichte dem Buch von Young.) Am 10. Oktober 1947 kamen Tausende von Menschen zum Riverside Park, um der Grundsteinlegung beizuwohnen. Am nächsten Tag schrieb die *New York Times*, es sei »angemessen, daß in diesem Land der Freiheit ein Mahnmal für die sechs Millionen Opfer des tragischsten Massenverbrechens in der Geschichte, des nazistischen Völkermords an den Juden, errichtet werde«. Aber das Mahnmal wurde nie errichtet, nicht zuletzt, weil die Meinung der *Times* nicht von jedermann geteilt wurde. Im Jahre 1964, als der Entwurf für das Mahnmal dem Kulturausschuß vorgelegt wurde, sagte ein Mitglied des Ausschusses, die Bildhauerin Eleanor Platt, dies würde »einen höchst bedauerlicher Präzedenzfall schaffen. Was könnten wir anderen Sondergruppen sagen, die auf öffentlichem Grund ähnlich vertreten sein möchten?« Und der für öffentliche Anlagen zuständige Newbold Morris wendete ein, man solle »Mahnmale in öffentlichen Anlagen auf Ereignisse der amerikanischen Geschichte beschränken«.

Der Vorschlag, ein Museum und ein Mahnmal für den Holocaust auf der Mall in Washington, dem geweihten Boden der amerikanischen Republik, zu errichten, war ebenfalls umstritten. 1987 wiederholte der Architekturkritiker der *Washington Post* in einer flegelhaften Kolumne mit dem Titel »Auf der Suche nach einer delikaten Balance« den Einwand von Morris und sorgte sich um die »symbolischen Implikationen der Standortwahl – daß die Ermordung von sechs Millionen Juden durch die Nazis als integraler Bestandteil der amerikanischen Geschichte« gesehen werden könne. Natürlich hat niemals jemand auch nur angedeutet, daß der Holocaust ein Ereignis der amerikanischen Geschichte sei. Amerikas Vergangenheit liegt anderswo. Vergessen hatte der delikate Balancierer jedoch, daß dies ein Land von Immigranten ist. (Hier *ist* die Vergangenheit ein fremdes Land.) Das kollektive Gedächtnis dieses Landes wird immer fremde und ferne Namen und Jahreszahlen einschließen. Pluralismus stellt Anforderungen an die Vorstellungskraft.

Trotzdem ist der Einwand nicht schwer zu verstehen. Dies ist ein tolerantes, aber kein unschuldiges Land. Es ist auf Dauer befleckt sowohl durch das Schicksal der eingeborenen Amerikaner als auch durch das der afrikanischen Amerikaner; und weder die Erinnerungen noch die Geschichte dieser elenden Amerikaner können auf der Mall besichtigt werden. Auch gibt es andere Völkermorde – die Armenier zum Beispiel –, die andere Amerikaner immer noch heimsuchen, derer aber nicht gedacht wird. (Ein Haus für alle Völker der Welt ist auch ein Haus für alle Narben der Welt.) Eine Zeitlang war die Rede von einem Flügel im Holocaust Memorial Museum, in dem alle diese Katastrophen dokumentiert werden sollten, aber dieser Flügel wurde nicht gebaut.

Inzwischen ist klar, daß eine Halle des Völkermordes ein furchtbarer Fehler gewesen wäre, eine makabre multikulturelle Beleidigung der Erinnerung aller. Denn der anhaltendste Eindruck des Holocaust Memorial Museum ist der menschlicher Widerwärtigkeit. Dieses Gebäude beeinträchtigt nicht nur das Urteil über Deutschland oder Europa oder die westliche Zivilisation; es beeinträchtigt das Urteil über die gesamte menschliche Welt. Ein Jude, der durch diese Ausstellungsräume wandert, fühlt, wie das Mitleid für sein Volk sich wandelt in Mitleid für die menschliche Rasse. Eine ganz allgemeine Verdunkelung der Welt findet statt. Denn es entsteht das üble Gefühl, daß eine Leiche ein menschliches Wesen ist, das zur reinen Menschlichkeit zurückgeführt wurde; es gibt etwas wahrhaft Universales an einer Leiche. Wer immer diese Leichenbilder betrachtet und nur Bilder von Juden sieht, hat ein ernsthaftes moralisches Problem.

Es ist wohl wahr, wie jüdische Historiker und Theologen gesagt haben, daß der Holocaust in gewisser Weise *einzigartig* war. Die Geschichte des Lebens und des Todes der Juden in Europa ist eine der großen Menschheitsgeschichten (was übrigens einer der Gründe ist, weshalb Juden sie studieren sollten). Ich bin mir nicht sicher, ob die Erinnerung an diese Geschichte oder ihre historische Dimension ausreichen wird, um die Hand des Bösen und Mörderischen aufzuhalten; ob ein Museum und ein Mahnmal sich dem Vorurteil und seinem Machthunger in den Weg stellen können. Die Welt fünfzig Jahre später scheint durch die Welt fünfzig Jahre früher nicht ernstlich aufgehalten worden zu sein. Trotzdem werden es nicht nur Juden sein, die durch das, was sie in diesem Gebäude sehen, gewarnt werden. Alle sind gewarnt. Hier ist der Präzedenzfall. Und daß es der schlimmste war, bedeutet nicht, daß es der letzte war.

Deshalb ist es richtig, daß das erste, was man wahrnimmt, wenn man die Halle der Erinnerung verläßt, die Figur Thomas Jeffersons ist. Jenseits der beruhigenden Gewässer des Tidal Basin präsidiert er dauerhaft auf seinem eigenen Denkmal, der Architekt des einzigen politischen Systems in der Geschichte der Welt, das Menschen frei machte, ohne allzuviel von ihnen zu halten. Im Licht des gerade Gesehenen denkt man, daß es keine geringe Leistung war, eine Demokratie auf eine pessimistische Sicht der menschlichen Natur zu gründen. Und im Licht des gerade Gesehenen denkt man, daß das wohl auch richtig war.

*Aus dem Amerikanischen von Peter Finkelgruen und Gertrud Seehaus*

## *Anmerkungen der Redaktion*

*Boris Groys*, geb. 1947 in Berlin, studierte bis 1971 an der Leningrader Universität; emigrierte 1981 in die Bundesrepublik und lehrt z. Zt. Philosophie an der Universität Münster. Veröffentlichungen u. a.: *Gesamtkunstwerk Stalin*, München 1988, *Über das Neue*, München 1992.

*Vittorio Magnago Lampugnani*, geb. 1951, Architekt und Architekturhistoriker, ist Direktor des Deutschen Architektur-Museums in Frankfurt am Main und Herausgeber der Zeitschrift *Domus* (Mailand).

*Gert Gröning*, geb. 1944, ist Professor für Gartenkultur und Freiraumentwicklung am Fachbereich Architektur der Hochschule der Künste Berlin.

*Joachim Wolschke-Bulmahn*, geb. 1952, ist Direktor des Center for Studies in Landscape Architecture, Dumberton Oaks, der Harvard University, Washington D. C.

*Simone Hain*, geb. 1956, Kunsthistorikerin, arbeitet am Institut für Regionalentwicklung und Strukturplanung in Berlin; Forschungsschwerpunkt: DDR-Baugeschichte.

*Winfried Hammann*, geb. 1950, Stadtsoziologe, Publizist, Geschäftsführer einer Stadtentwicklungsgesellschaft in Berlin. Veröffentlichungen zum Thema Stadt und Lebensformen; Ausstellung »Berlinmodell Industriekultur«.

*Klaus Strohmeyer*, geb. 1947, Kultur- und Literaturhistoriker, Publizist. Veröffentlichungen zur Stadt- und Kulturgeschichte.

*Michael S. Cullen*, geb. 1939 in New York, Bauhistoriker und freier Journalist, lebt seit 1964 in Berlin.

*Christian Bommarius*, geb. 1958, Journalist, lebt in Karlsruhe.

*Gottfried Knapp*, geb. 1942, ist Kulturredakteur bei der *Süddeutschen Zeitung* in München.

*Daghild Bartels*, geb. 1942, Kunstkritikerin, lebt in Genf.

*Martin Warnke*, geb. 1937, lehrt Kunstgeschichte an der Universität Hamburg.

*Michael Mönninger*, geb. 1958, Architekturkritiker der *Frankfurter Allgemeinen Zeitung*, lebt in Frankfurt.

*Evelyn Roll*, geb. 1952, ist Korrespondentin der *Süddeutschen Zeitung* für Hessen, Rheinland-Pfalz und das Saarland in Frankfurt am Main.

*Eckart Britsch*, geb. 1952, Soziologe, lebt in San Francisco und arbeitet an der Stanford University, Kalifornien.

*Péter Nádas'* Text »Schicksal und Technik« wurde als Vortrag auf Einladung der Alfred Herrhausen Gesellschaft für internationalen Dialog am 23. 3. 1993 in Frankfurt am Main gehalten. © Péter Nádas, 1993.

*Leon Wieseltiers* Artikel erschien im Mai 1993 unter dem Titel »After Memory« in *The New Republic* (Washington D. C.). Wir drucken die deutsche Übersetzung mit freundlicher Genehmigung des Originalverlags. © 1993 The New Republic, Inc. (© der deutschen Übersetzung Rowohlt · Berlin Verlag GmbH, Berlin 1993).

| | | |
|---|---|---|
| Kursbuch 113 | **Deutsche Jugend** | erscheint Mitte September |
| Kursbuch 114 | **Todesbilder** | erscheint Ende November |

Vorschauen auf diese Nummern enthält der Beihefter in dieser Ausgabe zwischen den Seiten 16 und 17.

# DAIDALOS

Architektur Kunst Kultur

Heft 47 vom 15. März 1993:

**Wege**
als gebaute Imagination, Inszenierung der Ordnung.
Der gerade Weg in der modernen Architektur.
Idolisierung der Dynamik. Wirtschaftswege. Prozessionsrouten.
Meditative Pfade. Projekte von Enric Miralles, Wiel Arets, Hannsjörg Voth.
Paul Virilio, Tempo und Sehen. Michael Webbs Weg zu den Sternen.
Heimweg.

Heft 46 vom 15. Dezember 1992:

**Bedeutsame Gärten.**
Sinn-Landschaften. Der Garten als symbolische Form.
Geometrie der Empfindsamkeit. Die therapeutische Landschaft.
Gartenminiaturen. Herman's Wiese – ein Museum.
Wie ein italienischer Jesuit den chinesischen Garten nach England brachte.
Schinkels „Römische Bäder" in Sanssouci. Liebesgärten.
Das Arkanum Pfaueninsel. Die Gärten der Côte d'Azur.
Die neuen Tuilerien.

Heft 44 vom 15. September 1992:

**Körper und Bauwerk.**
Der „vermessene" Mensch: Das Maß aller Dinge.
Body and Building: Joseph Rykwert über Körperanalogien.
Das verlorene Paradies: Die Architektur der klassischen Anthropomorphie.
Körperschema und Weltbild.
Einverleibungen: Projekte von Pinós & Miralles.
Als Sonderteil:
Bruno Taut – Das malerische Werk (2)

Einzelheft 49 DM. DAIDALOS im Jahresabonnement (4 Ausgaben) 160 DM, Sonderpreis für Studenten 120 DM.
Im Handel oder direkt bei der
Bertelsmann Fachzeitschriften GmbH, Abt. VFIV, Postfach 66 66, D-4830 Gütersloh 100, Tel. 0 52 41/80 21 65

# Neue Literatur

## Dichterleben

«Herz des Südens» soll der Roman heißen, den der alternde Künstler und Kunstprofessor Mahler schreibt. Darum fährt er häufig an den Gardasee, in dessen Nähe auch der Alterssitz von Gabriele D'Annunzio liegt. In erotischen Traumbildern, Erinnerungen und Geschichten verstrickt Hermann Peter Piwitt seinen Protagonisten mit den Lebensspuren des berühmten Dichters, Kriegs- und Frauenhelden.

«Endlich ein Liebesroman, der nicht auf die immergleichen Geschichten aus ist ... ein Buch von betörender Schönheit.» *M. Altenburg*

Hermann Peter Piwitt
Die Passionsfrucht. Roman
288 S. Geb. DM 39,80

## *Utopie*

Aus Kurzmeldungen des Tages und einer «absolut» poetischen Prosa läßt der große Sprachkünstler Gerhard Rühm sein Sprachuniversum «textall» entstehen: nach dem Ende der Utopien ein utopischer Roman.

gerhard rühm
textall
Ein utopischer Roman
224 S. Geb. DM 52,–

Foto: I. Ohlbaum
Hermann Peter Piwitt


## Selbstporträt

Seit dreißig Jahren schreibt Friedrich Christian Delius Gedichte. Für diesen Sammelband hat er eine Auswahl zusammengestellt und daraus ein komplexes Selbstporträt gefertigt.

«Seine Gedichte neigen zur Argumentation, sie lassen eher geschliffene Rhetorik erkennen als träumerische Sprachverliebtheit, sie wollen überzeugen, nicht überwältigen.» *Uwe Wittstock*

F. C. Delius
Selbstporträt mit
Luftbrücke
Ausgewählte Gedichte
160 S. Pappb. DM 30,–

Rowohlt

## Schon gelesen?

ERICH FRIED
**Mitunter sogar Lachen**
Ein Buch der Erinnerung an die Jugend in Wien und die ersten Jahre der Emigration in London in einer reich bebilderten Geschenkausgabe.
Leinen. 160 Seiten, DM 32.–

RAMÓN GÓMEZ DE LA SERNA
**Madrid. Spaziergänge**
Ramón, Schriftsteller und seinerzeit intellektueller Mittelpunkt Madrids, als kundiger Führer über die Plätze, Straßen, Flohmärkte und in die verborgenen Winkel der spanischen Hauptstadt.
Ausgewählt und mit einem Nachwort von Fritz R. Fries.
Aus dem Spanischen von Gerda Schattenberg.
*SVLTO*. Rotes Leinen. 144 Seiten, DM 24.80

JAVIER TOMEO
**Das umstrittene Testament des Gaston de Puyparlier** Roman
Ein teures Testament, eine einseitige Liebesgeschichte. Wahrheit und Fälschung, Liebe, Einsamkeit und Verzweiflung – Javier Tomeos große Themen, diesmal im Gerichtssaal kunstvoll kurz und klein geschlagen und beäugt durch die beschlagenen Brillen der erhitzten Kombattanten.
Aus dem Spanischen von Peter Schwaar.
Quartheft 184. 128 Seiten, DM 24.80

BERNARD VINCENT
**»Das Jahr der Wunder« Spanien 1492:**
Die Vertreibung der Juden und Mauren und die Einführung der Grammatik
Bernard Vincent zeigt, warum gerade Spanien zum Schauplatz der großen Ereignisse von 1492 wurde und wie die übrige westliche Welt seitdem mit der Erinnerung daran umgegangen ist.
Aus dem Französischen von Una Pfau.
Englische Broschur. 208 Seiten, DM 39.80

PIER PAOLO PASOLINI
**Große Vögel, kleine Vögel**
Eine Neuentdeckung und zum ersten Mal auf Deutsch: Wie Pasolini allen Dogmatikern den Vogel gezeigt hat, den kleinen und den großen. Oder: Über die Anarchie der Kunst und den Mangel an Heiterkeit in der Politik.
Aus dem Italienischen von Karin Fleischanderl.
208 Seiten mit vielen Fotos, DM 36.–

GESUALDO BUFALINO
**Museum der Schatten**
Ein ›Museum‹, neu illustriert: Geschichten aus dem alten Sizilien, über verschwundene Berufe, alte Redewendungen, vergessene Orte und Gebräuche.
Aus dem Italienischen von Maja Pflug.
*SVLTO*. Rotes Leinen. 96 Seiten, DM 19.80

VITO FUMAGALLI
**Mensch und Umwelt im Mittelalter**
Ein leicht zu lesendes und unterhaltsames Buch über das Verhältnis zwischen Mensch und Umwelt im Mittelalter, geschrieben von einem hervorragenden Kenner der italienischen Agrargeschichte.
Aus dem Italienischen von Walter Kögler und Dagmar Zerbst.
Wagenbachs Taschenbuch 214.
104 Seiten, DM 16.80

ROBERT PINGET
**Theo oder die neue Zeit** Roman
Verschwörung des Alters mit der Kindheit gegen das Diesseits der Erwachsenen. Eingehüllt in nicht abreißendes Gemurmel, Gekicher und raschelnde Seiten, befragt der große französische Romancier sein Werk und sich selbst.
Aus dem Französischen von Gerda Scheffel.
Quartheft 182. 80 Seiten, DM 19.80

bei

Wagenbach

# Lieferbare Kursbücher

Kursbuch 101 **Abriß der DDR** September 1990

Mit Beiträgen von: Stefan Welzk / Elisabeth Zylla / Friedrich Dieckmann / Reimer Hinrichs / Wolfgang Möller / Sabine Sauer / Rudolf A. Treumann / Christian Bommarius / Manfred Bierwisch / Wolfgang Höbel / Peter Schneider / Lutz Rathenow / Hanna Rheinz / Bernard-Henry Lévy / Tilman Spengler

Kursbuch 102 **Mehr Europa** Dezember 1990

Mit Beiträgen von: Timothy Garton Ash / Krisztina Koenen / György Konrád / Richard Wagner / Martin Pollack / György Dalos / István Eörsi / Lenke Szilágyi / Marcin Król / Jan Tabor / Hans-Georg Behr / Ivo Banac / Rüdiger Wischenbart / Renée Zucker / Tilman Spengler

Kursbuch 103 **Rußland verstehen** März 1991

Mit Beiträgen von: Sonja Margolina / Hubertus F. Jahn / Viktor Toporow / Beate Rausch / Viktor Jerofejew / Lew D. Gudkow / Rimma Dalos / Simon Kordonski / Maurice Weiss / Barbara Dietz / György Dalos / Waldemar Weber / Anette Winkelmann / Alexei Lewinson / Elfie Siegl / Andrei Nujkin / Jutta Scherrer / Tilman Spengler

Kursbuch 104 **Weiter denken** Juni 1991

Mit Beiträgen von: Thomas Schmid / Henning Ritter / Karl Markus Michel / Otto Kallscheuer / Richard Wagner / Claus Leggewie / Sabine Sauer / Gerd Grözinger / Jürgen Busche / Cora Stephan / István Eörsi / György Dalos / Dan Diner / Peter Weingart / Alexander Adler

Kursbuch 105 **Krieg und Frieden** September 1991

Mit Beiträgen von: Ernst Tugendhat / Horst Afheldt / Christoph Bertram / Christiane Grefe / Asmus Petersen / Ulrike Heider / Hans-Georg Behr/ Joachim Fritz-Vannahme / Dmitri A. Wolkogonow / Hans-Henning Schröder / Elmar Schmähling / Bartholomäus Grill u. Volker Matthies / Michael Sontheimer / Wolfgang Eichwede

Kursbuch 106 **Alles Design** Dezember 1991

Mit Beiträgen von: Daghild Bartels / Beat Wyss / Reinhard Bentmann / Regina Carstensen / Sabine Sauer / Walter Grasskamp / Alois Martin Müller / Hans-Ulrich Reck / Layla Dawson / Wolfgang Ruppert / Claus Leggewie / Karl Markus Michel / Jens Reich

Kursbuch 107 **Die Unterwanderung Europas** März 1992

**Mit Beiträgen von: Tilmann Spengler / Christian Bommarius / Mario Erdheim / Werner Schiffauer / Otto Kallscheuer / Rainer Joedecke / Alexander Smoltczyk / Emilio Galli Zugaro / Richard Wagner / Barbara Kerneck / Barbara Dietz / Nadežda Čačinovič-Puhovski / Harald Schumann**

Kursbuch 108 **Heroisierungen** Juni 1992

**Mit Beiträgen von: Erich Kästner / Barbara Kerneck / Elsbeth Zylla / György Dalos / Stig Stasig / Manfred Seiler / Herbert Will / Karl Markus Michel / Ekkehard Mai / Jürgen Busche / Matthias Batussek / Christian Büttner und Michaela Wirtz / Ulrike Brunotte / Ulrich Holbein / Péter Nádas**

Kursbuch 109 **Deutschland, Deutschland** September 1992

**Mit Beiträgen von: Jürg Laederach / Imre Kertész / Jane Kramer / Sonja Margolina / Sabine Sauer / Horst Domedy / Hans Joachim Schädlich / Monika Maron / Yaak Karsunke / Eva Demski / Ulrich Eisel / Bernd Wagner / Michael Weck / Thomas Schmid / Karol Sauerland / Hans Ulrich Reck**

Kursbuch 110 **Die sieben Todsünden** Dezember 1992

**Mit Beiträgen von: Irene Dische / Axel Hacke / Herta Müller / Rolf Schneider / Tilman Spengler / István Eörsi / Ljudmila Petruschewskaja / Paul Parin / Reinhard Kaiser / Ingomar von Kieseritzky / Zsuzsa Szemes / Karin Reschke / Keto von Waberer / Viktor Jerofejew**

Kursbuch 111 **In Sachen Erich Honecker** Februar 1993

**Mit Beiträgen von: Jens Reich / Irene Böhme / Annette Simon / Cornelia Geißler / Jonas Maron / Ulrich Schacht / Alexander Osang / Reimer Hinrichs / Wolfgang Engler / Cora Stephan / Günter Schabowski / Wolfgang Leonhard / Stefan Welzk / Gerd Wilde / Gregor Gysi / György Dalos / Peter Glotz / Uwe Wesel / Heribert Prantl**